# 코딩 없이 배우는
# 데이터 과학

## 일러두기

---

· 이 책에서 나오는 데이터 및 예제 파일은 아래 URL에서 다운로드 받으실 수 있습니다.
· URL : https://url.kr/z3ymen

No
Code
Data
Science

황보현우, 한노아 지음

No Code Data Science

코딩 없이 배우는

데이터 과학

빅데이터 · 인공지능 세계 권위자가 제언하는

BM 성안북스

이 책은 의사 결정을 하는 데 필수적인 데이터를 통한 접근법을 제시하며, 흥미로운 도구 중심 접근법으로 누구나 쉽게 데이터 과학의 세계를 이해할 수 있게 해 준다. 그러므로 데이터를 좀 더 객관적·종합적으로 볼 수 있도록 하는, 즉 데이터 과학의 모든 능력을 향상시켜주는 매력적인 이 책을 모두에게 권하고 싶다.

◆ 홍콩과학기술대학교 컴퓨터공학과 김성훈(Sung Kim) 교수 (전 네이버 Clova AI Head / 현 업스테이지 대표이사)

코딩 없이 데이터를 분석하는 것은 인공지능이 우리에게 주는 큰 선물이다. 그런 의미에서 이 책은 프로그래밍에 대한 학습 없이 독자들을 데이터 전문가로 발돋움시켜주는 지름길이 될 것이다. 따라서 데이터 과학에 입문을 희망하는 모든 이에게 이 책을 추천하며, 특히 다양한 산업 현장에서 데이터 과학을 활용하여 생산성을 향상시키고자 하는 관리자 혹은 경영자들에게 일독을 강력하게 추천한다.

◆ KAIST 데이터사이언스대학원 김우창 원장 (겸 KAIST 산업및시스템공학과 학과장)

과거 인터넷의 발명처럼 인공지능의 발전은 인류 문명의 새로운 전환점을 만들어가고 있으며, 초거대 AI의 등장으로 누구나 쉽게 인공지능을 사용할 수 있는 시대가 되었다. 이 책을 통해 인공지능의 핵심이 되는 데이터 과학을 '누구나', '더 쉽게' 배울 수 있기를 희망한다.

◆ LG AI연구원 배경훈 원장 (겸 국가데이터정책위원회 산업기반분과위원장)

데이터 기반의 의사 결정에 익숙하고, 데이터로부터 통찰력을 도출할 수 있는 역량을 가진 사람은 복잡다단한 인생을 항해함에 있어서 커다란 무기를 가지고 있는 것과 같다. 『코딩 없이 배우는 데이터 과학』을 통해 인생 항해의 나침반을 모두가 갖게 되기를 희망하며, 이 책을 적극 추천한다.

◆ SK텔레콤 광고/Data CO 장홍성 부사장 (겸 지능정보산업협회장)

컴퓨터 전문가들은 빅데이터를 수집 및 저장, 가공한다. 또한 데이터 과학자들은 빅데이터를 분석하여 인사이트를 도출한다. 그리고 의사 결정자들은 도출된 인사이트를 실무에 적용하여 가치를 창출한다. 이렇듯 의사 결정자들은 비즈니스 가치를 누구보다 잘 알기에 데이터→인사이트→밸류 체인을 기획해야 한다. 누구든 데이터 과학자가 되려면 수학 지식과 코딩 스킬이 필수적이지만, 밸류 체인을 기획하고 기초 분석 정도를 하는데 있어서는 필요하지가 않다. 특히 최근에는 코딩이 필요 없는 노 코딩 분석 SW가 등장하여 시티즌 데이터 과학자가 되는 문턱이 훨씬 더 낮아졌다.

황보현우 박사의 『코딩 없이 배우는 데이터 과학』은 비전문가를 위한 도서로서, 노 코딩 SW를 적극 활용한다. 1권에서는 대부분의 전문 도서에서 다루지 않지만, 실무에서 필수적인 데이터 가공 · 처리 · 기술적분석을 집중적으로 다루고 있다. 2권에서는 데이터 과학의 핵심인 추론 · 회귀 · 분류 · 그룹화 · 차원 축소를 다루고 있다. 이때 기존 전문 도서와의 차별점은 이론뿐만 아니라 비즈니스 문제와 분석 방법론을 연결시킨다는 점이다. 따라서 비전공자 또는 데이터 과학에 입문을 원하는 이에게 본 교재를 적극 추천한다. 물론 통계학, 컴퓨터 전공자들의 첫 전공서로서도 본 교재를 추천한다.

◆ 서울대학교 산업공학과 조성준 교수 (전 공공데이터전략위원회 위원장)

데이터 과학은 책에서도 설명하듯이 종합 기술이고 융합 학문이다. 이제는 문제를 푸는 전공자뿐만 아니라, 비전공자가 문제를 정의하는 경우에도 데이터적인 사고가 필요하다. 또한 AI가 더욱 발전할수록 데이터를 기반으로 소통하고 협업하는 디지털 역량은 더욱더 중요해지고 있다. 그러므로 코딩에 익숙하지 않은 비전공자를 위한 데이터 과학 입문서로 이 책을 적극 추천한다. 기본적인 용어들과 기법들에 익숙해지는 것만으로도 큰 도움이 될 것이다.

◆ KT 융합기술원 AI2XL연구소 배순민 소장 (겸 대통령직속 디지털플랫폼정부위원회 AI/빅데이터분과 위원)

SAS ® OnDemand for Academics는 강력한 통계 분석, 데이터 마이닝, 예측 모델링 소프트웨어를 코딩작업 없이 포인트 앤 클릭point-and-click 방식으로 체험할 수 있는 교육 및 학습용 무료 소프트웨어이다. 『코딩 없이 배우는 데이터 과학』은 데이터 과학자를 꿈꾸며, SAS ® OnDemand for Academics를 활용하고자 하는 학생들에게 훌륭한 길라잡이가 될 것이다.

◆ SAS Korea 이승우 대표이사

데이터가 세상을 지배하는 세상에서 데이터가 무엇이고, 어떻게 활용되는지 알고 싶다면 이 책을 추천한다. 누구나 쉽게 읽을 수 있으며 기본적인 데이터 리터러시를 갖게 될 것이다.

◆ 경인교육대학교 컴퓨터교육과 한선관 교수 (겸 한국인공지능교육학회장)

## 머리말

　최근 빅데이터와 인공지능에 제2의 붐이 불고 있다. 2016년 구글 딥마인드Google DeepMind의 알파고AlphaGo가 인공지능에 대한 관심을 불러일으켰다면, 2022년 말 출시된 오픈 AIOpen AI의 챗 GPTChat GPT는 인공지능의 활용 영역을 우리의 일상으로 끌어들이고 있다. 여기서 우리가 주목해야 할 점은 인공지능 기술의 추세가 초거대 인공지능, 창조하는 인공지능, 가벼운 인공지능, 활용성 높은 인공지능을 주목함에 따라 데이터 활용의 방향성 또한 별도의 코딩 없이 데이터를 분석하는 No Code, Low Code로 전환되었다는 점이다. 쉽게 말해 인공지능의 발전에 따라 파이썬Python이나 R과 같은 프로그래밍 언어의 문법을 배우면서 데이터 학습을 시작하는 것이 아닌, 인공지능 기술에 기반하여 잘 만들어진 도구를 이용해 데이터 과학의 프레임워크를 이해하고, 바로 실무에 데이터 분석 기법을 활용하는 것으로 중심이 변화하고 있는 것이다.

　데이터 과학은 통계학statistics, 컴퓨터 과학computer science 등 여러 학문에 기반을 둔 학제 간 융합inter-disciplinary convergence의 산물이다. 따라서 데이터 과학을 제대로 학습하기 위해서는 특정한 이론이나 알고리즘에 매몰되지 않고, 통계 학습statistical learning과 기계 학습machine learning을 꿰뚫는 프레임워크를 정립하는 것이 중요하다. 본 도서는 특정 학문에 치우치거나 개별 방법론에 매몰되지 않고, 보다 거시적인 안목에서 데이터 과학의 프레임워크를 제공하는 데 그 목적이 있다. 그리고 이를 통해 독자들이 다른 교재를 참고하거나 프로그래밍 언어를 배우는 과정에서 적용 중인 분석 방법론 또는 알고리즘이 프레임워크 상 어느 위치에 있으며, 또 데이터 과학자로서 발전하기 위하여 향후 어느 방향으로 나가야 하는지를 알려주는 나침반의 역할을 하고자 한다.

본 도서는 데이터 과학 입문자와 통계학, 컴퓨터 공학 비전공자를 위한 도서이다. 통계학이나 컴퓨팅에 대한 이론적 기반을 보유하지 않은 학습자가 데이터 과학을 학습함에 있어 초행길의 길잡이와 같은 역할을 하고자 한다. 또한 본 도서는 데이터 과학을 접근함에 있어 중요한 것은 프로그래밍 언어나 개별 분석 방법론이 아님을 강조한다. 데이터 과학에서 가장 중요한 것은 사회 현상과 문제를 이해하는 것이고, 이를 어떠한 분석 방법론을 통해 해결할지를 선택하는 것이다. 즉 데이터 과학을 위한 프레임워크를 정립하는 것이 다른 무엇보다도 더 중요하다. 만약 프로그래밍 언어를 코딩하거나 개별 분석 방법론을 적용하는 과정에서 문제가 발생한다면, 인터넷에 소개된 수많은 정보나 그간 출간된 다양한 교재를 확인하여 이를 해결할 수가 있다. 그러나 문제를 잘못 이해하여 엉뚱한 분석 방법론을 채택한다면 이는 돌이킬 수 없는 이슈가 된다.

그간 출간된 많은 훌륭한 도서들은 저자들이 아는 것을 당연히 독자들도 알고 있으리라 짐작하기 때문에 데이터 과학의 프레임워크를 설명하는 부분에 있어 인색하다. 하지만 본 도서를 프로그래밍에 대한 이해가 전혀 없는 독자들도 쉽게 이해할 수 있도록 구성하였다. 따라서 우리 독자들이 이 책을 통해 데이터 과학의 체계를 뚜렷하게 파악하고, 추가로 다른 교재를 학습할 때 본 도서의 프레임워크를 떠올릴 수 있다면 저자들은 가장 큰 보람을 느낄 것이다.

본 도서는 총 6개의 챕터로 구성되어 있다. 가장 먼저 1장에서는 데이터 과학에 접근하는 방법을 소개한다. 여기서는 데이터 과학에 접근하는 다양한 관점과 우리가 채택하는 프레임워크에 대해 설명한다. 2장에서는 데이터 과학에서 활용 가능한 여러 도구를 소개하고, 본 도서의 실습 도구인 SAS ® OnDemand for Academics에 대하여 설명한다. 3장에서는 획득한 데이터를 실제 분석이 가능한 데이터로 가공 및 처리하기 위한 방법에 대하여 학습한다. 이후 4장에서는 데이터를 정리 및 요약하는 과정을 통해 데이터가 가진 특성을 파악하는 기술적 데이터 분석에 대해 다룬다. 마지막 5~6장에서는 그래프나 지도와 같은 시각화 도구를 활용하여 데이터 분석 결과를 활용하고, 이해하는 방법에 대하여 학습한다.

본 도서는 프로그래밍 언어에 대한 상세한 설명과 통계학과 관련된 심도 있는 이론의 소개를 지양하고자 한다. 또한 데이터 과학에 대한 학습 부담을 덜기 위해 학습해야 할 내용을 '본문'과 '더 알아보기'로 구분하여 소개한다. 그러므로 데이터 과학의 입문자는 본문을 중심으로 학습하기를 권장하고, 기존 학습자나 데이터 과학 유경험자는 추가적으로 더 알아보기를 학습하여 데이터 과학에 대한 이해도를 향상시키는 것을 권장한다.

한편, 본 도서는 실습을 위해 코딩 없이, 또 무료로 사용할 수 있는 SAS Ⓡ OnDemand for Academics를 사용한다. SAS Ⓡ OnDemand for Academics는 프로그래밍에 대한 이해가 전혀 없는 사용자들도 쉽게 사용할 수 있는 click-and-drag 방식으로 사용 가능한 무료 SW이다. 본 교재에 활용된 데이터 및 예제는 다음 URL(https://url.kr/z3ymen)을 통해 다운로드 받을 수 있으며, 저자와의 커뮤니케이션을 통해 데이터 과학과 관련한 궁금한 사항을 해결할 수 있다.

이 책을 읽는 독자들이 새로운 데이터 과학의 세계를 경험하고, 보다 쉽게 데이터를 만지며, 가공하여 새로운 인사이트를 발견하는 선구자가 되기를 기원한다. 이제 새로운 데이터 과학의 세계로 출발하자.

Contents

**No Code
Data Science**

# 1 | 데이터 과학을 위한 체계

# 2 | 데이터 과학을 위한 도구

# 3 | 데이터 가공과 처리

# 4 | 기술적 데이터 분석

# 5 | 시각적 데이터 분석 I

# 6 | 시각적 데이터 분석 II

# 1

No Code Data Science

# 데이터
# 과학을
# 위한
# 체계

**No Code Data Science**

# 1

# 왜 데이터 과학인가?

## 1 ·································· 데이터 과학이란 무엇인가?

'빅데이터', '인공지능'이라는 키워드와 더불어 '데이터 과학'은 누구나 한 번쯤 들어 봤을 법한 용어이다. 하지만 데이터 과학이 정확히 무엇이고, 왜 데이터 과학을 배워야 하는지 알고 있는 사람은 드물다. 이 책은 데이터 과학을 본격적으로 다루는 도서인만큼, 우선 데이터 과학이 무엇인지 알아보는 것부터 시작하고자 한다.

### 1 | 데이터 과학이란?

데이터 과학data science은 과학적인 방법으로 데이터에서 정보와 지식을 얻는 융합 학문이다. 구체적으로 데이터 과학은 수학, 통계학, 컴퓨터 공학에 기반한 과학적 접근법을 이용한다. 그리고 데이터 과학은 이런 과학적인 접근법을 특정 산업 지식과 접목한다. 또한 접목을 통해 얻은 결과로 비즈니스 인사이트를 도출하고, 보다 나은 의사 결정을 할 수 있도록 지원하는 것까지 데이터 과학에 포함된다. 따라서 데이터 과학은 여러 학문 분야와 다양한 산업에서 축적된 방법론과 노하우의 집합체이다.

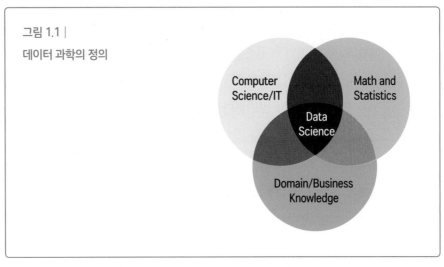

그림 1.1 |
데이터 과학의 정의

출처: https://3months.tistory.com/508

데이터 과학은 다양한 학문과 산업의 결정체이다. 그렇기 때문에 데이터 과학을 완벽하게 아는 것은 불가능하다. 이를 달리 말하면 굳이 다 알아야 할 필요는 없다는 말이기도 하다. 하지만 데이터 과학의 전체 프레임워크를 아는 것은 중요하다. 세부 방법론에 집착할 필요는 없지만, 큰 줄기는 알아야 한다. 본 도서는 데이터 과학의 프레임워크를 강조한다.

데이터 과학은 목적이 아닌 '도구'이다. 데이터 과학의 목적은 비즈니스 인사이트 도출과 더 나은 의사 결정이다. 따라서 데이터 과학 그 자체가 목적이 될 수 없다. 데이터 과학은 철저하게 도구로서의 학문이다. 뛰어난 장인이 연장을 탓하지 않는 것과 같이, 훌륭한 데이터 과학자는 특정 언어와 방법론에 집착하지 않는다. 우수한 데이터 과학자는 주어진 상황에서 어떤 방법론을 어떻게 써야 하는지 아는 사람이다.

## 2 | 데이터 과학을 배우는 이유

데이터 과학을 배우는 이유는 '더 나은 의사 결정'을 위해서이다. 인생은 수많은 결정의 연속이다. 우리는 아침에 눈을 뜨고, 집에 돌아와 잠들기까지 수많은 '의사 결정'을 한다. 간단하게 점심에 무엇을 먹을지부터, 대학에서 어떤 전공을 선택할지, 현재 연인과 결혼을 할지 말지 등 다양한 의사 결정을 하면서 산다. 점심 메뉴야 어떤 것을 골라도 큰 문제가 없지만, 입시나 결혼과 같은 중요한 의사 결정은 함부로 해서는 곤란하다. 그래서 우리는 더 나은 의사 결정을 위해 더 많은 정보를 모으고, 전문가나 경험이 많은 인생 선배로부터 조언을 구하곤 한다.

데이터 과학은 현상을 보다 객관적으로 보게 한다. 데이터에 기초한 의사 결정 과정에는 어떤 형태로든 데이터가 개입한다. 이 말은 데이터 과학을 이용할 경우, 항상 수치와 근거를 가지고 의사 결정을 한다는 말과 같다. 또한 데이터 과학을 깊게 배울수록 보다 정확하고, 정밀한 수치와 근거를 말할 수가 있다. 예를 들어 '매출이 전년도보다 증가했다'는 말보다, '매출이 전년도보다 15% 증가했다'는 문구가 더 나아 보이는 이유는 후자에 데이터가 개입했기 때문이다. 이처럼 단순한 사실도 데이터가 개입하면 객관성과 설득력이 높아지며, 이러한 객관성은 현상을 보다 정확하게 보게 한다. 그리고 이 때문에 경험에만 의존할 때보다 훨씬 좋은 판단이 가능하다.

데이터 과학은 현상을 종합적으로 보게 한다. 사람의 기억에는 한계가 있다. 하지만 데이터는 저장 공간만 허락한다면 무한히 저장하고 기록할 수 있다. 사람의 경험도 기억과 같이 한계가 있다. 아무리 기억력이 우수한 사람도 편향이 있기 마련이다. 하지만 데이터는 심리 요인이나 기호에 영향을 받지 않는다. 그 결과, 현상을 보다 정확하게 보게 한다. 특히 데이터 과학은 과거에 기록된 데이터를 종합적으로 살펴볼 수 있다. 그렇기에 데이터 과학을 이용하면, 맥락과 경향을 한눈에 확인할 수 있으며, 보이지 않았던 패턴이나 경향도 파악할 수가 있다.

2012년, 하버드 비즈니스 리뷰Harvard Business Review; HBR는 '21세기 가장 매력적인 직업'으로 데이터 과학자를 소개했다. 이후 데이터 과학자는 각종 연봉, 만족도, 선호도 조사 등에서 매년 상위권에 이름을 올렸다. 대체 데이터 과학자는 왜 이렇게 인기가 많을까? 그리고 이 인기는 앞으로도 계속될 수 있을까? 이번에는 이 두 가지 질문에 대해 알아보도록 하겠다.

## 1 | 가장 매력적인 직업, 데이터 과학자

그림 1.2 |
21세기의
가장 매력적인 직업,
'데이터 과학자'

출처: Davenport, Thomas H., and D. J. Patil. "Data scientist." Harvard business review 90 (2012): 70-76.

세계적인 경영학 저널인 하버드 비즈니스 리뷰는 2012년 데이터 과학자Data Scientist를 '21세기 가장 매력적인 직업The Sexiest Job of the 21st Century'으로 소개했다. 그리고 얼마 지나지 않아 데이터 과학자는 실제로 가장 인기 있는 직업이 되었다.

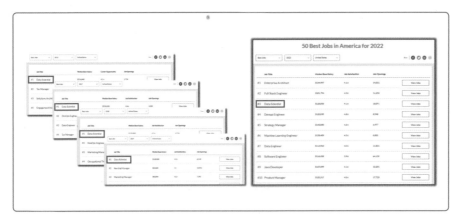

그림 1.3 | 미국에서 가장 인기 있는 직업

미국의 최대 구인구직 사이트인 글래스도어<sup>Glassdoor</sup>는 매년 미국에서 가장 인기 있는 직업 Top 50을 선정한다. 이 조사에서 데이터 과학자는 4년(2016~2019년) 연속 1위를 차지했다. 또한 2022년 조사에서도 데이터 과학자는 3위를 차지해, 여전히 높은 인기를 실감하게 했다. 그렇다면 데이터 과학자가 이렇게 인기 있는 이유는 무엇일까?

데이터 과학자가 인기 있는 이유는 크게 세 가지이다. 첫째, 임금이 높다는 점이다. 데이터 산업이 크게 성장하면서 자연스레 데이터 과학자의 수요 역시 급격히 증가했다. 하지만 공급은 이에 미치지 못했다. 그 결과, 데이터 과학자는 높은 몸값을 자랑하는 직업이 되었다. 둘째, 데이터 과학자 품귀 현상으로, 채용 기회 역시 많은 상황이다. 따라서 데이터 과학자는 구직자가 일자리를 구하기 매우 유리한 직업이 되었다. 셋째, 많은 조사 자료에 따르면 데이터 과학자의 수요는 앞으로도 계속 증가할 것으로 보인다. 또한 공급이 수요를 못 따라오는 현상도 지속될 전망이다. 즉 데이터 과학자는 높은 임금, 많은 채용 기회, 장밋빛 전망 등 세 가지 측면에서 큰 매력을 가지고 있다.

### ■ 임금 상위권 중에서도 상위권, 데이터 과학자

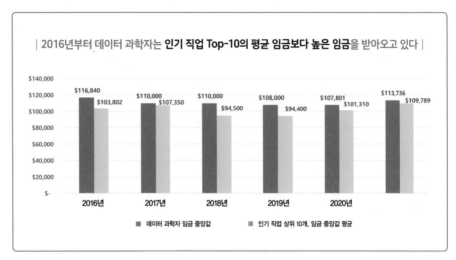

| 2016년부터 데이터 과학자는 **인기 직업 Top-10의 평균 임금보다 높은 임금**을 받아오고 있다 |

그림 1.4 | 데이터 과학자 임금 변화 추이

출처: 2016~2021년, 미국의 10대 인기 직업Top 10 Best Jobs for America, 글래스도어

글래스도어 조사에 따르면, 데이터 과학자는 높은 임금을 자랑하는 직업 중에서도 지속적으로 상위권을 유지하고 있다. 〈그림 1.4〉는 데이터 과학자의 임금(파란색 막대)과 상위 10개 직업의 임금 중앙값*의 평균(회색 막대)을 비교한 그래프이다. 데이터 과학자의 임금은 지난 6년(2016 ~ 2021년)간, 상위 10개 직업의 평균보다 높았다.

### ■ 데이터 과학자는 항상 '구인난'을 겪고 있다

데이터 과학자는 높은 수요로 인해 지난 수년간 '구인난'을 겪고 있는 직업이다. 〈그림 1.5〉는 연도별 '빈 일자리 수'의 변화 추이를 나타낸 그래프다. 빈 일자리 수**는 인력 부족으로 급하게 사람을 구하는 일자리의 개수를 말한다. 데이터 과학자의 빈 일자리 수는 2020년과 2021년, 전 세계를 떠들썩하게 만든 코로나19로

◆　임금 중앙값: 전체 임금을 기준으로 전체 데이터 과학자를 줄 세웠을 때, 정가운데 있는 사람의 임금을 말함

◆◆　빈 일자리 수: 조사 기준월 마지막 근무일에 직원이 비어 있고, 구인 활동을 하고 있으며 30일 이내 일이 시작될 수 있는 일자리 수

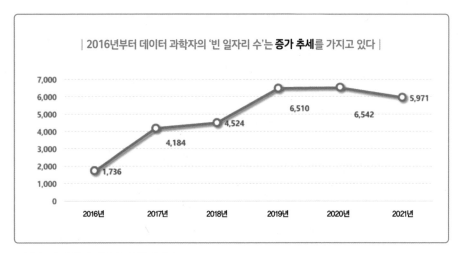

그림 1.5 | 데이터 과학자 빈 일자리 수

출처: 2016~2021년, 미국의 10대 인기 직업Top 10 Best Jobs for America, 글래스도어

인한 전반적인 고용 감소 추세에도 불구하고, 2016년부터 꾸준히 증가해 왔다. 감염병의 위기조차도 데이터 과학자의 인기를 막지 못한 것이다.

### ■ 연평균 성장률 12.8%, 데이터 과학자 품귀 현상은 앞으로도 계속

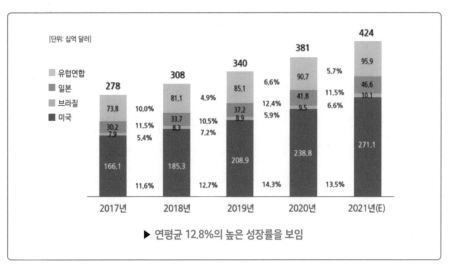

그림 1.6 | 데이터 산업 성장률 추이와 전망

출처: 2021년 데이터 산업 백서, 한국데이터산업진흥원

한국데이터산업진흥원이 발표한 자료에 따르면, 데이터 산업은 세계적으로 높은 성장률을 나타냈다. 2021년 보고된 〈데이터 산업 백서〉를 살펴보면, 데이터 산업은 연평균 12.8%라는 높은 성장률을 나타냈다. 이런 높은 성장세는 전 세계적인 흐름으로, 데이터 과학자의 수요는 앞으로도 계속 증가할 것으로 보인다.

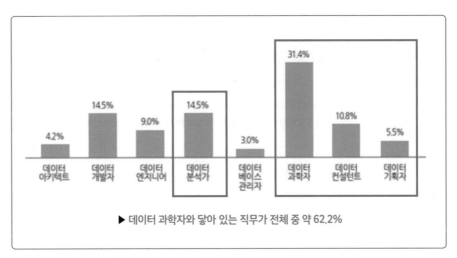

그림 1.7 | 국내 데이터 산업 관련 직무 인력 부족률
출처: 2021년 데이터 산업 백서, 한국데이터산업진흥원

직업·학교 관련 정보 제공 사이트인 비즈니스 스튜던트 닷컴Business Student.com은 2024년까지 데이터 과학자의 수요가 공급보다 약 25만 명을 초과할 것으로 예상했다. 한편, 이런 데이터 인력 품귀 현상은 국내도 별반 다르지 않다. 한국데이터산업진흥원은 향후 5년 내 국내 데이터 과학 관련 직무 인력의 부족률이 약 62.2%에 달할 것으로 예상했다. 즉 국내외를 막론하고, 데이터 산업 발전에 따른 데이터 과학자 부족 현상은 앞으로 더 심화될 것으로 보인다.

이 외에도 데이터 과학자는 높은 직무 만족도를 나타내는 직업이다. 글래스도어 조사에 따르면, 지난 5년 간(2017~2021년) 데이터 과학자의 평균 직무 만족도는 5점 만점에 4.2점이었다. 연봉, 취업 기회, 성장성, 임금, 직무 만족도 등 모든 면에서 '데이터 과학자'는 매력적인 직업인 것이다.

## 2 | 데이터 과학자는 누구일까?

데이터 과학자는 누구일까? '데이터 과학자'라는 개념을 처음 소개한 사람은 디제이 페이틀DJ Patil이다. 디제이 페이틀은 미국 백악관의 최고데이터책임자Chief Data Officer; CDO를 지냈던 사람으로, 페이틀은 데이터 과학을 다음과 같이 정의했다.

**"데이터 과학자는 프로그래밍 코드와 통계적 지식을 결합하여
데이터로부터 통찰력을 만들어 내는 사람이다."**
**"A data scientist is someone who creates programming code, and combines
it with statistical knowledge to create insights from data."**

정의에 따르면 데이터 과학자는 데이터에서 통계적 지식과 프로그래밍으로 인사이트를 만들어 내는 사람이다. 하지만 이후 데이터 과학자의 정의는 다양한 기관과 사람에 의해 조금씩 변해왔다. 이런 배경 때문인지 데이터 과학자가 갖춰야 할 역량도 각양각색이다. 하지만 큰 틀에서 핵심 역량을 추리면 데이터 분석, 비즈니스, 컴퓨팅 등의 세 가지 역량이 남는다. 이 세 가지 역량이 무엇인지 살펴보자.

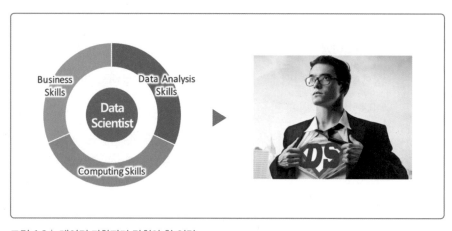

그림 1.8 | 데이터 과학자가 갖춰야 할 역량

데이터 분석 역량Data Analysis Skills은 통계 학습, 기계 학습, 패턴 인식 등 다양한 데이터 분석 방법론에 근거하여 데이터를 해석해 내는 역량을 말한다. 데이터 과학자는 데이터를 분석해, 문제를 해결하고 패턴을 발견한다. 이때 데이터 과학자에게 데이터는 재료이고, 분석 역량은 재료를 가공하는 기술이다. 또한 데이터 분석 역량은 데이터 과학자의 정체성과 직접 닿아 있으며, 그만큼 중요하다. 하지만 데이터 분석 '기술'만으로는 분석을 잘할 수 없다. 데이터는 현상을 담고 있기 때문이다. 일상 문제를 데이터 문제로 정의하고, 데이터 분석으로 얻은 결과를 해석하는 모든 과정이 데이터 분석이다. 그리고 이러한 데이터 분석을 기술에서 예술로 승화시키기 위해서는 '비즈니스 역량'이 꼭 필요하다.

비즈니스 역량Business Skills은 산업이나 업무에 대한 이해를 의미한다. 그래서 분야 전문성이나 도메인 지식이라고도 부른다. 비즈니스 역량이 핵심 역량인 이유는 비즈니스를 모르면 제대로 된 데이터 분석을 할 수가 없기 때문이다. 데이터는 현상을 기록한 기록물이다. 그리고 비즈니스 역량은 현상에 대한 이해를 말한다. 그렇기에 비즈니스를 모르면 데이터가 가진 의미를 알 수 없는, 즉 현상과 수치를 연결할 수 없는 것이다. 그런 의미에서 비즈니스를 모르고 분석을 하겠다는 말은, 지구상의 어딘가를 파서 석유를 얻겠다는 말과 같다. 하지만 애석하게도 비즈니스 역량은 단기간에 얻을 수 없다. 또한 공부로 비즈니스 역량을 키우는 것에도 한계가 있다. 비즈니스 역량은 무엇보다 '경험'이 중요하기 때문이다. 비즈니스 역량을 충분히 갖추기 위해서는 적어도 5~10년 이상의 해당 산업에서의 실무 경험이 필요하다.

컴퓨팅 역량Computing Skills은 데이터베이스, 서버, 플랫폼, 솔루션, UI/UX 등 IT 전반에 대한 이해를 말한다. 하지만 좁은 의미의 컴퓨팅 역량은 코딩이나 프로그래밍 역량이다. IT 전반에 대한 이해는 데이터 과학자로 살면서 평생 키워야 할 역량이다. 이는 단기간에 달성할 수 있는 목표가 아니기 때문이다. 그렇기에 많은 사람들이 컴퓨팅 역량을 키우기 위한 방편으로 코딩 교육을 선택한다. 코딩이 데이터 과학과 가장 밀접하게 닿아 있고, 활용도도 높기 때문이다. 코딩이 중요한 이유는 데이터를 다루는데 유용한 도구이기 때문이다. 데이터를 수집하고, 추출하고, 처리하는 일에 코딩은 유용하다. 또한 코딩은 데이터 분석을 위한 좋은 도구이다. 예를 들어, 코딩을 잘하면 정교한 모형을 개발하거나 어려운 데이터의 시각화도 쉽게 해낼 수 있다. 데이터 분석 도구의 발전 이전에는 코딩 없는 데이터 분석은 상상하기 어려웠다. 페이틀이 코딩을 강조한 이유도 여기에 있다. 하지만 코딩 역시 데이터 처리와 분석을 위한 도구일 뿐이다.

핵심 역량을 천천히 살펴보면, 세 가지 역량 중 어느 하나도 갖추기가 쉽지 않다는 것을 알 수 있다. 데이터 분석 역량을 갖추기 위해서는 통계, 머신 러닝, 인공지능 등 어렵고 방대한 학문을 익혀야 한다. 이 중 하나만 제대로 해도 대단한 일이다. 비즈니스 역량도 비슷하다. 비즈니스 전문가로 거듭나기 위해서는 적어도 5~10년의 실무 경험이 필요하다. 실무 종사자가 아니라면 애당초 갖추기 어려운 역량이다. 컴퓨팅 역량은 다를까? 코딩에만 한정해도 잘하기 어렵다. 컴퓨터 공학을 전공한 사람도 코딩이 어려워 진로를 바꾸기도 한다. 그만큼 코딩을 잘한다는 것은 많은 노력과 시간이 필요한 일이다.

**DJ :** People make a mistake by forgetting that data science is a team sport. People might point to people like me or Hammerbacher or Hilary or Peter Norvig and they say, oh look at these people! It's totally false, there's not one single data scientist that does it all on their own. Data science is a team sport, somebody has to bring the data together, somebody has to move it, someone needs to analyze it, someone needs to be there to bounce ideas around

= 줄이자면 데이터 과학은
혼자서 다할 수 없는 영역이다

- *DJ Patil*
- 전 미국 과학기술 정책실 *Chief Data Scientist*
- *Data Scientist*라는 용어를 처음을 만든 사람

그림 1.9 | 데이터 과학자는 팀워크로 할 수 있는 직업

데이터 과학자에게 필요한 역량은 모두 키우기 어려울 뿐만 아니라, 그 범위도 방대하다. 이 때문에 과거에는 데이터 과학자를 개념상으로만 존재하는 상상 속의 직업이란 의미로 '유니콘Unicorn'이라고 불렀다. 물론 데이터 과학자를 처음 소개한 페이틀 역시 이 점을 잘 알고 있었다. 그래서 데이터 과학자는 '개인'이 아닌 '팀'으로서 할 수 있는 일이라고 말했다. 즉, 페이틀이 말한 데이터 과학은 팀워크 teamwork로 해내는 팀 스포츠team sport인 것이다. 실제로 데이터 과학 프로젝트는 개인이 아닌 팀 단위로 진행된다.

하지만 '잡코리아'나 '사람인' 같은 구인구직 사이트를 돌아보면, 심심치 않게 '데이터 과학자 채용 공고'를 발견할 수가 있다. 그럼 페이틀의 말은 거짓일까? 처음 데이터 과학이 알려졌을 당시, 데이터 과학에 조금만 걸쳐 있어도 자신을 데이터 과학자로 소개하는 사람이 많았다. 몸값을 올리는데 '데이터 과학자'라는 타이틀이 매력적이었기 때문이다. 그 결과, 데이터 과학자의 본래 정의와는 괴리감이 있는 자칭 데이터 과학자가 시장에 쏟아졌다. 이런 배경으로 채용 시장에서 말하는 데이터 과학자는 보통 핵심 역량 세 가지 중, 한두 가지 역량만을 가지고 있는 사람을 말한다. 즉 이론상의 데이터 과학자의 정의와 시장에서 흔히 이야기하는 데이터 과학자의 정의는 서로 다르다.

## 3 ......................... '코딩 없이' 배우는 데이터 과학의 중요성

데이터 과학자로 일하기 위해서는 핵심 역량 세 가지 중, 두 가지만 갖춰도 된다. 하지만 세 가지 중 어느 하나도 쉽게 갖추기 어렵다는 사실은 변하지 않는다. 그렇다면 이 세 가지 역량 중, 왜 하필 '코딩'을 미루는 게 나은지 알아보자. 그리고 데이터 과학자가 될 수 있는 사람은 어떤 사람인지 살펴보자.

# 1 | 왜 하필 코딩을 뒤로 미뤄야 할까?

코딩을 뒤로 미루길 권하는 이유는 크게 네 가지이다. 첫째, 코딩은 데이터 과학을 위한 도구일 뿐 목적이 아니다. 목적만 달성할 수 있다면, 굳이 코딩이 아니어도 된다. 둘째, 코딩은 비즈니스 역량과는 달리, 분석과 직접 연관되어 있지 않다. 비즈니스 역량은 분석의 질을 결정하는 중요한 역량이다. 반면, 코딩을 못해도 양질의 분석은 충분히 가능하다. 셋째, 코딩은 배우기 어렵다. 데이터 과학에 활용 가능한 수준까지 코딩 역량을 키우는 데에는 많은 시간이 걸린다. 코딩을 배우는 목적은 데이터 처리와 분석을 하기 위함이다. 이는 단순한 구구단 프로그램을 짜는 것과는 차원이 다른 이야기이다. 넷째, 시장 주도 언어는 계속 바뀌어 왔다. 지금은 파이썬Python이 왕좌를 차지하고 있지만, 언제 새로운 언어가 등장해 왕좌의 주인이 바뀔지는 알 수 없다. 언어 하나를 배우기도 어려운데, 매번 새로운 언어를 익힌다는 것은 쉽지 않은 일이다. 이제 각각에 대해 자세히 알아보자.

## ▌1 코딩은 데이터 과학을 위한 도구

코딩은 데이터 처리와 분석에 쓰이는 도구이다. 따라서 코딩을 배우는 이유는 단순히 '코딩을 잘 하려고'가 아닌, '데이터 처리와 분석에 활용하기 위해서'이다. 하지만 기술의 발전에 따라 코딩을 직접 하지 않아도 데이터 처리와 분석이 가능한 도구가 많이 등장했다. 예를 들어, 이 책에서 다루는 SAS ODA도 그중 하나이다. 소프트웨어상에서 작업을 선택하고 옵션을 설정하면, 누구나 코딩 없이 쉽게 데이터를 처리하고 분석할 수 있다. 물론, 데이터 처리와 분석을 위한 '개념'은 확실히 알고 있어야 한다. 하지만 '코딩'은 몰라도 된다.

## ▌2 코딩과 분석은 직접 연관되어 있지 않다

데이터 과학은 과학적인 방법을 통해 가치를 만든다. 즉 데이터 분석 역량은 데이터 과학에서 꼭 필요한 요소이다. 또한 양질의 데이터 분석을 위해서 비즈니스 역량은 필수이다. 반면, 코딩은 그렇지 않다. 앞서 말했듯 코딩은 데이터 분석과 처리를 위한 도구에 지나지 않기 때문이다. 코딩을 몰라도 비즈니스 문제를 데이터 문제로 바꿀 수 있다. 또 코딩을 몰라도 데이터를 처리할 수 있고, 코딩을 몰라도 데이터를 분석할 수 있으며, 코딩을 몰라도 분석 결과를 해석할 수 있다.

### 3 코딩은 배우기 어렵다

코딩은 어렵다. 입문자에게 코딩이 어려운 이유는 크게 두 가지로 설명할 수가 있다. 첫째, 데이터 과학에 코딩을 사용하려면, 적어도 두 가지 언어를 알아야 한다. 데이터 처리에는 SQL, 데이터 분석에는 파이썬이나 R, SAS과 같은 서로 다른 차원의 언어가 필요하다. 하지만 분석과 처리 언어는 문법과 특징이 다르다. 따라서 두 언어를 능숙히 활용하는 데에는 많은 시간과 노력이 필요하다. 둘째, 코딩을 위해서는 문법과 알고리즘 모두를 알아야 한다. 외국어를 학습하는 과정에서 문법을 잘 안다고 외국어를 유창하게 구사할 수 없듯이 코딩도 마찬가지이다. 문법을 아는 것과 코딩으로 문제를 해결하는 것은 완전히 다른 이야기이다.

### 4 시장 주도 언어는 언제든 바뀔 수 있다

마지막으로 시장 주도 언어는 언제든지 바뀔 수가 있다. 불과 10년 전까지만 해도 데이터 분석을 배운다는 말은 SAS를 배운다는 것과 같은 의미로 쓰였다. 데이터 과학과 밀접한 통계, 데이터 마이닝 등에서 SAS의 존재는 가히 독보적이었기 때문이다. 하지만 2010년 이후 오픈 소스 데이터 분석 언어인 R이 시장에서 급부상하기 시작했고, 얼마 지나지 않아 시장을 주도하는 언어는 R로 바뀌었다. 그리고 약 5년 뒤인 2015년부터 파이썬이 데이터 분석 시장에서의 점유율을 높이기 시작했으며, 2022년 현재 파이썬은 데이터 분석 시장에서 가장 많이 쓰이는 언어가 되었다. 이처럼 2010년부터 2022년까지 불과 12년 농안 왕좌의 주인은 두 번이나 바뀌었다. 현재 데이터 분석 시장에서 파이썬의 입지는 공고하다. 하지만 앞으로 시장이 어떻게 변하고, 어떤 새로운 언어가 등장하여 왕좌를 위협할지는 아무도 알 수 없다. 새로운 언어가 등장한다면, 우리는 늘 그랬듯 그 언어를 또다시 배워야 한다.

이처럼 코딩을 미뤄야 하는 이유가 이렇게 많지만, 시중의 데이터 과학 교재는 절반 이상이 코딩을 주로 다루고 있다. 거기다 코딩도 수박 겉 핥기 식으로 넘어가는 경우가 대부분이다. 또 데이터 분석 내용도 대부분 코드 입력과 결과를 확인하는 수준에서 그치며, 분석 결과에 대한 해석이 빈약한 경우가 많다. 즉, 코딩은 코딩대로, 분석은 분석대로 제대로 배우지 못하는 것이다. 앞서 말했듯 코딩을 배우는 데는 필요한 학습량이 방대하며, 아무리 데이터 과학을 목적으로 양을 줄인다고 해도 한계가 있다. 따라서 코딩을 제대로 배우려면 프로그래밍 언어 입문서를 따로 구입하여 학습해야 한다.

한편, 많은 입문자가 코딩이 어려워 데이터 과학을 포기하는 것도 문제이다. 물론 그 덕에 데이터 과학 시장의 진입 장벽이 높아졌고, 데이터 과학자는 고연봉의 매력적인 직업으로 군림할 수 있었다. 어찌 보면 데이터 과학을 직업으로 하는 사람들에게는 좋은 일일 수도 있다. 경쟁자가 줄어드니 말이다.

데이터 과학 관련 학계에서 국내 최고의 석학으로 불리는 서울대 산업공학과 조성준 교수는 데이터 리터러시의 중요성을 강조하며, 데이터 과학자의 역량 중 코딩 역량의 습득을 뒤로 미룰 것을 권장한다. 코딩을 배우는 것은 좋지만, 데이터 과학자가 되기 위해 매우 먼 길을 돌아가는 것과 유사하다는 것이 그의 입장이다. 이처럼 데이터 과학의 본질은 코딩이 아니다. 데이터 과학은 데이터를 통해 정보와 가치를 만드는 학문이며, 핵심은 분석이고 비즈니스이다. 최근 강조되고 있는 '데이터 리터러시'는 데이터를 읽고 해석할 수 있는 능력, 즉 데이터 문해력을 말한다. 사실 데이터 과학의 시작은 코딩이 아닌, 데이터 리터러시여야 한다. 데이터로 정보와 가치를 만들기 위해 필요한 건, 데이터를 이해할 수 있는 능력이지 코딩이 아니기 때문이다.

또한 그는 100년 전 문맹, 30년 전 컴맹이 있었다면, 이제는 '데맹'이 있다고 이야기하며, 가장 큰 문제로 데이터 과학자로 일하고 있는 사람 중에도 데맹이 있다는 사실을 지적한다. 이처럼 숫자를 위한 숫자를 만들 뿐, 그 의미와 쓰임을 모른다면 데이터 과학자로 일하고 있어도 그저 데맹일 뿐이다. 즉 데이터 과학자에게 있어 가장 중요한 것은 코딩이 아니라 데이터를 읽고 해석하는 능력, 그리고 이를 현장에 적용하는 비즈니스 역량인 것이다.

## 2 | 나도 데이터 과학자가 될 수 있을까?

데이터 과학자가 되기 위해서는 먼저 데이터 분석 역량을 갖추고, 비즈니스나 컴퓨팅 역량을 키워야 한다. 하지만 사람마다 처한 상황은 조금씩 다르다. 그렇기 때문에 상황에 맞게 어떤 역량을 키울지 우선순위를 정해야 한다. 예를 들어, 통계학 전공자라면 비즈니스나 컴퓨팅 역량을 더 키우면 되고, 학생이라면 비즈니스 역량을 키우기 어렵기 때문에 컴퓨팅 역량에 초점을 두면 된다. 반면, 직장인은 분석 역량에 더 많은 시간을 투자해야 한다. 경력이 쌓이면서 비즈니스 역량은 자연스럽게 얻을 수 있기 때문이다.

데이터 과학자는 전공과 무관하게 누구나 될 수 있다. 물론 통계나 컴퓨터 공학 같이, 핵심 역량과 직접 닿아 있는 전공이 유리한 것은 사실이다. 하지만 경영학이나 국문학을 전공한 자라도 데이터 과학자가 될 수 있다. 데이터 과학은 '도구'이기 때문이다. 예를 들어 대학에서 국문학을 전공했다면, 데이터 과학의 응용 분야인 텍스트 분석에서 남들보다 강점을 가질 수 있다. 한국어에 대한 이해가 다른 사람보다 높기 때문이다. 경영학도 마찬가지다. 경영학 전공자는 다른 전공자 보다 비즈니스를 이해하는 데 강점이 있다. 그 결과, 데이터 분석만 배운다면 인사이트를 도출하는 데에 더 유리할 수 있다. 이처럼 데이터 과학자가 된다고 해서 기존에 배웠던 지식이 모두 쓸모 없어지는 것은 아니다. 어떤 전공이든 데이터 과학을 곁들이면, 날개를 달게 되는 것이다.

같은 맥락에서 어떤 산업에 종사하든 누구나 데이터 과학자가 될 수 있다. 금융, 제조, 유통, 헬스케어는 물론이고, 데이터가 있는 모든 산업과 직무에서 데이터 과학은 언제나 필요하다. 그리고 앞으로는 더 많은 데이터가 축적될수록, 그 활용 분야는 더욱더 확대될 것이다. 데이터 과학자의 역량 중 가장 달성하기 어려운 역량은 비즈니스 역량이다. 비즈니스 전문성은 공부만으로 키우기 어렵다. 비즈니스 전문성을 갖추려면 적어도 5~10년 이상의 실무 경험이 필요하다. 만약 실무 경험을 갖췄다면, 꼭 데이터 분석을 배우기를 권한다. 데이터 분석을 할 수 있는 비즈니스 전문가는 호랑이가 날개를 단 것과 같이 강력한 경쟁력을 갖춘 존재이기 때문이다.

결론은 누구나 데이터 과학자가 될 수 있다는 사실이다. 또한 누구나 데이터 과학자가 되어야 한다. 이미 가지고 있는 역량을 충분히 활용한다면, 조금의 노력을 곁들여 누구나 어렵지 않게 데이터 과학자가 될 수 있다. 많은 전문가들이 소수의 엘리트 데이터 과학자를 육성하기보다, 실무 경험이 풍부한 산업 종사자들을 데이터 전문가로 전환할 것을 권고하고 있다. 이런 배경에서 등장한 용어가 바로 '시민 데이터 과학자Citizen Data Scientist'이다. 시민 데이터 과학자는 기존 산업 전문가들에게 데이터 분석을 재교육해 활용한다는 특징이 있다. 그리고 그 결과, 기업들은 디지털 전환으로 인한 데이터 인력 수요를 내부적으로 해소할 수 있게 되고, 직원들은 재교육을 통해 유망 직업인 데이터 과학자로 변모할 수가 있다. 즉, 직원들은 회사 직무에 대한 만족도를 높이는 효과를 얻을 수 있으며, 기업은 천문학적인 전문 인력 영입 비용을 아낄 수 있는, 이른바 모두에게 좋은 '윈-윈 전략win-win strategy'인 것이다. 이렇듯 데이터 과학을 잘하는 회사는 소수의 엘리트가 데이터를 독점하는 회사가 아닌, 전 직원이 데이터를 다루고, 분석할 수 있는 시민 데이터 과학자가 많은 회사이다.

**No Code Data Science**

# 2

# 데이터 과학을 위한 기본 지식

데이터 과학은 과학적인 방법을 이용해서 데이터를 분석한다. 이를 위해 먼저 데이터에 대한 이해가 필요하다. 데이터는 무엇이고, 어떤 유형이 있고, 어떻게 구성되어 있는지 알아보자. 또한 정확한 데이터 분석을 위해서는 '변수'의 유형과 역할을 정확히 이해해야 하는 것이 필수적이다. 이제 데이터와 변수에 대해 자세히 알아보자.

## 1 ·············································· 데이터

### 1 | 데이터란?

데이터data는 현상을 숫자나 문자, 이미지, 음성, 영상 등으로 기록한 사실을 말한다. 데이터 과학자는 현상을 목적에 맞게 선택하여 데이터로 기록한다. 21세기에 들어 하드웨어와 소프트웨어 모두 크게 발전했다. 하지만 아직도 '모든 것'을 기록하는 건 불가능하다. 대상을 한 사람으로 한정해도 그 사람의 일생을 전부 데이터로 저장하는 건 불가능하다. 사람에게는 심리, 행동, 관계, 유전자 등 측정이 어렵거나 데이터로 표현하기 어려운 수많은 요소들이 존재하기 때문이다. 따라서 데이터 과학자는 데이터 분석을 위해 수집할 수 있는 데이터 중, 필요한 데이터를 선택한다. 쇼핑몰은 구매 관련 데이터, 은행은 금융 거래 관련 데이터 등을 수집하는 것이다. 또한 데이터 과학자는 데이터를 분석하기도 하지만, 어떤 데이터를 기록할지 결정하기도 한다. 이처럼 세상은 데이터로 표현되고, 데이터 과학자는 데이터를 분석 및 결정한다. 이때 데이터 과학자가 분석하는 건 데이터로 표현된 세상이다. 즉 데이터는 단순히 숫자나 문자가 아닌, 세상인 것이다.

## 2 | 데이터의 유형

현상을 숫자나 문자 등의 형태로 기록하면 데이터가 된다. 데이터의 유형은 '어떻게' 기록하느냐에 따라 결정된다. 어떤 사실을 에세이 형태로 쓴 것도 데이터이다. 다만 이런 형식의 글은 어떤 사실이 기록되었는지 이해하려면 공들여 읽어야 한다. 반면 표와 같이 규칙이나 형식에 맞춰 기록한 데이터는 이해하기가 쉽다. '월요일 1교시는 수학이다'라는 글보다 시간표가 더 이해하기 편한 것과 같은 이치이다. 또한 데이터 중에는 동시에 여러 사람에게 물어 조사한 데이터가 있는 반면, 시간에 따른 변화를 기록한 데이터도 있다. 이처럼 데이터에 시간 개념이 포함되어 있는지도 데이터 유형을 결정하는 데 중요하다.

### 1 정형 데이터와 비정형 데이터

2차 세계 대전 당시 독일은 유대인을 박해했다. 유대인들을 수용소에 가두고, 인권 유린을 자행했다. '안네의 일기'는 당시를 묘사한 문헌 중 대중적으로 알려진 기록물이다. 이 안네의 일기에는 전쟁의 참상과 홀로코스트가 적나라하게 기록되어 있다. 일기는 사실을 담고 있다는 측면에서 데이터의 일종이다. 즉, 데이터는 사실을 기록한 것이다. 이때 사실을 꼭 숫자로 표현해야 하는 것은 아니다. 텍스트, 이미지, 음성도 데이터가 될 수 있다. 하지만 다양한 형태로 기록된 데이터는 분석에 앞서 데이터 분석 도구가 이해할 수 있는 형태로 바꿔야 한다.

그림 1.10 | 정형과 비정형 데이터 이미지

정형 데이터structured data는 정해둔 구조와 형식에 맞게 정리된 데이터이다. 특히 데이터 분석에서 말하는 정형 데이터는 분석 도구가 이해하기 쉬운 구조로 정리된 데이터를 말한다. 학창 시절 늘상 접했던 수업 '시간표'를 떠올려 보자. 시간표는 요일과 교시를 기준으로 정리한 데이터이다. 시간표에는 언제 어떤 수업이 있는지, 일목요연하게 정리되어 있다. 그렇기에 누구든 보면, 쉽게 이해할 수가 있다. 만약 시간표에 기록된 사실을 줄글로 기록하면 어떨까? 아마 꽤 긴 글이 되어 단번에 이해하기가 어려울 것이다. 이처럼 '비정형 데이터unstructured data'는 미리 정한 규칙이나 구조, 형식이 없는 데이터를 말한다.

표 1.1 | 정형과 비정형 데이터 정리

| 구분 | 정형 | 비정형 |
|---|---|---|
| 의미 | 미리 정해둔 구조와 형식에 맞게 정리된 데이터 | 어떤 규칙이나 형식을 정해두지 않고 기록한 데이터 |
| 특징 | 별다른 처리 없이도 바로 분석 가능 보통 표 형태를 가짐 | 분석을 위한 데이터 처리 작업이 선행되어야 함 정해진 형태가 없음 |
| 예시 | 시간표, 주간 일기 예보, 가격표 등 | 이미지, 음성, 동영상, 텍스트 등 |

**더 알 아
보 기**

### 반정형 데이터

반정형 데이터semi-structured data는 말 그대로 일정 부분만 정형인 데이터이다. 또 반정형 데이터
는 구조와 형식을 가지고 기록한 데이터라는 점에서는 정형 데이터와 비슷하다. 하지만 반정형 데이
터는 '표'와 같이 한 번에 이해하기 쉬운 구조는 아니다. 그래서 바로 분석에 활용하기 어렵다. 이렇
듯 별도의 처리가 필요하다는 점에서는 비정형 데이터와 유사하다. 반정형 데이터의 예로는 HTML,
XML, JSON 파일 등이 있다. 이 외에도 로그, 센서 데이터도 형태에 따라 반정형 데이터로 분류한다.


## ② 횡단면 데이터와 시계열 데이터

횡단면과 시계열 모두 일상에서 흔히 사용하는 용어가 아니다. 따라서 처음 두 용
어를 들으면 어렵다고 느끼기 쉽다. 하지만 용어가 어렵지, 개념은 쉽다. 이 둘을
나누는 핵심은 '시간'이다. 데이터의 기반이 되는 사실은 시간에 따라 변하기도 하
고, 대상에 따라 바뀌기도 한다. 이때 시간에 따른 변화를 기록한 데이터가 시계
열 데이터이고, 서로 다른 대상에 대해 같은 시간에 조사한 데이터는 횡단면 데이
터이다. 이 둘에 대해 자세히 알아보자.

**표 1.2 | 횡단면 데이터 예시**

| 학생 이름(개체) | 키(cm) | 몸무게(kg) |
|---|---|---|
| 김수로 | 143 | 31 |
| 고주몽 | 147 | 34 |
| 박혁거세 | 137 | 31 |
| 왕건 | 157 | 48 |
| ... | ... | ... |
| 이성계 | 144 | 38 |

횡단면 데이터cross sectional data는 같은 기간이나 시점에 다른 개체를 기록한 데이

터를 말한다. 시간은 같고, 개체는 다르다. 개체는 사람일 수도 있고, 국가나 도시일 수도 있다. 예를 들어 같은 반 학생들의 키를 기록한 데이터는 횡단면 데이터이다. 또 OECD 회원국의 GDP를 조사한 자료 역시 횡단면 데이터이다. 그런데 왜 명칭이 '횡단면 데이터'일까? 횡단면이라는 명칭은 데이터를 특정 기간이나 시점이 잘 보이도록, 즉 데이터에서 가로(횡)의 단면이 보이도록 잘라 내었기 때문에 횡단면이라고 부른다.

**표 1.3 | 시계열 데이터 예시**

| 관측년도(시간) | 키(cm) | 몸무게(kg) |
|---|---|---|
| 2010년 | 147 | 34 |
| 2011년 | 152 | 43 |
| 2012년 | 158 | 47 |
| 2013년 | 163 | 55 |
| ... | ... | ... |
| 2022년 | 182 | 72 |

시계열 데이터timeseries data는 시간에 따라 관측된 데이터를 말한다. 예를 들어 연도별로 김수로 학생의 키를 기록한 데이터는 시계열 데이터이다. 즉 시계열 데이터는 시간에 따른 개체의 변화를 기록한다.

**표 1.4 | 시계열 데이터와 횡단면 데이터**

| 유형 | 특징 | 예시 |
|---|---|---|
| 횡단면 데이터 cross-sectional data | 여러 개체를 같은 시간에 측정 | 도시별 인구수, 점포별 매출 현황 등 |
| 시계열 데이터 timeseries data | 한 개체를 시간에 따라 측정 | 일별 온도, 연도별 벼 수확량, 주가 등 |

**더 알아
보기**

## 패널 데이터

시계열 데이터와 횡단면 데이터를 합쳐서 한꺼번에 볼 수도 있다. 예를 들면, 초등학생 10명을 대상으로 10년 간 키 변화를 측정할 수 있다. 이런 데이터를 패널 데이터panel data라고 부른다. 패널 데이터는 횡단면 데이터를 시간에 따라 나열한 데이터를 말한다. 예를 들면, 특정 기업의 점포별 매출이 연도별로 측정되어 있다면, 패널 데이터이다. 패널 데이터는 시계열 데이터와 횡단면 데이터가 동시에 포함되어 있다. 또 패널 데이터는 종단면 데이터longitudinal data라고 부르기도 한다.

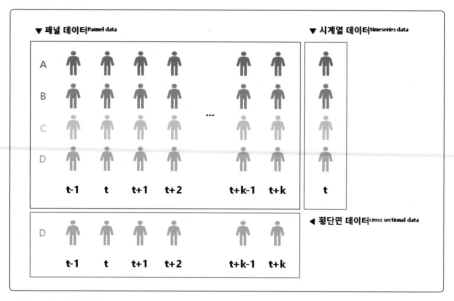

그림 1.11 | 패널 데이터

## 3 | 데이터의 구조

데이터 과학에서 주로 사용하는 정형 데이터는 표table의 형태로 수집, 저장, 분석이 된다. 그리고 이러한 표의 형태로 정리된 데이터를 데이터 과학에서는 데이터셋dataset이라고 하며, 줄여서 데이터라고 부르기도 한다. 반면 데이터 저장과 관리, 추출 등을 다루는 데이터베이스database에서는 데이터셋을 테이블table이라고 한다. 실무에서는 이 두 단어를 모두 사용한다.

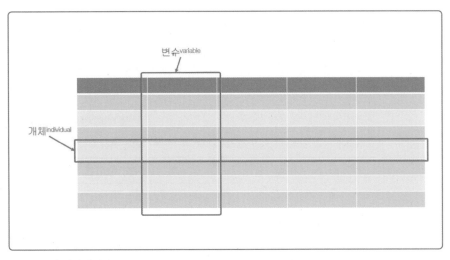

그림 1.12 | 데이터셋의 구조

데이터셋은 〈그림 1.12〉와 같이 개체와 변수로 구성된다. 개체individual는 데이터를 수집하는 단위이다. 사람, 국가, 거래 등을 예로 들 수 있다. 또 데이터를 다루는 학문이나 산업이 다양한 만큼 개체를 부르는 용어도 다양하다. 개체는 관측 단위observational unit, 대상subject, 레코드record, 케이스case라고도 불린다. 실무에서는 개체, 대상, 관측 단위를 비슷한 빈도로 사용한다. 한편 데이터셋에서 개체 하나는 행row으로 기록한다.

변수variable는 각 개체를 측정한 특성을 의미한다. 예를 들어 한 반의 학생을 개체로 하는 경우 성별, 나이, 키, 몸무게 등이 변수로 쓰일 수 있다. 변수 역시 특징feature, 특성characteristic, 속성attribute, 필드field, 칼럼column 등의 다양한 명칭으로 불린다. 다만 데이터 과학 실무에서는 변수라는 용어를 가장 많이 사용한다. 한편 데이터셋에서 변수는 하나의 열column로 기록된다.

**표 1.5 | 개체와 변수**

| 구분 | 개체 | 변수 |
|------|------|------|
| 의미 | 데이터 수집 단위 | 개체의 특성 단위 |
| 예시 | 사람, 국가, 거래 등 | (개체가 사람인 경우) 키, 몸무게, 나이 등 |
| 동의어 | 관측 단위, 대상, 레코드, 케이스 등 | 특징, 특성, 속성, 필드, 칼럼 등 |
| 위치 | 데이터셋의 행 | 데이터셋의 열 |

〈표 1.6〉은 홍길동, 김철수 등 사람을 대상으로 이름, 성별, 나이, 키, 몸무게를 기록한 데이터셋이다. 이때 개체는 홍길동, 김철수, 김영희 등 사람의 이름을 말하고, 성별, 나이, 키, 몸무게는 변수가 된다. 〈표 1.6〉을 살펴보면 홍길동의 나이는 '21세'라는 사실을 알 수 있다. 이렇게 개체가 가진 변수의 값을 관측치observation 또는 관찰값이라고 한다.

**표 1.6 | 데이터셋 예시**

| ID | 이름 | 성별 | 나이(세) | 키(cm) | 몸무게(kg) |
|------|------|------|------|------|------|
| 1 | 홍길동 | 남 | 21 | 187 | 89 |
| 2 | 김철수 | 남 | 45 | 172 | 68 |
| ... | ... | ... | ... | ... | ... |
| | 김영희 | 여 | 18 | 162 | 51 |

데이터 과학은 데이터를 통계 학습이나 기계 학습과 같은 과학적 방법론을 사용하여 분석한다. 따라서 데이터를 기호 또는 공식으로 표현해야 하는 경우가 많다. 이번에는 〈표 1.6〉을 활용해 데이터의 표현 방법을 알아보자.

변수를 기호로 나타낼 때는 보통 대문자 $X$로 표현하며, 데이터셋의 변수가 둘 이상이면 아래 첨자로 구분한다(일반적으로 ID는 제외). 예를 들어 〈표 1.6〉의 나이를 기호로 나타내면 $X_3$이다. 이때 $X_3$은 나이 변수 값을 포함한 개념으로, $X_3(=21, 45 \cdots 18)$이다. 반면, 변수 값을 나타낼 때는 주로 소문자 $x$로 표현한다. 예를 들어, 김철수의 나이를 기호로 나타내면, $x_{32}$로 나타낼 수 있다. 첫 번째 첨자는 변수의 순번이고, 두 번째 첨자는 개체의 순번이다. 따라서 $x_{32}$는 45이다. 이처럼 기호로 표현된 데이터를 처음 보면 당황하기 쉽다. 하지만 알고 보면 별거 아니다.

## 2 ···························· 변수

이번에는 변수의 유형에 대해 알아보자. 변수는 크게 속성과 역할에 따라 구분할 수 있다. 먼저, 속성에 따라 수치형 변수와 범주형 변수로 나눌 수 있다. 변수가 어떤 속성을 가졌는지에 따라 정보 유형과 양이 다르며, 분석 방법도 달라진다. 그다음 데이터 분석에서 맡은 역할에 따라 독립 변수와 종속 변수로 나눌 수 있다. 역할은 분석 목적에 따라 바뀔 수 있는 특징이 있다. 먼저 속성에 따른 변수의 유형부터 알아보자.

### 1 | 변수의 유형

변수의 유형은 크게 수치형과 범주형 두 가지로 나뉜다. 수치형 변수는 양을 나타내는 숫자로 기록된 변수를 의미한다. 예를 들면, 온도나 소득은 수치형 변수에 속한다. 반면, 범주형 변수는 한정된 범주에서 값을 갖는 변수이다. 예를 들면, 성별이나 혈액형 등은 범주형 변수에 속한다. 이 두 변수는 담고 있는 정보가 다르며, 가능한 연산에도 차이가 있다.

## 1 수치형 변수

수치형 변수numerical variable는 양을 나타내는 숫자로 기록된 변수를 말하며, '양적 변수quantitative variable'라고도 한다. 수치형 변수에는 온도, 지능 지수, 소득, 연령, 점수 등이 있다. 또 수치형 변수는 양을 나타내기 때문에 대소 비교는 물론, 덧셈, 뺄셈과 같은 사칙 연산이 가능하며, 간격이 일정하다는 특징이 있다. 그러면 어떤 것이 수치형 변수가 되는지 살펴보자. 등수와 점수 같은 수치형 변수는 모두 숫자로 기록되어 있다. 이때 등수에서 1등과 2등의 간격은 경우에 따라 다르다. 예를 들어 중간고사는 1등이 95점, 2등이 90점이었고, 기말고사는 1등이 100점, 2등이 60점일 수 있다. 즉, 같은 등수 차이지만, 간격은 다른 것이다. 따라서 등수는 수치형 변수가 될 수 없다. 반면에 99점과 98점, 95점과 94점의 간격은 1점으로 모두 동일하다. 그렇기에 점수는 수치형 변수가 될 수 있다. 이렇듯 수치형 변수는 0에 대한 해석에 따라 다시 비율형과 등간형으로 나눌 수 있다.

## 2 범주형 변수

범주형 변수categorical variable는 한정된 범주에서 값을 갖는 변수를 말하며, '질적 변수qualitative variable'라고도 한다. 범주형 변수에는 성별, 혈액형, 최종 학력 등이 있다. 이때 범주형 변수가 가질 수 있는 값을 범주라고 하며, 그룹group 또는 수준 level이라고 부르기도 한다. 위에서 언급한 혈액형의 경우, 범주는 A, B, O, AB이다. 한편 범주형 변수는 덧셈, 뺄셈과 같은 사칙 연산을 할 수 없다. A형에서 B형을 빼거나 더할 수 없기 때문이다. 하지만 등급이나 순위 같은 범주형 변수는 대소 비교가 가능하다. 예를 들어 '1등급은 2등급보다 등급이 높다'고 말할 수는 있지만, 1등이 2등보다 두 배 더 공부를 잘한다고 말할 수는 없다. 또한 1등과 2등의 차이가 얼마나 되는지는 점수를 직접 비교하지 않으면 알기 어렵다. 따라서 순서를 아는 경우에도 대소 비교 외에 다른 연산은 불가능하다. 이렇듯 범주형 변수는 '순서'를 나열할 수 있는지에 따라 다시 순위형과 명목형으로 나눌 수 있다.

**표 1.7 | 수치형 변수와 범주형 변수**

| 구분 | 수치형 | 범주형 |
|------|--------|--------|
| 정의 | 양을 나타내는 숫자로 기록된 변수 | 한정된 범주에서 값을 갖는 변수 |
| 동의어 | 양적 변수 | 질적 변수 |
| 예시 | 키, 몸무게, 나이 등 | 성별, 혈액형, 교육 수준 등 |

## ❸ 범주형 변수는 문자 변수다?

간혹 범주형 변수를 '문자 변수'라고 오인하는 경우가 있다. 하지만 '범주형 변수 = 문자 변수'라고 여기면 잘못된 생각이다. 많은 기업에서 데이터 크기를 줄일 목적으로 범주형 변수를 숫자로 이루어진 코드로 관리한다. 대표적인 예가 우편 번호이다. 우편 번호는 모두 숫자로 이루어져 있다. 하지만 서울 강남구의 우편 번호에서 송파구의 우편 번호를 뺀다고 두 지역의 거리가 계산되는 일은 일어나지 않는다. 우편 번호는 어디까지나 지역을 나타내는 고유 번호이기 때문이다. 우편 번호는 대표적인 숫자로 표현된 범주형 변수이다. 따라서 '숫자는 수치형 변수이고, 문자는 범주형 변수이다'라고 생각하면 안 된다.

**더 알아 보기**

## 변수의 유형

### (1) 비율형 변수 ratio variable

비율형 변수는 '0 = 없음'을 의미하는 수치형 변수이다. 비율형 변수에는 무게, 높이, 넓이, 금액 등이 있다. '0 = 없음'이란 말은, 말 그대로 '어떤 변수의 값이 0이면 없다'의 의미를 가진다. 예를 들어 무게가 0kg이란 말은 무게가 없다는 말과 같다. 따라서 무게는 비율형 변수이다. 반면 섭씨온도는 0도라고 해서 온도가 없다고 해석할 수 없다. 따라서 섭씨온도는 비율형 변수가 아니다. 수치형 변수 대부분은 비율형 변수에 속한다. 비율형 변수는 기준을 임의로 정하지 않기 때문에 덧셈, 뺄셈, 곱셈, 나눗셈이 가능하다. 또한 비율형 변수는 가지고 있는 정보량 역시 가장 많다. 서로 다름, 크기, 순서, 비율 등 많은 정보를 가지고 있기 때문이다

**표 1.8 | 변수의 유형**

| 변수 | 유형 | 정보량<br>(순위) | 특징 | 가능한 연산 예시 |
|---|---|---|---|---|
| 수치형Numerical<br>or<br>양적Quantitative | 비율형 Ratio | 1 | '0 = 없음'을 의미 | 무게, 높이, 넓이, 금액 등 |
| | 등간형Interval | 2 | '간격'이 일정 | 온도, 서기년도 등 |
| 범주형Categorical<br>or<br>질적Qualitative | 순위형 Ordinal | 3 | '순서'가 있음 | 순서, 순위, 서열, 등급 등 |
| | 명목형Nominal | 4 | '서로 다름'만 구분 | 성별, 이름, 지역, 국가 등 |

### (2) 등간형 변수 interval variable

등간형 변수는 '간격이 일정한' 수치형 변수를 말한다. 예를 들어 서기년도, 지능지수, 종합주가지수 등은 등간형 변수이다. 서기 1년은 예수가 탄생한 해를 1년으로 시작한다. 따라서 서기 1년과 서기 2년은 1년의 차이를 가진다. 이 간격은 서기 99년과 100년에서도 같다. 하지만 서기 0년에 인류사가 시작한 것은 아니다. 그 이전에도 시간 개념은 존재했다. 그렇기 때문에 서기년도에서 '0 = 없음'을 의미하지 않는다. 이처럼 등간형 변수는 특정 목적으로 간격의 기준을 사람이 정한 변수이며, '간격'만 일정한 수치형 변수이다. 이런 성격 때문에 등간형 변수는 곱하거나 나눌 수 없다. 같은지, 다른지, 큰지, 작은지, 더하기, 빼기만 가능하다.

### (3) 순위형 변수 ordinal variable

순위형 변수는 '순서'가 있는 범주형 변수를 말한다. 순위형 변수에는 순서, 순위, 등급, 서열 등이 있다. <표 1.9>는 학생 5명의 100m 달리기 기록과 순위이다.

**표 1.9 | 100m 달리기 순위와 기록**

| 순위 | 1 | 2 | 3 | 4 | 5 |
|---|---|---|---|---|---|
| 기록(초) | 14.11 | 15.22 | 15.23 | 16.12 | 17.04 |

1등과 2등은 1등수 차이다. 2등과 3등도 마찬가지다. 하지만 1등과 2등은 1.11초, 2등과 3등은 0.01초 차이를 보였다. 같은 1등수 차이지만 간격이 다르다. 이처럼 순위형 변수는 순서 정보만을 가지고 있다. 그렇기에 간격이 일정하지도 않고, 비율을 구할 수도 없다. 1등이 5등보다 5배 빠르다고 말할 수 없지 않은가. 이런 특징으로 인해 순위형 변수는 대소 여부와 같은지만을 연산할 수 있다.

**(4) 명목형 변수** nominal variable

명목형 변수는 서로 다름만을 구분하는 범주형 변수이다. 성별, 이름, 지역, 국가 등이 명목형 변수에 해당한다. 예를 들어, 성별을 남자는 1, 여자는 2로 기록한 경우를 생각해 보자. 이때 2는 1보다 2배 크다고 말할 수 없다. 1은 남자를 2는 여자를 의미할 뿐, 양이나 순서를 나타내지 않기 때문이다. 이런 특징 때문에 명목형 변수는 서로 같은지 여부만을 연산할 수 있다.


# 2 | 변수의 역할

데이터 과학은 '모형model'으로 문제를 해결하는 경우가 많다. 모형은 현상을 설명하거나 미래를 예측하는 데에 유용하다. 또 모형은 변수로 구성되어 있다. 예를 들어 어떤 '주가 예측 모형'이 '거래량'을 입력하면, '예상 주가'를 출력한다고 생각해 보자. 이 모형에서 거래량은 예측을 위해 입력한 변수이다. 반면, 예상 주가는 예측 대상이 되는 변수이다. 이 둘은 맡은 임무가 엄연히 다르다. 이처럼 변수는 모형에서 맡은 역할에 따라 임무가 달라진다.

표 1.10 | 독립 변수와 종속 변수

| 구분 | 독립 변수independent variable | 종속 변수dependent variable |
|---|---|---|
| 정의 | 영향을 주는 변수 | 영향을 받는 변수 |
| 역할 | 원인 | 결과 |
| (예시) 자동차 사고 예측 | 운전자 피로도, 차량 결함, 기상 조건 등 | 자동차 사고 여부, 자동차 사고 건수 등 |

변수는 맡은 역할에 따라 독립 변수와 종속 변수 두 가지로 나뉜다. 먼저 독립 변수Independent variable는 영향을 주는 변수로, 인과관계에서는 원인이 되는 변수를 말한다. 반면 종속 변수Dependent variable는 영향을 받는 변수로, 인과관계에서 결과

가 되는 변수를 말한다. 예를 들어 교통사고가 운전자의 피로도, 차량 결함, 기상 조건 등에 영향을 받는다고 하자. 이때 교통사고 발생 건수나 여부는 종속 변수가 되며, 기상 조건, 운전자의 피로도, 차량 결함은 독립 변수가 된다.

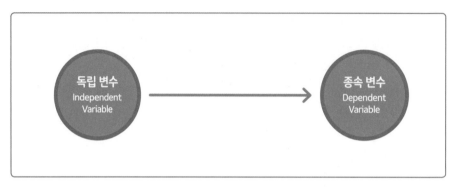

그림 1.13 | 독립 변수와 종속 변수

독립 변수와 종속 변수는 데이터 과학의 발전 배경과 맞물려 학문 분야에 따라 다양한 명칭을 가지고 있다. 편의상 독립 변수와 유사한 역할을 하는 변수를 X, 종속 변수와 유사한 역할을 하는 변수를 Y라고 하자. 먼저 통계학에서는 크게 두 가지 분야로 나눠 이름이 갈린다. 회귀 분석regression에서는 앞서 살펴본 독립 변수와 종속 변수란 이름을 주로 사용한다. 하지만 실험 계획법design of experiments에서는 X를 요인factor, Y를 반응 변수response variable라고 한다. 또한 데이터 마이닝data mining에서는 X를 입력 변수input variable, Y를 목표 변수target variable라고 부른다. 기계 학습에서도 대체적으로 데이터 마이닝과 유사한 용어를 사용한다. 하지만 이미지, 음성 인식과 같은 패턴 인식pattern recognition에서는 X를 특징feature, Y를 라벨label이라고 부른다. 이처럼 X와 Y를 부르는 명칭은 실무에서도 혼용해서 사용한다. 그래서 어떤 용어가 X를 말하는지, 어떤 용어가 Y를 말하는지 정도는 기억해 두는 것이 좋다.

**표 1.11 | X와 Y의 다양한 명칭**

| No | X | Y |
|---|---|---|
| 1 | 독립 변수 independent variable | 종속 변수 dependent variable |
| 2 | 입력 변수 input variable | 목표 변수 target variable |
| 3 | 특징 feature | 라벨 label |
| 4 | 요인 factor | 반응 변수 response variable |
| 5 | 설명 변수 explanatory variable | |
| 6 | 예측 변수 predictor variable | 피예측 변수 predicted variable |
| 7 | 원인 변수 causal variable | 결과 변수 outcome variable |
| 8 | 가설 변수 hypothesis variable | 준거 변수 criterion variable |
| 9 | 회귀자 regressor | 피회귀자 regressand |

〈표 1.11〉은 X와 Y의 다양한 명칭을 정리한 표이다. 많이 사용하는 용어를 우선 기입했다. 데이터 과학 입문자는 1~5번 정도만 알고 있어도 무난하다.

더 알아
보 기

## 다양한 변수의 역할

원인과 결과, 입력과 출력 외에도 다양한 변수의 역할이 존재한다. 그 이유는 복잡한 현상을 보다 정밀하게 분석하기 위함이다. 따라서 변수를 역할에 따라 독립, 종속, 매개, 조절, 통제, 혼재 6가지로 더 정교하게 나눌 수 있다. 독립 변수와 종속 변수는 이미 앞서 알아보았기 때문에 매개 변수부터 알아보자.

그림 1.14 | 매개 변수

운전자는 전날 밤 늦게까지 야근을 했다. 그래서 피로도가 높아졌고, 사고가 났다. 이 사고의 원인은 무엇일까? 피로도와 야근 모두가 원인일 수 있다. 하지만 야근과 교통사고의 인과를 알고 싶다면, 피로도를 징검다리로 사용하는 것이 좋다. 그럼 더 정확한 분석 결과를 얻을 수 있다. 예를 들어, 전날 야근은 했지만, 체력이 워낙 좋아서 피로도가 낮은 사람이 있을 수 있기 때문이다. 이렇게 독립 변수와 종속 변수 사이에서 징검다리 역할을 하는 변수를 매개 변수Intervening variable라고 한다.

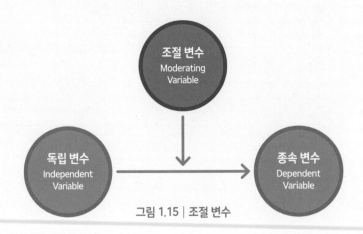

그림 1.15 | 조절 변수

운전 경력 20년 무사고인 박씨는 아무리 피곤해도 사고를 내지 않는 베테랑이다. 하지만 이제 운전을 막 시작한 이씨는 조금만 피곤해도 당황해서 사고를 내기 쉽다. 두 사람 모두 어제 12시까지 야근을 했다. 누가 더 사고가 날 확률이 높을까? 당연히 운전이 미숙한 이씨이다. 이 정보를 모형에게 알려주고 싶다면, 운전 경력이라는 변수를 모형에 추가하면 된다. 운전 경력에 따라 피로도나 야근이 교통사고 발생 가능성에 미치는 영향이 다르다. 이렇게 독립 변수가 종속 변수에 미치는 영향을 조정하는 변수를 조절 변수Moderating variable라고 한다.

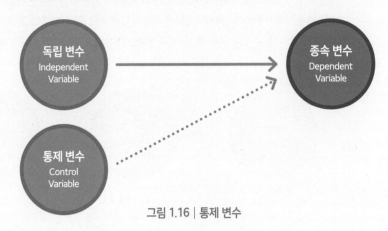

그림 1.16 | 통제 변수

길이 온통 빙판이었다. 밤에 날이 너무 추웠기 때문이다. 이런 날은 유난히 사고가 많이 일어난다. 노면이 미끄러워 사람이 어떻게 할 수 없는 상황이 발생하기 때문이다. 날씨에 따라 교통사고 발생 가능성이 달라진다는 사실은 누구나 알고 있다. 그래서 눈이 많이 오면, 사고를 예방하기 위해 제설차나 염화칼슘으로 노면의 눈을 제거한다. 이처럼 독립 변수 외에도 종속 변수에 영향을 미치는 변수들이 있다. 이미 알려진 사실이기 때문에 분석에 포함하지만, 연구의 목적이 되지 않는 변수를 통제 변수Control variable라고 한다.

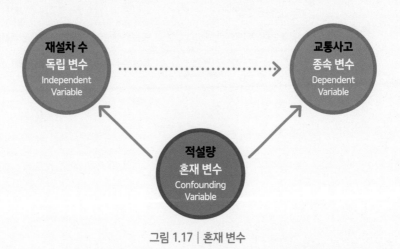

그림 1.17 | 혼재 변수

'거리에 제설차가 많아지면, 교통사고가 많이 발생한다' 누군가는 이렇게 말할 수 있지만, 이는 논리적으로 말도 안 되는 소리이다. 그런데 통계를 보니 제설차가 도로에 많을 때 교통사고 발생률이 세 배나 더 높았다. 이게 어떻게 된 일일까? 혹시 제설차 운전자가 일부러 교통사고라도 일으키는 걸까? 당연히 아니다. 적설량 때문이다. 제설차는 눈이 많이 오는 날에 노면에 눈을 치우러 나온다. 눈이 많이 온 날은 당연히 교통사고가 많이 일어난다. 도로의 제설차 수와 교통사고 발생 건을 독립 변수와 종속 변수로 둔다면, 적설량은 혼재 변수Confounding variable가 된다. 혼재 변수는 독립 변수와 종속 변수 모두에 영향을 주어, 둘이 마치 인과관계를 갖는 것처럼 보이게 만든다. 그래서 수치만 보고 분석하면, 잘못된 상황 판단을 하기 쉽다.

**표 1.12 | 역할에 따른 변수 유형**

| No | 유형 | 역할 |
|---|---|---|
| 1 | 독립 변수 Independent variable | 원인이 되는 변수, 영향을 주는 변수 |
| 2 | 종속 변수 Dependent variable | 결과가 되는 변수, 영향을 받는 변수 |
| 3 | 매개 변수 Intervening variable | 독립 변수에 영향을 받아, 종속 변수에 영향을 주는 변수 |
| 4 | 조절 변수 Moderating variable | 독립 변수가 종속 변수에 주는 영향력을 조정하는 변수 |
| 5 | 통제 변수 Control variable | 종속 변수에 영향을 준다고 이미 알려진 변수 |
| 6 | 혼재 변수 Confounding variable | 독립 변수와 종속 변수 모두에 영향을 주는 변수 |

**No Code Data Science**

# 3

# 데이터 과학의 프레임워크

앞서 우리는 데이터 과학을 위한 재료인 데이터와 변수에 대해 알아보았다. 이제 본격적으로 데이터 과학의 골격과 잔뼈가 어떻게 생겼는지 알아보자. 이 단원에서는 데이터 과학의 이론적 배경과 분석 목적, 그리고 구조적 특성에 대해 알아본다. 데이터 과학은 융합 학문이기 때문에 데이터 과학의 프레임워크를 정확히 이해하는 것이 중요하다. 데이터 과학은 단기간에 완벽히 익힐 수 없다. 따라서 먼저 데이터 과학의 프레임워크를 확실하게 이해하고, 향후 부족한 부분을 채워 나가는 것이 현명하다.

## 1 ···································· 이론적 배경에 따른 분류

데이터 과학의 이론적 배경이 되는 양대 축은 통계 학습과 기계 학습, 두 가지이다. 통계 학습은 통계학에서 출발했고, 기계 학습은 컴퓨터 공학에서 출발했다. 하지만 이 둘은 이론적 배경이 다를 뿐, 많은 내용을 공유하고 있다. 이는 마치 맹인이 코끼리를 만지는 것과 같이 부분만을 보면 다르게 보이지만, 전체를 보면 다르지 않다. 맹인이 코끼리를 더듬으며, "코끼리는 뱀과 같이 생겼다", "코끼리는 부채와 같이 생겼다"고 말하는 것처럼 말이다. 때문에 데이터 과학은 기계 학습이나 통계 학습 중, 어디부터 시작해도 상관없다. 다만 이 둘은 이론적 배경이 다르기 때문에 데이터 과학을 배우는 목적에 맞게 선택하는 것이 좋다.

그림 1.18 | 맹인과 코끼리

## 1 | 통계 학습

통계 학습statistical learning은 통계학에서 시작한 데이터 과학 방법론이다. 통계학은 데이터를 기술하고 추론한다. 기술과 추론 모두 목적은 데이터를 이해하는 데에 있다. 이 때문에 대부분의 통계 학습 모형은 결과를 해석할 수 있다. 또한 모형 구조가 비교적 간단하기 때문에 사람이 쉽게 이해할 수 있다. 통계학은 수학에서 뻗어 나온 학문이기 때문에 통계 학습 모형 역시, 수학적인 가정에 의존하는 경우가 많다. 이로 인해 통계 학습 모형은 작은 데이터에서도 잘 작동하는 장점이 있다. 하지만 가정을 만족하지 않는 경우, 결과를 신뢰할 수 없다는 단점도 있다.

## 2 | 기계 학습

기계 학습machine learning은 컴퓨터 과학에서 시작한 데이터 과학 방법론이다. 기계 학습은 음성 인식, 이미지 인식 등과 같이 정확도가 중요한 분야를 중심으로 발전해 왔다. 음성과 이미지 인식 문제는 해석보다 정답을 정확히 맞히는 것이 중요하다. 이 때문에 기계 학습 모형의 대다수는 해석이 어렵다. 또 기계 학습 모형은 오차를 줄이는 방향으로 반복해서 학습한다. 그 결과, 기계 학습 모형은 많은 데이터가 필요하다. 하지만 이런 특성으로 인해 기계 학습 모형은 별다른 가정이 필요 없다.

표 1.13 | 통계 학습과 기계 학습

| 구분 | 통계 학습statistical learning | 기계 학습machine learning |
|------|------|------|
| 이론적 배경 | 통계학Statistics | 컴퓨터 공학Computer Engineering |
| 주요 목적 | 추론inference | 정확도accuracy |
| 모형 특징 | (대체로) 모형 해석이 쉬움 | (대체로) 모형 해석이 어려움 |
| 주요 사용 시기 | 관측치와 변수가 적은 경우small data (예: 임상 실험, 사회 조사 등) | 관측치와 변수가 많은 경우big data (예: DB 마케팅, 공학 등) |
| 가정 | 가정 의존적assumption dependent | 가정 독립적assumption independent |
| 학습(적합) 방법 | 수학 중점math intensive 최적화 | 반복iteration을 통한 최적화 |
| 관심 과제 (예시) | 대기 오염과 호흡기 질환의 관계<br>배너 위치에 따른 클릭 빈도 차이 분석<br>신규 도입 장비의 불량률 감소 효과 분석<br>임상 실험 결과를 통한 신약 효능 분석 | 이미지 데이터를 이용한 객체 구분<br>사물 인식 기술을 이용한 자율 주행<br>MRI 데이터를 이용한 암 환자 조기 진단<br>음성 인식을 통한 AI 스피커 성능 향상 |

## 3 | 어디서 시작해야 하나?

데이터 과학은 통계 학습과 기계 학습 중, 어디서부터 시작해도 상관없다. 이 두 분야는 서로 다른 이론적 배경과 목적, 방법으로 발전했다. 하지만 지금 이 둘의 경계는 모호하다. 통계 학습에서도 정확도는 중요한 목적이 되었고, 기계 학습에서도 설명이 필요한 경우가 많아졌기 때문이다. 이 둘은 서로의 영역을 탐구하며 발전해 왔다. 그 결과, 지금은 '통계 학습'이란 이름을 내걸고 있는 책과 '기계 학습'의 이름을 내세우는 책 모두 비슷한 내용을 담고 있다. 이 둘의 시작은 달랐지만 다른 이론적 배경을 토대로 발전하며, 같은 방향으로 나아가고 있다. 그렇기 때문에 데이터 과학은 컴퓨터 공학, 통계학 어디서 시작해도 상관 없다. 하지만 이 둘 모두를 어느 정도는 알아야 진정한 데이터 과학자라고 부를 수 있다.

## 2 ···················································· 분석 목적에 따른 분류

데이터 과학 문제는 크게 예측과 추론 두 가지로 나눌 수 있다. 예측 문제는 정확한 예측이 중요한 문제를 말한다. 예를 들면, 주가 예측, 이미지 인식, 음성 인식 등이 예측 문제에 속한다. 반면, 추론 문제는 정확한 예측보다 설명이 중요한 문제를 말한다. 예를 들면, 정책 효과 분석, 임상 실험 등이 여기에 속한다.

### 1 | 예측

예측prediction 문제는 정확한 예측이 중요한 문제를 말한다. 그렇기에 예측 문제는 정확도를 높이는 것이 중요하다. 모형의 예측 정확도를 높이려면, 많은 변수와 복잡한 관계를 모형에 담을 수 있어야 한다. 따라서 예측 문제는 대체로 구조가 복잡하고, 과정을 알기 어려운 블랙박스black box 모형을 사용하며, 해석이 어렵다는 단점이 있다. 데이터 과학 문제를 접근할 때, 예측인지 추론인지 구분하는 것이 중요하다. 예를 들어, 벌레 먹은 사과를 구별하는 문제는 예측 문제이다. 다만 예측에서는 '어떻게' 썩은 사과를 구별하는지는 별로 중요하지 않다. 과정이 아무리 복잡하고, 난해해도 구별을 잘 할 수 있으면 그만이다. 예측 문제는 예측 결과와 실제 값 사이의 차이인 오차error를 줄이는 것이 중요하다. 또한 예측 문제는 인과 관계가 명확한 경우에 많이 쓰인다. 독립 변수와 종속 변수 사이의 인과가 불명확한 경우, 거짓 인과관계가 모형에 반영될 수도 있기 때문이다. 예를 들어, 사물 인식, 음성 인식, 이미지 인식, 주가 예측 등은 예측 문제에 속한다.

그림 1.19 | 벌레 먹은 사과 문제

## 2 | 추론

추론inference 문제는 독립 변수와 종속 변수 간의 관계 파악을 목적으로 한다. 예를 들어, '미세 먼지가 호흡기 질환에 미치는 영향'을 분석하는 문제는 추론 문제이다. 미세 먼지의 양이 호흡기 질환 환자 수에 미치는 영향이 얼마나 큰지에 관심이 있기 때문이다. 그리고 그 영향력이 얼마나 유의미한지도 주요 관심사이다. 즉, '관계'에 대한 분석이 중요한 것이다. 이렇듯 추론 문제는 해석이 중요하기 때문에 해석이 쉬운 화이트박스white box 모형을 주로 사용하며, 정책 효과 분석, 임상 실험 등에 자주 사용된다. 또 추론을 더 넓은 범위로 본다면, 여론 조사나 사회 조사 분석도 추론의 범주에 속한다. 여기서 말하는 넓은 의미의 추론은 데이터를 분석해 알기 어려운 관계나 특징 등을 추측하는 문제를 말한다.

그림 1.20 | 미세 먼지와 호흡기 질환

표 1.14 | 예측과 추론

| 구분 | 예측 prediction | 추론 inference |
|------|------|------|
| 목적 | 정확한 예측 | 관계 파악, 현상 설명 |
| 모형 | 예측력이 높은 모형 Black box | 설명력이 높은 모형 White box |
| 평가 | 예측 정확도 | 가정에 대한 적합도 |
| 핵심 | 예측력 향상에 도움이 되는 좋은 파생 변수를 찾는 것이 중요 | 정확한 실험 설계를 통해 혼재 변수나 외부 효과를 잘 통제하는 것이 중요 |
| 문제 예시 | 이미지 인식, 음성 인식, 주가 예측 | 미세 먼지가 호흡기 질환에 미치는 영향, 양적 완화가 금융 위기 극복에 미치는 영향 |

## 3 ········· 종속 변수에 따른 분류

데이터 과학 문제는 종속 변수에 따라 접근 방법이 다르다. 먼저 종속 변수가 있는지에 따라 지도 학습과 비지도 학습, 두 가지로 나뉜다. 그리고 종속 변수가 있는 경우, 종속 변수의 유형에 따라 다시 회귀와 분류로 나뉜다. 반대로 종속 변수가 없는 경우, 관측 단위와 변수 중 무엇을 묶는지에 따라 그룹화와 차원 축소로 나뉜다.

# 1 | 지도 학습과 비지도 학습

데이터 과학 문제는 종속 변수가 있는지에 따라 지도 학습과 비지도 학습으로 나눌 수 있다. 간단히 말하면, 종속 변수가 있는 문제는 지도 학습 문제이며, 종속 변수가 없는 문제는 비지도 학습 문제이다.

## 1 지도 학습

지도 학습supervised learning은 종속 변수가 있는 경우에 사용하는 데이터 과학 방법론이다. 예를 들어 사기 탐지, 주가 예측, 재구매 예측 등이 지도 학습 문제에 속한다. 또한 지도 학습은 종속 변수가 필요하기 때문에 주로 분석 목적이 명확할 때 사용하며, 예측과 추론 문제 모두에서 유용하게 쓰인다. '지도' 학습이라는 명칭은 부모가 아이에게 사과라는 단어를 가르치는 것처럼 정답에 대한 학습을 위해 사용하기 때문이다. 지도 학습에서 부모는 아이에게 사과를 보여주며, 그 특징을 설명한다. 그러면 아이들은 사과의 이미지와 특징을 배운다. 그다음 아이에게 여러 과일을 보여주며 사과를 찾게 시킨다. 그리고 사과와 다른 과일의 색과 당도, 모양이 어떻게 다른지 익힌다.

## 2 비지도 학습

비지도 학습unsupervised learning은 종속 변수가 없을 경우에 사용하는 데이터 과학 방법론이다. 예를 들어 고객 세분화, 노이즈 제거 등이 비지도 학습에 속한다. 비지도 학습은 보통 목적이 뚜렷하지 않을 때 사용한다. 보통은 데이터의 특성을 파악하거나 데이터가 너무 큰 경우, 데이터를 줄이기 위한 목적으로 사용한다. 비지도 학습은 아이가 스스로 사과를 배우는 것과 비슷하다. 아이가 여러 가지 과일을 보며, 각각이 가진 특징을 스스로 깨우친다. 많은 과일을 보다 보면, 자연스럽게 '사과는 둥글고', '바나나는 길다'와 같은 특징을 배우게 된다. 그러면 뭐가 사과인지 바나나인지는 몰라도 새로운 과일을 가져다 주었을 때, 그와 비슷한 과일이 무엇인지 묶을 수 있다.

**표 1.15 | 지도 학습과 비지도 학습**

| 구분 | 지도 학습supervised learning | 비지도 학습unsupervised learning |
|---|---|---|
| 기준 | 종속 변수가 있는 문제 | 종속 변수가 없는 문제 |
| 목적 | 예측 또는 추론 | 데이터 특성 파악, 요약 |
| 사용 시기 | 분석 목적이 명확한 경우 | 분석 목적이 명확하지 않은 경우 |
| 유형 | 회귀, 분류 | 차원 축소, 그룹화 |
| 방법 | 정답지를 보며, 답을 잘 맞추도록 학습 | 정답지 없이, 데이터가 가진 특징을 학습 |
| 예시 | 사기 탐지, 주가 예측, 재구매 예측 | 고객 세분화, 노이즈 제거 |

## 2 | 회귀와 분류

회귀와 분류는 종속 변수의 유형에 따라 정해진다. 종속 변수가 금액, 빈도, 비율 등과 같은 수치형 변수인 경우 회귀 문제에 속한다. 여기서 말하는 회귀는 통계학에서 말하는 '회귀 분석'보다 더 넓은 의미이다. 반면 독립 변수가 여부, 등급, 그룹과 같은 범주형 변수인 경우에는 분류 문제가 된다.

### 1 회귀

회귀regression는 종속 변수가 수치형 변수인 문제를 말한다. 이때 독립 변수의 유형은 상관없다. 회귀 문제에는 '클래식 음악이 학업 성취도에 도움이 되는가?', '광고 선전비 지출이 매출에 영향을 미치는가?' 등이 있다. 회귀의 대표적인 모형으로는 선형 회귀가 있으며, 이 회귀 모형을 평가할 때는 오차를 이용한다. 여기서 오차는 실측치(실제로 측정된 값)와 예측치(모형이 예측한 값)의 차이가 얼마나 큰지를 나타낸 값이다. 한편 회귀 모형은 최소제곱법, 경사하강법 등과 같은 알고리즘을 이용해 오차가 작아지도록 학습한다.

그림 1.21 |
분리수거

## ② 분류

분류classification는 종속 변수가 범주형 변수인 문제를 말한다. 분류 문제는 쓰레기 분리수거를 생각하면 이해가 편하다. 분리수거의 과정을 살펴보자. 먼저 쓰레기의 특징을 살펴보고 종이류, 플라스틱류, 일반쓰레기 등으로 분류한다. 즉, 특징(독립 변수, X)을 먼저 살펴보고 쓰레기의 유형(종속 변수, Y)을 찾는 것이다. 이때 여기에 해당하는 데이터 과학 모형이 바로 분류 모형이다. 분류 모형은 종속 변수가 직업, 종교, 성별 같은 범주형 변수이기 때문에, 모형 평가 기준도 회귀 모형과 다르다. 또 분류 모형은 주로 '얼마나 정확히 분류했는가'를 평가 기준으로 삼는다. 대표적인 평가 지표는 오분류율misclassification rate이 있다. 오분류율은 전체 분류 개체 중 잘못 분류된 개체의 비율을 말한다. 이 외에도 AU-ROCarea under the receiver operating characteristic나 향상도Lift, 검출률captured response, 반응률responses, K-S 통계량 등이 자주 사용된다. 대표적인 분류 모형에는 로지스틱 회귀logistic regression, 판별 분석discriminant analysis 모형 등이 있다.

표 1.16 | 회귀와 분류

| 구분 | 회귀regression | 분류classification |
|---|---|---|
| 문제 유형 | 수치 예측 | 범주형 분류 |
| 종속 변수 | 양적quantitative | 질적qualitative |
| 예측 범위 | 무한infinite | 유한finite (주어진 분류 유형 수) |
| 모형 | 선형 회귀linear regression<br>분산 분석ANOVA<br>... | 로지스틱 회귀logistic regression<br>판별 분석discriminant analysis<br>... |
| 평가 기준 | 예측한 값과 실제 값의 차이가 얼마나 작은지 | 예측 범주와 실제 범주가 얼마나 같은지 (확률로 예측할 경우, 오차도 이용) |
| 평가 측도 | MSEmean squared error<br>MAEmean absolute error<br>MAPEmean absolute percentage error<br>RMSEroot mean squared error<br>... | 오분류율misclassification rate<br>AU-ROCArea Under the ROC<br>특이도specificity<br>민감도sensitivity<br>향상도lift<br>... |

## 2 | 그룹화와 차원 축소

그룹화와 차원 축소는 종속 변수가 없을 때 사용하는 비지도 학습 방법이다. 그룹화는 개체를 묶기 위해 사용하는 반면, 차원 축소는 변수를 묶기 위해 사용한다는 점에서 차이가 있다.

### 1 그룹화

그룹화grouping는 관측치를 묶는 데이터 과학 방법론이다. 이때 그룹이 같은 관측치는 서로 비슷하고, 다른 그룹에 속한 관측치는 서로 다르다. 예를 들면, 성별도 그룹이다. 남성은 남성끼리, 여성은 여성끼리 비슷한 점이 많다. 단순히 옷차림이나 머리 스타일, 신체 조건만 보아도 남자와 여자는 차이가 크다. 성별은 인류가 경험으로 나눈 그룹이다. 반면, 데이터 과학은 데이터를 이용해 그룹을 나눈다. 성별로 다시 돌아오면, 옷차림, 머리 스타일, 신체 조건이 비슷한 사람을 두 가지 유형으로 묶는다면 어떨까? 대부분 남자와 여자로 나뉠 것이다. 데이터 과학은 어떤 사회 통념이나 편견이 아닌, 객관적인 사실에 기초한다. 그룹화를 위한 방법론으로는 군집 분석clustering과 연관성 분석association 등이 있다.

## 2 차원 축소

차원 축소dimensionality reduction는 변수를 묶는 데이터 과학 방법론이다. 데이터 과학에서 차원은 주로 변수를 말한다. 따라서 차원 축소는 변수를 줄이는 방법이다. 여기서 변수는 왜 줄여야 할까? 변수는 모형이 고려할 정보를 말한다. 노트북을 새로 사려고 한다면, CPU, RAM, 디스크, 가격과 같은 성능과 비용 정보를 수집할 것이다. 하지만 더 찾다 보면 기업의 경영 철학, CEO의 도덕성 같은 정보도 얻을 수 있다. 그런데 노트북 품질에 CEO의 도덕성이 영향을 줄까? 줄 수도 있다. 그렇다면 그 크기는 얼마나 될까? 큰 영향일까? 그건 의문이다. 게다가 구매자의 입장에서는 경영자의 도덕성 보다 가격이나 스펙이 훨씬 중요할 것이다. 그리고 이런 자잘한 정보까지 모두 고려한다면, 너무 많은 자원이 낭비된다. 데이터 과학 모형도 똑같다. 너무 많은 정보를 알려주면, 학습에 어려움을 겪기도 하며, 심할 경우 학습에 실패하기도 한다. 그래서 중요한 정보를 고르고, 뽑아내는 차원 축소가 필요하다. 차원 축소에는 문제 해결에 중요한 정보를 찾는 변수 선택과 변수들이 가진 정보 중 핵심을 요약하는 변수 결합이 있다.

표 1.17 | 그룹화와 차원 축소

| 구분 | 그룹화grouping | 차원 축소dimensionality reduction |
|---|---|---|
| 개념 | 개체를 묶는 방법 | 변수를 줄이는 방법 |
| 특징 | 데이터에 기반해 그룹을 찾는 방법<br>[참고] 그룹 내 동질, 그룹 간 이질 | 대표성을 갖는 변수를 찾거나 만드는 방법 |
| 대표<br>방법론 | 계층형 군집Hierarchical clustering<br>k-평균 군집k-means clustering<br>SOMSelf-Organizing Maps<br>연관성 분석association analysis<br>링크 분석link analysis<br>… | 전진 선택forward selection<br>후진 선택backward selection<br>단계적 선택stepwise selection<br>주성분 분석principal component analysis; PCA<br>요인 분석factor analysis<br>… |

# 4 ···································· 변수의 개수에 따른 분류

지도 학습은 종속 변수와 독립 변수의 개수에 따라 사용하는 분석 방법이 달라진
다. 우리는 지도 학습 모형을 종속 변수의 개수에 따라 단변량과 다변량으로, 독
립 변수의 개수에 따라 단순과 다중으로 구분할 수 있다.

## 1 | 단변량과 다변량

지도 학습 모형에서는 종속 변수가 하나인 경우를 단변량 모형univariate model, 종
속 변수가 두 개 이상인 경우를 다변량 모형multivariate model이라 부른다. 데이터
과학에서는 대부분 단변량 모형을 이용한다. 그리고 나중에 심화 단계에서 다변
량 모형을 다룬다. 다변량 모형을 나중에 사용하는 이유는 크게 두 가지가 있다.
먼저 일상 문제 대부분은 단변량 모형으로 해결이 가능하다. 또한 다변량 모형은

단변량 모형보다 높은 수준의 수리통계학 지식이 필요하다. 따라서 대부분의 데이터 과학 도서는 단변량 모형을 중심으로 다룬다. 앞으로 별다른 얘기가 없다면, 지도 학습 모형은 단변량 모형이라고 생각해도 좋다.

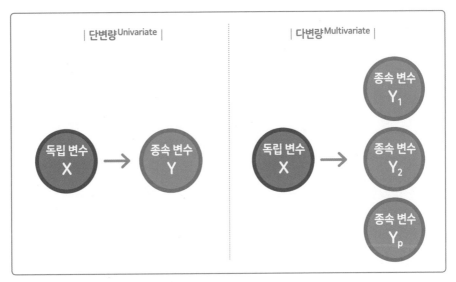

그림 1.22 | 단변량과 다변량

표 1.18 | 단변량과 다변량 모형 비교

| 유형 | 모형 | 설명 |
| --- | --- | --- |
| 지도 학습 | 단변량 univariate | 종속 변수(Y)의 수가 하나인 지도 학습 모형 |
| | 다변량 multivariate | 종속 변수(Y)의 수가 두 개 이상인 지도 학습 모형 |

## 2 | 단순과 다중

데이터 과학 모형은 단순과 다중으로 구분할 수 있다. 단순simple 모형은 독립 변수가 한 개인 경우를 말하며, 다중multiple 모형은 독립 변수가 두 개 이상인 경우를 말한다. 많은 논문이나 보고서에서 다중 모형을 다변량으로 오인해 사용하는 경우가 있다. 다시 한번 강조하지만 다중과 단순은 독립 변수 X의 개수를 기준으로 나눈 것이고, 단변량과 다변량은 종속 변수 Y의 개수를 기준으로 나눈 것을 말한다.

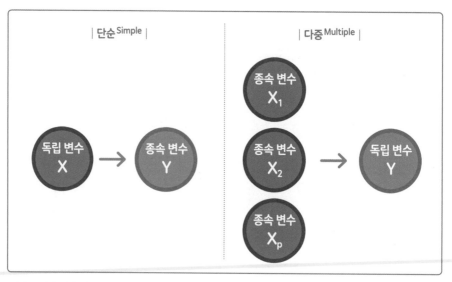

그림 1.23 | 단순과 다중 비교

**표 1.19 | 단순과 다중 모형**

| 유형 | 모형 | 설명 |
|---|---|---|
| 지도 학습 | 단순 simple | 독립 변수(X)의 수가 하나인 지도 학습 모형 |
| | 다중 multiple | 독립 변수(X)의 수가 두 개 이상인 지도 학습 모형 |

# 2

No Code Data Science

데이터
과학을
위한
도구

**No Code Data Science**

# 1

# 데이터 과학을 위한 도구

1 ·········································· **데이터 과학을 위한 도구란?**

## 1 | 데이터 과학을 위한 도구

데이터 과학을 위한 도구는 데이터 과학의 넓이만큼 광범위하다. 우리가 흔히 접하는 마이크로소프트의 엑셀MS-Excel도 훌륭한 데이터 과학 도구이고, C나 JAVA와 같은 프로그래밍 언어도 데이터 과학 도구이다. 엑셀은 분석하고자 하는 데이터의 크기가 작을 경우 사용하기 쉽고, 성능이 우수한 분석 도구임은 틀림없지만, TB Tera Byte; 1012 Byte 단위의 큰 데이터를 다루기는 어렵다. 용량이 큰 데이터를 추출하거나 가공할 때는 SQL 같은 도구가 유용하며, 복잡하고 어려운 데이터 분석을 하기 위해서는 R이나 파이썬과 같은 도구가 적합하다. 이처럼 데이터 과학은 어떤 데이터를, 어떤 목적으로 다루는가에 따라 적합한 도구를 선택해야 한다. 또한 파이썬과 같은 도구를 선택했다고 해서, 엑셀이나 SQL을 완전히 배제할 수도 없다. 따라서 데이터 과학을 위하여 어떤 도구를, 어떤 상황에서, 어떤 목적으로 사용하는지 파악하는 것이 필요하다. 이번 장에서는 데이터 과학을 위한 도구의 종류와 특징에 대하여 소개하고자 한다.

## 2 | 최선의 데이터 과학 도구 선택법

데이터 과학을 위한 도구는 다양하다. 하지만 초보자들이 생각하는 것처럼 데이터 과학을 위해 어떤 도구를 사용하는지는 그다지 중요하지 않다. 사용자가 어떤 도구를 선택하던 데이터 분석의 과정이 다를 뿐, 데이터 분석의 결과물은 동일하기 때문이다. 데이터 과학의 핵심은 소프트웨어나 언어가 아닌, 체계와 방법이다. 사용자는 그저 본인에게 적합한 데이터 과학 도구를 선택하면 된다. 그럼에도 굳이 데이터 과학을 위한 단 하나의 도구만을 추천하라고 한다면, 단연 파이썬이다. 왜냐하면 파이썬은 데이터 과학을 위한 도구인 동시에, 소프트웨어 개발 도구이기 때문이다. 즉 파이썬은 확장성과 범용성이 모두 높은 도구이다. 독자들이 파이썬을 익힌다면 데이터 과학자로의 진로뿐만 아니라 프로그래머, 소프트웨어 엔지니어로 진출하는 것도 가능하다.

하지만 모든 사용자에게 파이썬이 적합한 것은 아니다. 파이썬, R, C# 등 프로그래밍 기반 도구는 언어를 익히는 데에 많은 시간과 노력이 필요하기 때문이다. 따라서 프로그래밍이 익숙하지 않은 사람에게 파이썬은 높은 진입 장벽이 될 수 있다. 그렇다면 어떤 프로그램을 써야 할까? 현재 인공 지능의 발전에 따라 코딩 없이 데이터 분석을 할 수 있는 도구가 많이 등장하고 있으며, 그 대표적인 사례가 SAS ODA이다. 본 도서에서는 데이터 과학 입문자가 쉽게 데이터 과학을 접하고, 배울 수 있는 도구로 SAS ODA를 추천한다.

SAS ODA는 다음 세 가지 유형의 사람들에게 특히 유용하다. 첫째, 프로그래밍은 잘 모르지만, 업무에 보다 정교한 데이터 기반 의사 결정을 가미하고 싶은 사람이다. 둘째, 개발자가 아닌, 분석가로서 데이터 분석에 보다 집중하고 싶은 사람이다. 셋째, 코딩에 대한 시간 투자 없이, 짧은 시간 내에 과학적 방법론을 사용하는 연구를 하고 싶은 사람이다. 무엇보다 SAS ODA는 데이터 과학을 이제 막 시작하려는 입문자에게 가장 추천하고 싶은 도구이다.

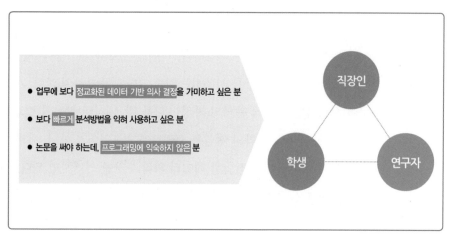

그림 2.1 | SAS ODA에 적합한 사용자

## 2 ·············· 오픈 소스 소프트웨어

많은 데이터 과학 도구는 오픈 소스 소프트웨어open source software; OOS로 제공된다. 데이터 과학과 조금이라도 관련된 일을 한다면, 오픈 소스라는 얘기를 자주 듣게 된다. 오픈 소스는 소프트웨어를 만들기 위해 작성된 코드를 일컫는, 즉 소스 코드가 공개되어 있는 소프트웨어를 말한다.

### 1 | Python

파이썬은 네덜란드의 프로그래머 귀도 반 로썸이 1989년 개발한 범용 프로그래밍 언어이다. 파이썬은 원래 그리스 신화에 등장하는 거대한 뱀의 이름이다(이 뱀은 원래 피톤으로 발음한다). 피톤은 그리스 중부의 파르나소스 산 남쪽의 델포이 신탁소를 지배하던 뱀이다. 하지만 귀도가 파이썬이란 이름으로 명명한 이유는 그리스 신화를 동경해서 그런 것은 아니다. 단지 귀도가 좋아하던 〈Monty Python's Flying Circus〉라는 코미디 프로에서 이름을 따왔다. 파이썬보다 먼저 유행했던 JAVA의 아버지 제임스 고슬링도, JAVA란 이름을 평소 즐겨 마시던 커피에서 따왔다는 설이 있다.

파이썬은 범용 프로그래밍 언어이기 때문에 분석은 물론, 소프트웨어 개발에도 사용된다. 파이썬이 데이터 과학에서 널리 쓰이게 된 배경은 무엇일까? 인공 지능과 기계 학습에 대한 관심이 높아지면서 자연스레 컴퓨터 과학에서도 데이터 과학에 대한 관심이 높아졌다. 그 결과, C나 JAVA, C#을 이용한 기계 학습이 컴퓨터 과학 쪽에서 크게 발전했다. 하지만 이 언어들은 문법이 어렵고, 복잡해 비전공자가 익히기에는 한계가 있었다. 그러던 중 파이썬이라는 배우기 쉽고, 직관적인 프로그래밍 언어가 등장했다. 파이썬은 비전공자도 비교적 쉽게 배울 수 있는 언어이다. 이런 특징으로 대학을 비롯한 여러 교육·연구 기관에서 교육을 목적으로 많이 사용하게 되었다. 미국컴퓨터학회Association for Computing Machinery; ACM에 따르면 파이썬은 대학생들에게 프로그래밍 및 컴퓨터 공학 입문용 언어로 가장 많이 활용되고 있다. 또한 파이썬은 기계 학습, 딥러닝에 적합한 싸이킷런Scikit-Learn, 텐서플로우TensorFlow 같은 라이브러리가 등장하면서 쉽고, 생산성이 높다는 장점을 바탕으로 활용 영역을 지속적으로 확장해 나가고 있다.

**표 2.1 | Python 개요**

| 설계자 | 귀도 반 로썸Guido van Rossum | 종류 | 프로그래밍 언어 |
|---|---|---|---|
| 개발사 | 파이썬 소프트웨어 재단 | 라이선스 | 파이썬 소프트웨어 재단 라이선스 |
| 발표일 | 1991년 2월 20일 | 웹사이트 | www.python.org |

## 2 | R

R 프로그래밍 언어(이하 R)는 1993년 뉴질랜드 오클랜드 대학 통계학과의 로스 이하카와 로버트 젠틀맨에 의해 S-PLUS의 무료 버전 형태로 소개되었다. R은 파이썬과 같은 범용 프로그래밍 언어가 아니며, 오직 데이터 과학을 위한 언어이다. 또한 R은 배우기 쉬운 언어이며, 다양한 패키지를 지원하기 때문에 새로운 방법론이 반영되는 속도가 빠르다. R은 통계학자가 만든 프로그래밍 언어이기 때문에, 통계 기법 대부분은 이미 패키지로 구현되어 있다.

**표 2.2 | R 개요**

| | |
|---|---|
| 설계자 | 로스 이하카Ross Ihaka, 로버트 젠틀맨Robert Gentleman |
| 개발사 | R 재단 |
| 발표일 | 1993년 (R의 전신 S-PLUS) |
| 종류 | 프로그래밍 언어 |
| 라이선스 | GNU GPL |
| 웹사이트 | http://www.r-project.org |

## 3 ⋯⋯⋯⋯⋯⋯⋯⋯⋯⋯⋯⋯⋯⋯⋯⋯⋯⋯⋯⋯ 상용 소프트웨어

상용 소프트웨어는 소프트웨어 기업이 상업적인 목적으로 개발해 판매 중인 소프트웨어를 말한다. 과거에 개발된 데이터 과학 도구는 대부분 상용 소프트웨어이다. 상용 소프트웨어는 오픈 소스와 달리 특정 기업이 직접 개발하고, 검증하고, 관리하기 때문에 분석 결과에 대한 신뢰도와 안정성이 높다는 장점이 있다. 그 결과, 신뢰도가 중요한 임상 실험이나 금융에서는 상용 소프트웨어에 대

한 선호가 높은 편이다. 대표적인 상용 데이터 과학 소프트웨어에는 SAS, SPSS,
STATA, MATLAB 등이 있다.

## 1 | SAS

SAS<sup>Statistical Analysis Software</sup>('쎄스'라고 부른다)는 1966년부터 SAS Institute가 설립된
1976년까지 North Carolina State University에서 개발된 데이터 분석 언어이자 솔
루션이다. SAS는 고급 분석, 다변량 분석, 비즈니스 인텔리전스, 데이터 관리, 예
측 분석을 위해 SAS Institute가 개발한 소프트웨어 제품군을 통틀어 말한다. SAS
는 대형컴퓨터, 미니컴퓨터, 워크스테이션, 개인용 PC 등 모든 환경과 운영 체계
에 상관없이 동일한 개발 환경을 지원한다.

표 2.3 | SAS 개요

| 설계자 | 제임스 굿나잇<sup>James Goodnight</sup>, 앤써니 제임스 바<sup>Anthony James Barr</sup> |
| --- | --- |
| 개발사 | SAS Institute |
| 발표일 | 1976년 |
| 종류 | 프로그래밍 언어, 비즈니스 솔루션 |
| 라이선스 | 상용 소프트웨어 |
| 웹사이트 | https://www.sas.com |

## 2 | IBM SPSS

SPSS는 Statistical Package for the Social Sciences의 약자로 1968년에 처음 개발
되었다. SPSS는 원래 사회과학 데이터 분석을 위한 컴퓨터 프로그램 모음에서
시작했으며, 1975년 SPSS Manual이 발간되면서 알려지기 시작했다. 이후 2009
년 IBM에 인수된 후, 앞에 회사명인 IBM이 붙게 되었다. SPSS는 기본적인 빈도

분석, 기술 통계량, 교차 분석에서부터 다변량 분석인 판별, 군집, 요인 분석 등과 다차원 척도법, 로짓 분석 등 다양하고, 복잡한 데이터 분석을 쉽게 처리할 수 있다. SPSS는 대형컴퓨터에서 사용하는 SPSS/X, DoS에서 사용하는 SPSS/PC+, MS Window SPSS 등의 제품군을 보유하고 있다.

표 2.4 | IBM SPSS 개요

| | |
|---|---|
| 설계자 | 노먼 니Norman H. Nie, 데일 벤트Dale H. Bent, 해들레이 헐C. Hadlai Hull |
| 개발사 | IBM Corporation |
| 발표일 | 1969년 |
| 종류 | 통계 분석 소프트웨어 |
| 라이선스 | 상용 소프트웨어 |
| 웹사이트 | https://www.ibm.com/kr-ko/analytics/spss-trials |

## 3 | STATA

Stata('스테이타'라고 부른다)는 1980년대 중반 미국의 Stata Corp에서 개발한 통계 소프트웨어로 'Statistics'와 'Data'를 합친 말에서 유래했다. Stata는 통계학 전 분야에서 사용될 수 있도록 만들어졌으며, 단순히 통계 패키지가 아닌 통계 능력을 갖춘 데이터 관리 시스템이라는 장점을 바탕으로 현재 129개국에서 사용 중이다. Stata는 초보 사용자의 접근성이 다소 떨어지나, 자료 처리 속도가 빠르고, 정확도가 높다는 장점이 있다. 또한 호환성이 뛰어나 대부분의 시스템에서 사용 가능하며, Stata 데이터는 여러 플랫폼에서 변환 없이 이용 가능하다.

**표 2.5 | STATA 개요**

| | |
|---|---|
| 설계자 | 윌리엄 굴드 William Gould |
| 개발사 | Stata Corp |
| 발표일 | 1984년 |
| 종류 | 통계 소프트웨어 |
| 라이선스 | 상용 소프트웨어 |
| 웹사이트 | https://www.stata.com/ |

# 4 | MATLAB

MATLAB('매트랩'이라고 부른다)은 MathWorks에서 개발한 수치 해석을 위한 프로그래밍 언어이자 어플리케이션이며, Matrix Laboratory의 약자로 1970년대에 뉴멕시코대학교 컴퓨터공학과 학장인 클리브 몰러의 주도로 개발되었다. 클리브 몰러는 1984년 MathWorks 설립 후 개발을 시작하여 2000년대에 처음으로 일반 사용자에게 판매를 시작했다. MATLAB은 행렬 기반 계산 기능을 지원하며, 함수나 데이터 시각화 기능 및 프로그래밍을 통한 알고리즘 구현 등을 제공한다. 그 결과, 수치 계산이 필요한 과학 및 공학 분야에서 다양하게 사용되고 있다.

**표 2.6 | MATLAB 개요**

| | |
|---|---|
| 설계자 | 클리브 몰러 Cleave Moller |
| 개발사 | MathWorks |
| 발표일 | 2000년 |
| 종류 | 공학용 응용 소프트웨어 패키지 |
| 라이선스 | 상용 소프트웨어 |
| 웹사이트 | https://kr.mathworks.com/ |

## 5 | MS Excel

마이크로소프트 엑셀은 스프레드시트 프로그램이다. 엑셀은 데이터 분석을 주목적으로 하는 다른 통계 패키지와 달리 회계, 데이터베이스, 보고서 작성 등 다양한 영역에서 사용되며, 시각화, 최적화, 통계 분석 기능을 제공한다. 또한 비주얼 베이직Visual Basic 기반, VBA를 지원해, 높은 자유도와 확장성을 가진다. 하지만 큰 데이터 처리에는 적합하지 않은 단점이 있다.

**표 2.7 | MS Excel 개요**

| | |
|---|---|
| 개발사 | 마이크로소프트Microsoft |
| 발표일 | 1985년(mac OS 용) |
| 종류 | 응용 소프트웨어 |
| 라이선스 | 상업 소프트웨어 |
| 웹사이트 | https://www.microsoft.com/ko-kr/microsoft-365/excel |
| 웹사이트 | https://www.stata.com/ |

## 6 | Statistica

Statistica('스태티스티카'라고 부른다)는 1980년 중반 StatSoft에서 개발한 통계 분석 소프트웨어로 1986년 발표한 Complete Statistical System; CSS에 근간을 두고 있다. 이후 1991년 DOS 용으로 개발된 시점부터 Statistica라는 브랜드를 사용하였으며, 2014년 Dell에 인수되었고, 2016년 Francisco Partners and Elliott Management Corporation을 거쳐, 2017년 TIPCO Software에 다시 한 번 인수되었다. Statistica 는 데이터 분석, 관리, 시각화, 마이닝 등 다양한 기능을 제공하고 있으며, 데이터 분석 기술적 관점에선 예측, 군집화, 분류, 탐색 등을 제공하고 있다.

**표 2.8 | Statistica 개요**

| | |
|---|---|
| 개발사 | TIBCO Software Inc. |
| 발표일 | 1986년 |
| 종류 | Numerical analysis |
| 라이선스 | 상업 소프트웨어 |
| 웹사이트 | www.tibco.com/products/tibco-statistica |

# 2

# 왜 SAS ODA인가?

## 1 ......................... SAS ODA의 서비스 제공 배경

2010년 이전 SAS는 통계 자료 분석과 데이터 마이닝 시장의 독보적 강자였다. 하지만 2010년 이후, R과 파이썬과 같은 오픈 소스 프로그램이 등장하며, 서서히 시장 점유율을 빼앗기기 시작했다. 가장 큰 원인은 SAS는 상용 소프트웨어라 비싸다는 점이었다. SAS는 오픈 소스 이전 경쟁자들과 비교해도 상당히 높은 도입 비용과 연간 라이선스 비용을 지불해야 했다. 물론 교육 목적인 경우, 저렴한 비용으로 소프트웨어를 제공했지만, 오픈 소스 프로그램은 무료였다. 또한 오픈 소스 프로그램은 최신 알고리즘의 갱신주기 역시 빨랐기 때문에 시스템 운영이 아닌, 연구 목적이라면 훌륭한 대안이었다. 그 결과, 학교를 중심으로 SAS 신규 사용자는 크게 감소했다. 이와 같은 시장 변화에 대응하기 위해 SAS는 SAS ODA 서비스를 시작했다. 물론 SAS ODA 이전에도 'SAS University Edition'을 무료로 제공했지만, 이 제품은 가상 머신을 활용하였기에 운영 체제의 환경에 따라 잘 작동하지 않는 경우도 있었다. 게다가 제공되는 기능도 SAS ODA에 비해 적었다. 이런 배경으로 SAS는 SAS ODA를 통해 양질의 소프트웨어를 보다 편리하게 일반 사용자가 사용할 수 있도록 서비스하기 시작했다.

## 2 ·············· SAS ODA의 채택 사유

SAS ODA('쎄스 오디에이'라고 부른다)는 크게 다섯 가지 측면의 장점을 가지고 있다. 첫째, 경제성이 높다. SAS ODA는 상용 소프트웨어 개발사에서 제공되는 소프트웨어 중, 유일하게 무료로 제공된다. 둘째, SAS ODA는 신뢰도가 높다. SAS는 포춘 100대 기업 중, 94%가 사용하는 '검증된 도구'이다. 셋째, 기능성이 뛰어나다. 기초 통계부터 다변량 분석 같은 고급 분석까지 코딩 없이 쉬운 사용자 인터페이스로 지원한다. 넷째, 확장성이 높다. SAS ODA는 프로그래밍이 아닌, 데이터 분석에 중점을 두고 있기 때문에 다른 도구로 확장이 쉽다. 다섯째, 접근성이 높다. 특히, 프로그래밍에 익숙하지 않은 데이터 과학 입문자가 처음 다루는 도구로 적합하다.

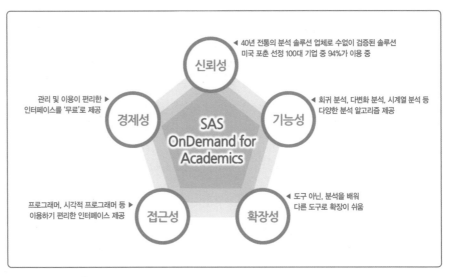

그림 2.2 | SAS ODA의 다섯 가지 강점

# 1 | 경제성

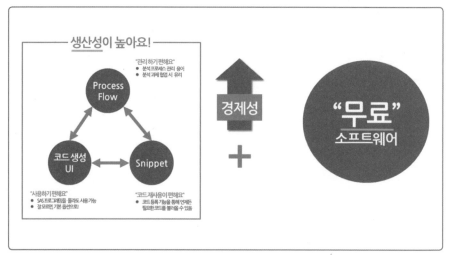

그림 2.3 | SAS ODA의 경제성 측면의 강점

1 　SAS ODA는 사용이 편하다. SAS ODA는 [작업 및 유틸리티] 기능을 지원한다. [작업 및 유틸리티]에는 데이터 처리와 분석 등을 위한 많은 작업이 포함되어 있다. 사용자는 이미 구성된 작업을 선택하고, 작업에 사용할 데이터와 변수 등을 선택하기만 하면 된다. 또한 작업 수행을 위한 선택 사항도 편리한 사용자 인터페이스로 쉽게 변경하고 선택할 수 있다. 이때 이 기능은 사용자가 설정한 내용을 기반으로 코드를 생성하기 때문에 SAS 프로그래밍을 다룰 수 있는 사람은 코드 생성 결과를 복사해, 활용하는 것도 가능하다.

2 　SAS ODA는 관리가 편하다. SAS ODA는 '프로세스 플로우process flow' 기능을 지원한다. 이 기능은 데이터 처리부터 분석, 시각화까지 전 과정을 '흐름도'로 보여준다. 프로세스 플로우는 협업에 특히 유용하다. 작업을 코드로만 관리할 경우, 다른 사람이 한 번에 작업 흐름을 이해하기 어렵다. 하지만 프로세스로 시각화되어 있는 경우, 처음 작업을 보는 사람도 이해하

기 쉽고, 설명도 편리한 장점이 있다. 그 결과, 소통을 위한 비용과 시간이 절약되어 작업 생산성을 높일 수 있다.

3   SAS ODA는 코드 재사용이 쉽다. 코드 재사용 기능은 이미 만들어 둔 코드를 변수나 데이터만 바꿔 사용할 수 있는 기능을 말한다. 코드 재사용 기능을 사용하면 데이터 분석을 위한 프로그래밍 시간을 많이 줄일 수 있다. SAS ODA는 Snippet('스니펫'이라 부른다)을 통해 코드 재사용 기능을 지원한다. Snippet은 자주 사용하는 코드를 등록해 두고, 필요할 때 클릭하면 자동으로 프로그램 창에 작성되는 기능이다. 이 외에도 '매크로macro'라는 기능을 통해서도 코드 재사용이 가능하다.

4   SAS ODA는 무료다. 비슷한 기능을 지원하는 상용 소프트웨어는 많다. 하지만 온전히 무료로 제공되는 소프트웨어는 SAS ODA가 유일하다. 그렇기 때문에 데이터 과학 입문자가 부담 없이 데이터 과학을 익히는 데 유용한 도구이다.

## 2 | 신뢰성

SAS는 지난 40여년 간 시장에서 높은 신뢰도를 인정받고 있는 세계 1위의 데이터 분석 및 비즈니스 솔루션 기업이다. SAS의 신뢰도는 포춘 선정 100대 기업 중 94%가 사용한다는 사실만으로 충분히 입증되었다. 또한 세계적인 IT 시장 조사 기업인 가트너Gartner의 조사에 따르면, SAS는 데이터 과학과 기계 학습 영역에서 '글로벌 리더'로 평가받고 있다. 즉, SAS는 이미 전세계를 통해 수없이 검증되어온 솔루션인 것이다. 한편 SAS ODA는 SAS에서 제공하는 수많은 솔루션 중, 데이터 과학을 배우는 데에 적합한 솔루션을 골라 무료로 제공하고 있다. 그렇기 때문에 기존 SAS 솔루션이 가진 신뢰성은 SAS ODA에서도 유효하다.

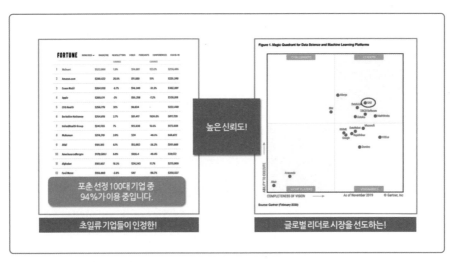

그림 2.4 | SAS ODA의 신뢰성 측면의 강점

## 3 | 기능성

SAS ODA는 데이터 과학을 위한 모든 기능을 지원하지는 않지만, 대부분의 데이터 과학자에게 필요한 기능을 충분히 제공한다. 또한 SAS ODA는 데이터 처리, 분석, 시각화 모두를 지원하며, 통계학과 학부와 대학원 수준에서 필요한 기능 중 약 90% 이상을 지원한다. 이러한 점에서 SAS ODA는 데이터 과학을 맛보기에 적합하다.

| 처리 | 분석 | 시각화 |
|---|---|---|
| Where (Filtering) | Regression | Bar-Chart |
| Select (drop, keep) | ANOVA | Bubble Chart |
| Table Join (merge) | General Linear Model | Mosaic Chart |
| Group by (Summary) | Factor Analysis | Scatter Plot |
| Order by (Sorting) | Principal Component Analysis | Scatter Matrix |
| Transpose | Clustering | Map |

• • •

그림 2.5 | SAS ODA의 기능성 측면의 장점

SAS ODA는 접근이 쉬운 분석 도구이다. 이미 SAS를 아는 사람은 [SAS 프로그래머] 모드에서 SAS 코드로 데이터를 분석 및 처리할 수 있으며, SAS를 처음 접하는 사람은 [시각적 프로그래머] 모드를 통해 손쉽게 데이터를 분석할 수 있다. 또한 Jupyter notebook을 이용하던 사용자는 [Jupyter notebook]을 통해 익숙한 환경에서 SAS를 사용할 수 있다. SAS ODA는 클라우드로 서비스되기 때문에, 사용자 PC 환경에 영향을 받지 않는다. 인터넷이 지원되는 환경이라면 Mac, Window 등 어떤 운영 체제에서도 사용할 수 있고, 어디서든 연속성 있는 분석이 가능하다.

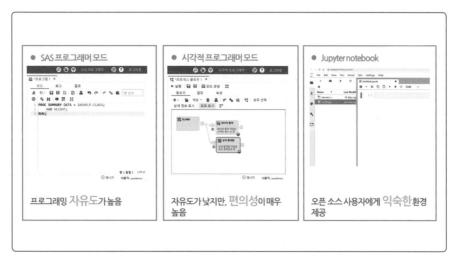

그림 2.6 | SAS ODA의 접근성 측면의 장점

SAS ODA를 사용하는 목적은 SAS를 배우기 위해서가 아니다. 데이터 과학의 근간이 되는 데이터 처리, 통계 학습, 기계 학습, 시각화 등을 배우기 위함이다. SAS ODA는 코딩 없이 데이터 과학을 배울 수 있다는 점에서 프로그래밍을 배우는 데 소요되는 시간을 절약할 수 있다. 또 SAS ODA를 통해 배운 데이터 과학 지식은 다른 데이터 과학 도구에서도 똑같이 쓰인다. 언어 및 프로그램은 결국 데이터 과학을 위한 하나의 도구에 불과하기 때문이다. 이러한 점에서 도구에 대한 의존도가 낮은 SAS ODA는 확장성이 높은 수단임이 분명하다.

# 3

# SAS ODA 사용하기

## 1 ·········· 권장 시스템 환경

SAS ODA는 클라우드 환경을 이용하기 때문에 Window, Mac 등 운영 체제에 영향을 받지 않으며, PC 사양에도 큰 영향을 받지 않는다. 브라우저의 경우 일부 기능이 제한되는 경우도 있지만, 대부분의 브라우저를 지원한다.

**SAS ODA가 지원되는 브라우저:**

- Google Chrome (권장)
- Apple Safari (권장)
- Mozilla Firefox
- Microsoft Explorer*
- Microsoft Edge*

*Microsoft Edge와 Explorer는 제한적으로 지원되며, Microsoft 웹브라우저를 사용할 경우, 'Microsoft Edge on Chromium' 사용을 권장

## 1 | 서비스 가입 화면으로 이동

그림 2.7 | SAS ODA 서비스 가입 화면 이동 방법

❶ Google에서 'SAS ODA' 검색

❷ SAS OnDemand for Academics 클릭
   (주소: https://www.sas.com/ko_kr/software/on-demand-for-academics.html)

❸ 홈페이지 접속 후 'Access Now' 클릭

## 2 | SAS ODA 접속 화면

SAS ODA 접속 화면은 〈그림 2.8〉과 같다. 이 화면에서는 SAS ODA 학습을 위한
교육 자료와 커뮤니티 등 유용한 정보를 제공한다. 다만 SAS ODA를 사용하기 위
해서는 SAS 프로필을 만들어야 하는데, 프로필은 'Get Started'의 'SAS Profile'을 통
해 만들 수 있다.

그림 2.8 | SAS OnDemand for Academics 접속 화면

## 3 | 프로필 만들기

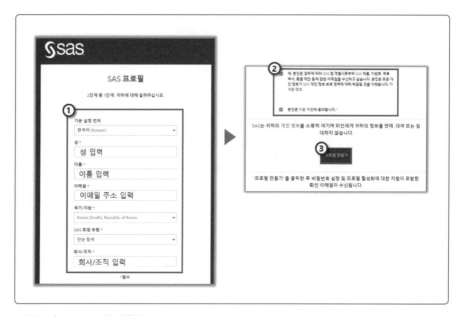

그림 2.9 | SAS 프로필 만들기

❶ SAS 프로필 창의 각 항목에 인적 사항 기입

❷ 이용 약관 동의 체크

❸ [프로필 만들기] 클릭


[프로필 만들기]를 클릭하면, 잠시 후 인적 사항에 기입한 이메일 주소로 프로파일 활성화 메일이 발송된다. 이 메일을 통하여 프로필 활성화와 비밀번호 설정이 가능하다.


## 4 | 프로필 활성화

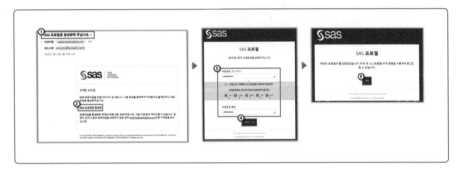

그림 2.10 | SAS 프로필 활성화

❶ 프로필 등록 후, 가입한 이메일로 'SAS 프로필을 활용화해 주십시오'라는 메일이 왔는지 확인 (경우에 따라 메일이 도착하는 데에 시간이 다소 걸릴 수 있음)

❷ 승인 메일이 도착하면, [SAS 프로파일 활성화] 클릭

❸ SAS ODA 접속 조건*에 맞는 비밀번호와 비밀번호 확인 입력
  *체크 박스가 모두 초록색으로 바뀌어야 함

❹ [비밀번호 설정] 클릭

❺ 'SAS 프로필'창이 나타나면 [계속] 클릭

## 5 | 로그인

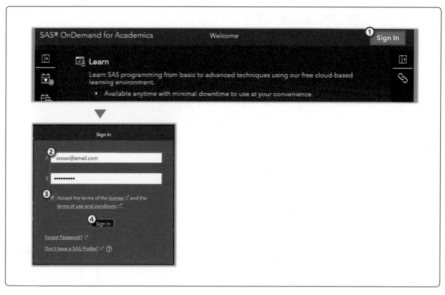

그림 2.11 | 활성화된 프로필로 로그인하기

❶ 다시 Welcome('https://welcome.oda.sas.com/) 화면으로 이동한 뒤, [Sign In] 버튼을 클릭

❷ 등록한 아이디와 비밀번호 입력

❸ [Accept ... conditions] 체크 박스 체크

❹ [Sign In] 버튼 클릭

## 6 | 지역 설정

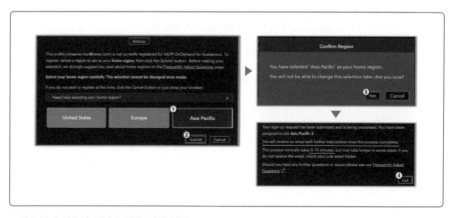

그림 2.12 | 사용자 서비스 이용 지역 설정

❶ [SAS OnDemand for Academics Registration]에서 서비스 이용 지역* 선택(대한민국에서 사용하는 경우 'Asia Pacific'으로 설정)

*지역을 선택하는 이유는 클라우드 서버가 지역 단위로 할당되기 때문으로, 만약 다른 지역(예를 들면, 한국 이용자가 미국에서 접속할 경우)에서 접속할 경우, 같은 서비스를 제공받지 못할 수 있다.

❷ [Submit] 버튼 클릭

❸ 메시지 박스 [Confirm Region]이 뜨면, [Yes]를 클릭

❹ 지역 등록 완료 후, [Exit] 버튼을 클릭**

**앞서 지정한 지역 서버에 클라우드 이용 공간이 다 만들어지면, 메일을 통해 알림(다소 시간 소요)

## 7 | 사용자 환경 조성 결과 확인

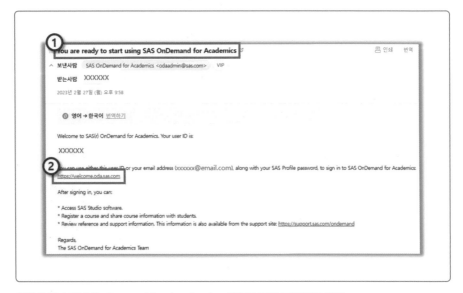

그림 2.13 | SAS OnDemand for Academics 사용자 환경 조성 결과 확인

❶ 프로파일에 입력한 메일로 'You are … for Academics'라는 제목의 메일이 도착했는지 확인

❷ 승인 메일이 도착했다면 'https://welcome.oda.sas.com' 링크 클릭

## 8 | 서비스 이용하기

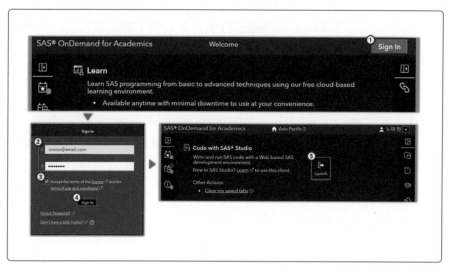

그림 2.14 | SAS OnDemand for Academics 접속

① 'Welcome' 화면에서 [Sign In] 버튼 클릭

② 등록한 아이디와 비밀번호를 입력

③ [Accept ... conditions] 체크 박스 체크

④ [Sign In] 버튼 클릭

⑤ [Launch] 버튼 클릭

이제 SAS ODA 서비스 이용을 위한 모든 가입 절차가 끝났다.

# 4

# SAS Studio 둘러보기

SAS ODA에 접속하면, SAS Studio를 이용할 수 있다. SAS Studio는 웹 브라우저로 접속할 수 있는 SAS 개발 응용프로그램으로 SAS 데이터, 프로그램에 접근할 때 사용한다. 또한 SAS Studio는 미리 정의되어 있는 작업<sup>task</sup> 기능을 제공한다. 이 기능은 사용자 설정에 맞춰 코드를 생성한다. 먼저 SAS Studio의 구성에 대해 알아보자.

## 1 ·········································· 기본 구성

SAS Studio에 처음 접속하면, 〈그림 2.15〉와 같은 화면이 나타난다. 화면은 [탐색 창]과 [작업 영역], [상단 메뉴] 세 가지로 구성되어 있다.

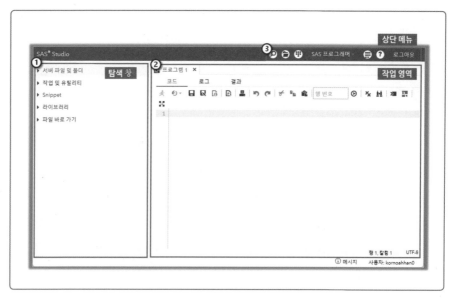

그림 2.15 | SAS Studio 초기 화면

❶ [탐색 창]은 클라우드 서버에 저장되어 있는 파일, 프로그램 등에 접근하거나 SAS 데이터
및 작업을 이용할 때 사용한다.

❷ [작업 영역]은 SAS 프로그램과 작업을 가져와 설정을 변경하거나 실행하는 등 각종 작업
수행을 위한 영역이다.

❸ [상단 메뉴]에서는 SAS Studio의 초기 설정이나 작업 모드 등을 변경할 수 있다.

표 2.10 | SAS ODA 구성 설명

| No | 구분 | 설명 |
|----|------|------|
| 1 | 탐색 영역 | 작업, 데이터, 파일 등을 찾기 위한 영역 |
| 2 | 작업 영역 | SAS 프로그램과 작업을 가져와 작업을 처리하기 위해 사용하는 영역 |
| 3 | 상단 메뉴 | SAS Studio의 초기 설정이나 작업 모드 변경 등의 기능 지원 |

## 1 | 탐색 창

탐색 창에서는 작업이나 데이터, 파일을 찾아 접근할 수 있다. 탐색 창은 [서버 파일 및 폴더], [작업 및 유틸리티], [Snippet], [라이브러리]로 구성되어 있다. 각 섹션은 파일, 작업, 데이터 등의 접근과 관리를 위해 나눠 둔 것이다. 각각에 대해 자세히 알아보자.

### ① 서버 파일 및 폴더

서버 파일 및 폴더 섹션은 SAS 서버에 위치한 파일이나 폴더에 접근할 때 사용한다. 이 섹션은 외부(PC) 데이터를 클라우드 서버로 가져오거나 내보낼 때 이용한다. 또한 SAS Studio에서 데이터를 처리하고, 분석하는 경우 [파일(홈)] 밑에 새로운 폴더를 만들어 과제를 구분하기도 한다.

그림 2.16 |
서버 파일 및 폴더

서버 파일 및 폴더 섹션의 상단에는 빠른 실행 도구 모음이 있다. 빠른 실행 도구 모음에는 새로 만들기, 삭제, 다운로드, 업로드 등이 있다. 이 기능들은 [파일(홈)] 아래에 있는 폴더를 마우스 왼쪽 버튼으로 클릭하면 똑같이 이용할 수 있다. 각 기능에 대한 설명은 〈표 2.11〉을 참고하자.

**표 2.11 | 빠른 실행 도구 모음**

| 아이콘 | 도구 유형 | 설명 |
|---|---|---|
| | 새로 만들기 | SAS 프로그램, 데이터 가져오기, 질의 등 자주 사용하는 유틸리티 기능 실행 및 선택 위치에 [폴더] 및 [바로가기] 생성 |
| | 삭제 | 선택한 파일이나 폴더를 제거 |
| | 다운로드 | 선택한 파일을 PC로 다운로드 |
| | 업로드 | PC에 저장된 파일을 선택한 위치로 업로드 |
| | 속성 | 선택한 파일 또는 폴더의 속성 정보 확인 |
| | 새로고침 | 선택 위치를 새로고침 |

## ② 작업 및 유틸리티

작업 및 유틸리티 섹션에는 미리 만들어 둔 작업들과 유틸리티가 있다. 작업은 사용자 설정에 맞게 SAS 코드를 생성하는 일종의 코드 생성 기능이다. 이 기능은 사용자가 작업을 선택하고, 작업에 사용할 변수나 데이터를 지정하면, 코딩 없이 작업을 수행할 수 있다. 작업은 크게 데이터 처리, 분석, 시각화 세 가지 유형이 있다. 또한 작업은 XML과 SAS 코드를 이용해, 사용자가 새로 만들거나 편집할 수도 있다.

그림 2.17 |
작업 및 유틸리티

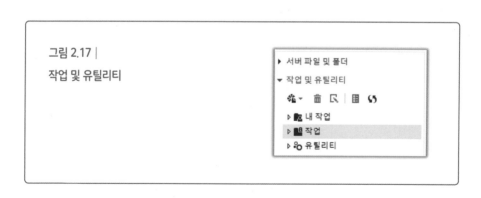

### 3 Snippet

스니펫Snippet은 정보의 한 조각을 의미하는 단어이다. SAS Studio의 스니펫 기능도 단어 뜻과 유사한 기능을 한다. 스니펫은 자주 사용하는 SAS 코드를 등록하였다가, 필요할 때마다 바로 붙여 넣는 기능을 제공한다. 스니펫은 [내 Snippet]을 마우스 오른쪽 버튼으로 클릭해, [새로운 코드 Snippet]을 선택하면 만들 수 있다. 또한 [Snippet] 폴더 밑에는 SAS Studio에서 제공하는 다양한 샘플 코드들이 있다.

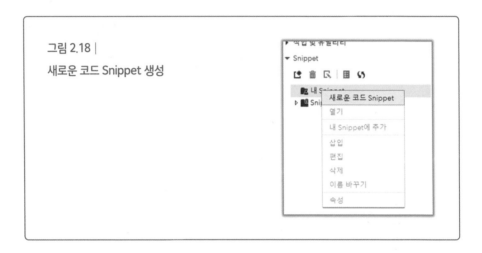

그림 2.18 |
새로운 코드 Snippet 생성

### 4 라이브러리

SAS 데이터는 라이브러리에 저장되고, 관리된다. 라이브러리는 목적에 맞는 데이터를 보관하는 보관함이다. 라이브러리에는 SAS에서 다룰 수 있는 파일만 보이는 특성이 있다. 라이브러리 섹션은 SAS Studio에 할당되어 있는 라이브러리를 확인하고, 관리하기 위해 사용한다.

라이브러리 섹션을 열고, [내 라이브러리]를 확장하면, SAS Studio에 할당되어 있는 라이브러리들을 확인할 수 있다. 이 중에는 아이콘 오른쪽 상단에 자물쇠가 그려져 있는 라이브러리가 있다. 이 라이브러리는 사용자가 데이터를 마음대로 지우거나 편집하지 못하고, 데이터를 읽을 수만 있는 라이브러리이다. 또한 라이브러리 섹션에서는 〈그림 2.19〉와 같이 라이브러리에 포함되어 있는 데이터를 확인할 수 있다.

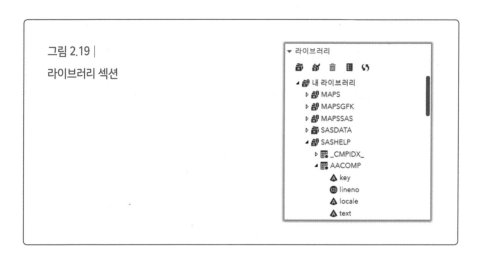

그림 2.19 |
라이브러리 섹션

라이브러리 안에 있는 데이터를 확장하면, 데이터에 포함된 변수를 확인할 수도 있다. 변수 이름 앞에 있는 아이콘은 변수의 유형을 나타낸다. 각 아이콘이 의미하는 변수 유형은 〈표 2.12〉와 같다.

표 2.12 | SAS 데이터의 변수 유형

| 아이콘 | 변수 유형 |
| --- | --- |
| Ⓐ | 범주형Character |
| ⑫③ | 수치형Numeric |
| 📅 | 날짜Date |
| 📅🕐 | 날짜/시간Datetime |

## 2 | 작업 영역

작업 영역은 SAS 프로그램이나 작업을 수행하거나 데이터를 살펴보기 위한 영역이다. 탐색 창에서 데이터나 프로그램, 작업을 선택해 열면, 〈그림 2.20〉과 같이 작업 영역에 새로운 탭이 만들어진다. 탭은 오른쪽 상단에 있는 ⊠ 버튼을 눌러 닫을 수 있다.

그림 2.20 | SAS 데이터 열기

## 3 | 상단 메뉴

SAS Studio 화면 오른쪽 상단에는 〈그림 2.21〉과 같이 다양한 아이콘이 있다. 상단 메뉴에는 알아 두면 유용한 기능이 많다. 이번에는 상단 메뉴에 포함된 기능을 알아보자.

그림 2.21 |
상단 메뉴

❶ 돋보기 모양의 아이콘은 [검색] 아이콘이다. 검색 기능은 탐색 창에 속한 데이터, 파일, 폴더, 작업 등을 찾을 때 사용한다. 사용 방법은 먼저 검색 아이콘을 클릭하고, 검색을 원하는 탐색창을 선택한 뒤, 찾을 키워드를 입력하면 된다.

❷ 폴더 모양의 아이콘은 [열기] 기능이다. 열기를 이용하면, 클라우드 서버에 저장되어 있는 파일을 찾아 열 수 있다. 하지만 이 기능을 쓰지 않더라도 [서버 파일 및 폴더]에서 찾아 열어도 상관없기 때문에 이런 기능이 있다 정도만 알아도 좋다.

❸ [새로운 옵션]을 이용하면 SAS 프로그램, 데이터 가져오기, 질의 등을 새로 만들 수 있다. 또한 모든 탭을 닫거나 작업 영역을 최대로 확장하는 기능도 포함되어 있다.

❹ SAS Studio의 작업 모드 변경을 위한 메뉴이다. SAS Studio는 SAS 프로그래머와 시각적 프로그래머, 두 가지 작업 모드를 지원한다.

❺ [추가 응용 프로그램 옵션]에서는 자동 실행 파일을 편집하거나 탐색 창에 보여지는 섹션을 조정할 수 있다. 또한 [우선 설정] 기능을 이용해, SAS Studio의 환경 설정을 변경할 수 있다.

❻ [도움말] 아이콘은 SAS Studio의 기능은 물론, SAS 프로그램 등에 대한 다양한 정보를 담고 있는 도움말을 열람하기 위한 아이콘이다. [SAS Studio 도움말]을 선택하면, SAS Help Center 페이지로 바로 연결된다. SAS는 도움말이 자세한 편이라, 책에 언급되지 않은 내용의 경우 도움말을 이용해 찾을 수 있다.

## 2 ......................................................... 작업 모드

SAS Studio는 [SAS 프로그래머]와 [시각적 프로그래머] 두 가지 작업 모드를 지원한다. 작업 모드에 따라 작업 방식이 다르고, 작업 파일의 유형도 다르다.

그림 2.22 |
작업 모드 변경 방법

작업 모드는 상단 메뉴에서 〈그림 2.22〉와 같이 확인하고, 변경할 수 있다. 이제 두 작업 모드의 특징과 차이에 대해 알아보자.

# 1 | SAS 프로그래머 모드

SAS 프로그래머 모드는 SAS 코딩을 중심으로 데이터 처리, 분석을 수행하기 위한 작업 모드이다. 이 모드는 Base SAS가 익숙한 기존 사용자에게 적합하다. SAS 프로그래머 모드를 선택할 경우, 〈그림 2.23〉과 같이 프로그램 편집창에서 SAS 코드를 입력해 작업을 수행한다. 그렇기 때문에 작업 파일은 '.sas' 확장자를 가지는 SAS 프로그램으로 저장한다.

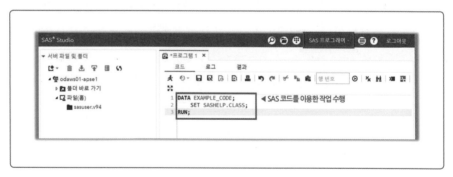

그림 2.23 | SAS 프로그래머 모드 작업 수행 방식

## 2 | 시각적 프로그래머 모드

시각적 프로그래머 모드는 프로세스 플로우에 기초한 작업 모드이다. 프로세스 플로우는 데이터, 작업, 프로그램 등을 하나의 노드로 표현한다. 그리고 각 노드를 처리 순서에 맞게 연결해 작업 흐름을 한눈에 확인할 수 있도록 한다. 작업 파일은 프로세스 플로우 파일로 저장하며, 확장자는 '.cpf'를 가진다. SAS 프로그래머 모드의 경우 프로세스 플로우를 사용할 수 없다.

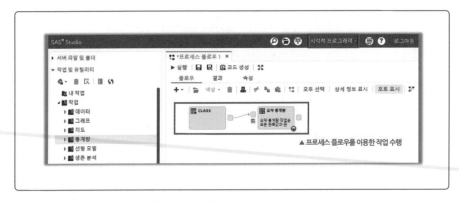

그림 2.24 | 시각적 프로그래머 모드 작업 수행 방식

〈표 2.13〉은 SAS 프로그래머와 시각적 프로그래머 모드를 상세하게 비교한 표이다. 표를 보면, SAS 프로그래머 모드에서는 프로세스 플로우를 사용할 수 없다는 사실을 알 수 있다. 반면 시각적 프로그래머 모드는 SAS 프로그래머 모드에서 가능한 모든 기능을 다 사용할 수 있다. 따라서 이 책에서는 시각적 프로그래머 모드를 기본으로 설명한다.

**표 2.13 | SAS Studio의 작업 모드 비교**

| 구분 | SAS 프로그래머 모드 | 시각적 프로그래머 모드 |
|---|---|---|
| 작업 관리 단위 | SAS 프로그램 | 프로세스 플로우 |
| 모드 사용 대상 | 기존 SAS 사용자 | 기존 SAS 사용자와 신규 사용자 |
| 작업 방법 | SAS 코딩을 중심으로 작업 수행 | 작업 및 유틸리티 중심의 작업 수행 |
| 특징 | 코드 기반 단순 작업인 경우 편리 | 작업 관리 및 협업에 유리 |
| 프로젝트 확장자 | .sas | .cpf |
| SAS 프로그램 | 사용 가능 | 사용 가능 |
| 프로세스 플로우 | 불가능 | 사용 가능 |

# 3 ........................................ 프로세스 플로우

시각적 프로그래머 모드에서는 프로세스 플로우를 이용해 데이터를 분석하고, 처리한다. 프로세스 플로우는 데이터 처리나 분석 흐름을 한눈에 알아보기 쉽게 만들어 놓은 판이다. 프로세스 플로우 위에는 데이터, 코드, 작업 등의 노드를 올려둘 수 있으며, 각 노드는 처리 순서에 맞게 선으로 연결할 수 있다. 선으로 연결된 노드는 처리 순서를 시각적으로 나타내기 때문에 협업에 유리한 장점을 가진다.

## 1 | 프로세스 플로우 만들기

프로세스 플로우는 시각적 프로그래머 모드에서만 사용할 수 있다.

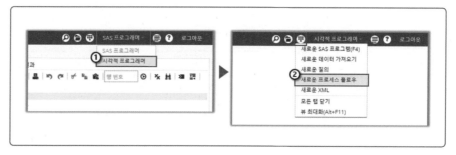

그림 2.25 | 새로운 프로세스 플로우

❶  상단 메뉴에서 〈그림 2.25〉와 같이, 작업 모드를 [시각적 프로그래머]로 변경
❷  상단 메뉴의 왼쪽, 세번째에 위치한 [새로운 옵션]의 [새로운 프로세스 플로우]를 선택

## 2 | 프로세스 플로우 둘러보기

새로운 프로세스 플로우를 만들면 〈그림 2.26〉과 같은 화면이 나타난다. 이제 프로세스 플로우의 구성에 대해 알아보자.

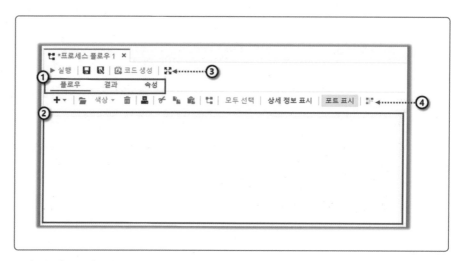

그림 2.26 | 프로세스 플로우

❶  프로세스 플로우의 하위 탭이다. [플로우] 탭은 기본값으로 플로우를 보여준다. [결과] 탭은 플로우 실행 결과가 기록되어 있다. 이 탭에서는 실행한 작업이나 프로그램의 이름과

상태 정보 등을 확인할 수 있다. 마지막으로 [속성] 탭은 프로세스 플로우의 속성 정보를 보여주기 위한 탭으로 프로세스 플로우의 이름이나 저장 위치를 확인할 수 있다.

❷ [플로우] 탭을 선택할 경우 보여지는 빈 공간이다. 이 공간 위에 작업, 데이터, 프로그램 등을 올려 놓고 플로우를 구성한다.

❸ '프로세스 플로우1'에 대한 빠른 실행 도구 모음이다. 여기에 속한 도구들은 프로세스 플로우 전체에 영향을 주기 때문에 [실행] 버튼을 클릭하면 프로세스 플로우에 속한 모든 프로그램과 작업이 한 번에 실행된다. [코드 생성]은 프로세스 플로우에 속한 작업들을 SAS 코드로 한 번에 변경할 때 사용한다. 마지막 ▦ 버튼은 프로세스 플로우를 최대화할 때 사용한다.

❹ [플로우] 탭에 대한 빠른 실행 도구 모음이다. 여기에는 SAS 프로그램, 질의, 작업 등과 같은 노드를 생성하는 기능, 노드 색상을 변경하는 기능, 노드를 자동으로 정렬하는 기능 등이 포함되어 있다. 노드 정렬은 정렬할 노드를 모두 선택한 다음 마지막에 위치한 ▦ 버튼을 클릭하면 된다.

## 3 | 포트와 노드

노드node는 프로세스 플로우 위에 놓인 작업, 데이터, 프로그램 등을 말한다. 노드 와 노드는 포트port라는 연결 고리로 연결된다. 포트는 데이터 포트와 컨트롤 포 트 두 가지가 있다. 데이터 포트는 데이터 입력이나 출력을 받을 수 있는 노드에 한하여 표시된다. 컨트롤 포트는 작업 처리 순서를 정할 때 사용할 수 있다. 데이 터 포트를 더블 클릭하면, 해당 데이터 포트의 데이터가 표시된다.

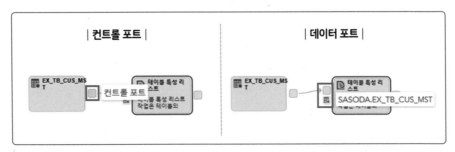

그림 2.27 | 포트와 노드

표 2.14 | 포트의 유형

표 2.14 | 포트의 유형

| 포트 유형 | 특징 |
|---|---|
| 컨트롤 포트 | 작업 처리 순서를 정할 때 사용 |
| 데이터 포트 | 데이터 입력이나 출력을 받을 수 있는 노드에 한하여 표시 |

## 4 | 노드 작업 상태 알아보기

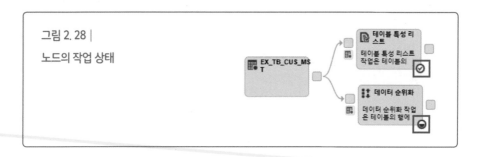

그림 2. 28 |

노드의 작업 상태

작업, 프로그램과 같은 실행이 가능한 노드는 '작업 상태'를 노드에 아이콘으로 나타낸다. 작업 상태는 〈그림 2.28〉과 같이 노드 오른쪽 아래에 표시된다. 작업 상태는 '옵션 지정 필요', '실행 대기' 등 총 5가지 상태가 있다. 자세한 작업 상태 아이콘과 아이콘이 의미하는 상태는 〈표 2.15〉와 같다.

표 2.15 | 프로세스 플로우 노드의 5가지 작업 상태

| No | 아이콘 | 상태 | 상세 |
|---|---|---|---|
| 1 | ⊖ | 옵션 지정 필요 | 필수 옵션이 지정되지 않아 실행할 수 없는 상태 |
| 2 | ◉ | 실행 대기 | 선행 작업이 아직 끝나지 않아 기다리는 상태 |
| 3 | ⊘ | 성공 | 작업이 성공적으로 끝난 상태 |
| 4 | ⚠ | 경고 | 작업은 끝났으나, 경고가 발생한 상태 |
| 5 | ⊗ | 오류 | 오류로 인해 작업이 중단된 상태 |

작업 사태 중 옵션 지정 필요와 실행 대기는 아직 작업이 실행되기 전 상태이다.
반면 성공, 경고, 오류는 작업 실행 결과를 나타낸다. 만약 실행 결과에 오류나 경
고가 발생했다면, 해당 노드를 더블 클릭하여 [로그] 탭을 연 다음, 경고나 오류가
발생한 이유를 확인한 뒤 고쳐야 한다.

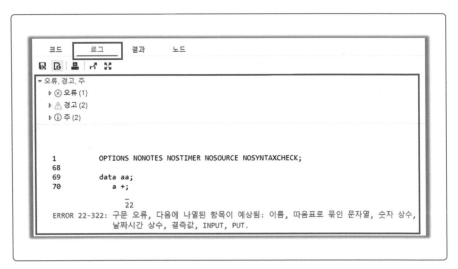

그림 2.29 | 작업 실행 결과 로그

더 알 아
보 기

## 노드 색상 변경과 자동 정렬

### 1) 노드 색상 변경

- 색상을 바꿀 노드를 선택하고, 색상을 눌러 노드 색상을 바꿀 수 있다.

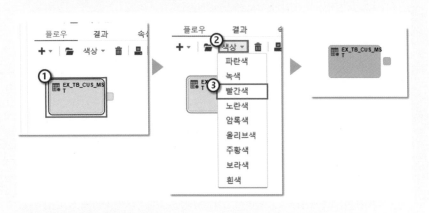

그림 2.30 | 노드 색상 변경 절차

## 2) 노드 정렬

- 정렬할 노드를 선택한 다음, 배열 버튼을 이용해 노드를 정렬할 수 있다.

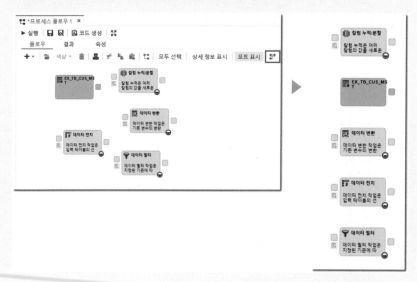

그림 2.31 | 노드 정렬 방법

**No Code Data Science**

# 5

# SAS Studio 맛보기

'SAS Studio 맛보기'에서는 데이터 처리와 분석을 위해 폴더, 라이브러리 등을 만드는 방법과 SAS Studio의 작업을 가져와 이용하는 방법을 설명한다.

## 1 · · · · · · · · · · · · · · · · · · · · · · · · · · · · · · · · · · · 폴더 만들기

### 1 | 폴더 활용 방법

SAS Studio는 [서버 파일 및 폴더] 섹션의 [파일(홈)] 밑에 폴더를 만들 수 있다. 폴더는 보통 과제 수행 공간을 구분할 목적으로 많이 활용한다. 또한 SAS 데이터를 저장할 폴더는 '라이브러리'로 할당해 사용할 수 있다.

## 2 | 폴더 생성 방법

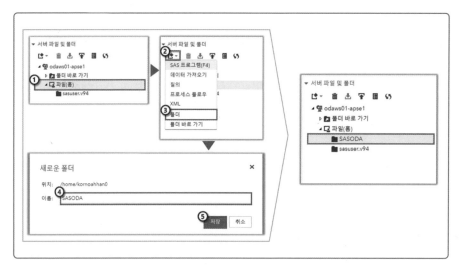

그림 2.32 | 폴더 생성하기

❶ [파일(홈)] 선택

❷ [새로 만들기]를 선택

❸ [폴더]를 선택

❹ [새로운 폴더]에서 폴더 이름 지정(실습에서는 'SASODA' 설정)

❺ [저장] 클릭

## 2 ·················· 라이브러리 만들기

### 1 | 라이브러리란?

라이브러리library는 데이터를 관리하기 위한 논리적인 저장 공간이다. 라이브러리의 유형은 영구 라이브러리와 임시 라이브러리 두 가지가 있다.

## 1 임시 라이브러리

임시 라이브러리는 저장된 데이터를 임시로 보관한다. 따라서 임시 라이브러리에 저장된 데이터는 SAS Studio를 닫으면 모두 지워진다. 라이브러리 'WORK'는 임시 라이브러리이다. 임시 라이브러리는 데이터를 자동으로 삭제하기 때문에, 데이터 처리나 분석 과정에서 필요한 임시 데이터를 다룰 때 사용한다.

## 2 영구 라이브러리

영구 라이브러리는 저장된 데이터를 사용자가 지우기 전까지 보관한다. 따라서 영구 라이브러리는 주로 분석이나 처리 결과, 원본 데이터 등을 보관하기 위해 사용한다. 사용자가 자유롭게 사용할 수 있는 영구 라이브러리는 'SASUSER'가 있다. 영구 라이브러리는 사용자가 특정 폴더를 지정해 할당할 수 있다.

표 2.16 | 라이브러리의 유형

| 구분 | 임시 라이브러리 | 영구 라이브러리 |
| --- | --- | --- |
| 특징 | 저장된 데이터를 임시로 보관 | 저장된 데이터를 사용자가 지우기 전까지 보관 |
| 예시 | WORK | SASUSER |
| 용도 | 처리나 분석 과정에서 필요한 임시 데이터 보관 | 분석이나 처리 결과, 원본 데이터 등을 보관 |

## 3 라이브러리 명명 규칙

라이브러리 이름은 영문과 언더바(_)로만 만들 수 있으며, 길이는 8글자를 넘을 수 없다. SAS 데이터는 라이브러리 이름과 데이터 이름을 콤마로 연결해 표현한다. 다만 WORK 라이브러리에 저장된 데이터는 라이브러리 이름을 생략할 수 있다.

**라이브러리 명명 규칙:**

- 영문과 언더바로('_')만 만들 수 있다
- 이름은 8글자를 넘길 수 없다

## 2 | 라이브러리 할당 방법

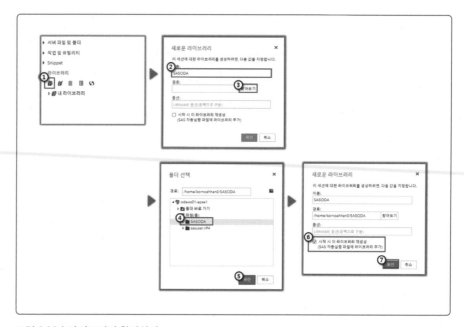

그림 2.33 | 라이브러리 할당하기

❶ [탐색 창]의 [라이브러리] 섹션에서 [새로운 라이브러리] 클릭

❷ [새로운 라이브러리] 창의 [이름:]란에 원하는 라이브러리 이름 입력

　|주의| 라이브러리 이름은 영문과 언더바('_')로만 만들 수 있고, 최대 8글자까지 가능

❸ [찾아보기] 클릭

❹ 라이브러리를 할당할 공간 선택

❺ [확인] 클릭

❻ [시작 시 이 라이브러리 재생성]을 체크

　|참고| 이 설정을 체크하면, SAS ODA에 접속 시 자동으로 이 라이브러리를 할당

❼ [확인]을 클릭

라이브러리 할당 결과는 〈그림 2.34〉와 같이 [라이브러리] 섹션의 [내 라이브러리]
에서 확인할 수 있다. 라이브러리 목록을 살펴보면, 자동으로 할당되어 있는 라이
브러리를 확인할 수 있다. 이 라이브러리들은 SAS 도움말에서 사용하는 예제 데
이터나 지도를 그릴 때 활용할 수 있는 좌표 데이터를 담고 있다.

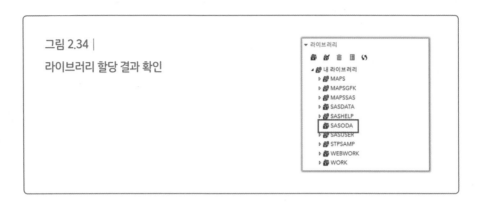

그림 2.34 |
라이브러리 할당 결과 확인

# 3 ......................................................... 작업 및 유틸리티

## 1 | 작업 가져오기

프로세스 플로우에서 작업을 이용하려면 〈그림 2.35〉와 같이 [작업 및 유틸리티]
에 속한 작업을 클릭한 상태로 끌어, 플로우 위에 올려 두면 된다.

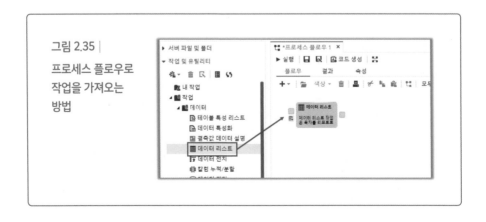

그림 2.35 |
프로세스 플로우로
작업을 가져오는
방법

## 2 | 작업 화면

플로우 상에 놓여 있는 작업을 더블 클릭한다. 그러면 〈그림 2.36〉과 같은 화면이
작업 영역에 나타난다. 화면에 표시된 각 영역의 기능은 다음과 같다.

그림 2.36 | 작업 화면의 구성

❶ 작업에 사용할 데이터를 할당하고, 옵션을 변경하기 위한 영역이다. 또한 이 영역에서는
노드 정보를 확인 및 변경할 수도 있다. 이외에도 선택한 작업에 대한 자세한 정보를 확
인할 수 있다.

❷ ①에서 선택한 옵션에 맞는 코드를 생성하고, 작업 실행 결과를 보여주기 위한 영역이다.
만약 작업 실행 결과 오류가 발생했다면, [로그] 탭을 확인하면 된다. 또한 작업 실행 결
과가 데이터인 경우 [출력 데이터] 탭이 추가된다.

❸ 작업을 실행하고, 저장하기 위한 영역이다. 작업 설정을 모두 끝낸 뒤, 🏃 버튼을 클릭하
면 작업이 실행된다(참고: SAS에서는 코드나 작업을 실행하는 것을 'run'이라고 부른다).

# 3 | 데이터와 변수 선택

[데이터] 탭은 작업에 사용할 데이터와 변수를 선택하기 위한 탭이다.

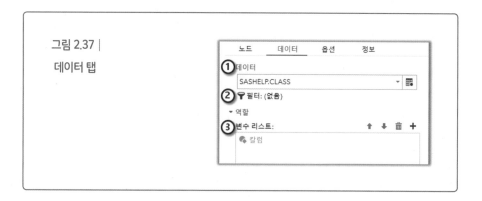

그림 2.37 |

데이터 탭

❶ 작업에 사용할 데이터는 [데이터] 항목의 [테이블 선택] 🖩 버튼을 클릭해 선택할 수 있다.

❷ 조건에 맞는 데이터만 선택하여 사용하고 싶은 경우 [필터] 🔻를 이용한다.

❸ [역할]은 작업에 사용할 변수를 역할에 맞게 선택하기 위한 항목이다. 변수는 [칼럼 추가]
➕ 버튼을 이용해 추가할 수 있고, [칼럼 제거] 🗑 버튼으로 제거할 수 있다. 그리고 변
수 순서는 화살표 아이콘으로 조정할 수 있다.

# 3

No Code Data Science

# 데이터 가공과 처리

**1**

No Code Data Science

# 왜 데이터 처리가 중요한가?

데이터 처리가 중요한 이유는 크게 세 가지가 있다. 첫째, 신뢰할 수 있는 데이터를 얻기 위해서이다. 신뢰할 수 없는 데이터는 신뢰할 수 없는 결과를 만든다. 데이터 처리는 데이터의 신뢰도를 높이기 위한 좋은 도구이다. 둘째, 큰 데이터를 다루기 위해서이다. 목적에 맞는 데이터 구성을 위해서는 기본적으로 데이터 처리 기술이 필요하다. 정제되지 않은 빅데이터는 쓰레기나 다름없다. 셋째, 데이터 처리는 훌륭한 분석 도구이다. 집계, 필터 등의 기술만으로도 훌륭한 리포트를 만드는 것이 가능하다. 그렇다면 '신뢰할 수 있는 데이터를 얻기 위해' 왜 데이터 처리가 필요한지부터 알아보자.

## 1 ·············· 신뢰성 확보를 위한 도구

학교 수업이나 교재에서 사용하는 예제 데이터 대부분은 정확하다. 이 때문에 학생들은 '원천 데이터에는 문제가 없다'라는 잘못된 믿음을 가지기 쉽다. 하지만 데이터 과학자가 실무에서 접하는 데이터는 많은 오류와 결측을 가지고 있다. 잘못된 데이터로 얻은 분석 결과의 책임은 데이터 과학자에게 있기 때문에 데이터 분석의 시작은 데이터 검증이어야 한다.

## 1 | 쓰레기는 쓰레기를 만든다

컴퓨터 과학에는 'GIGO'라는 말이 있다. '쓰레기를 입력하면, 쓰레기를 출력한다 Garbage In Garbage Out'는 의미이다. 이 말은 데이터 과학에도 그대로 적용된다. 근본이 되는 데이터에 문제가 있으면, 아무리 뛰어난 분석 방법론을 사용해도 잘못된 결과를 도출할 수밖에 없기 때문이다. 따라서 데이터는 정확해야 하며, 적어도 분석 결과의 근간을 흔드는 치명적인 오류는 없어야 한다.

## 2 | 세상에 완벽한 데이터는 없다

모든 데이터는 틀릴 수 있다. 오랜 역사를 가진 시중 은행은 데이터 관리에 많은 시간과 비용을 투자했다. 이런 이유로 금융 데이터는 다른 산업에 비해, 대체로 데이터가 정확하다. 하지만 이런 금융 데이터에서도 종종 오류가 발견된다. 예를 들면, 테스트용 데이터가 저장되어 있는 경우, 서버 장애로 데이터가 기록되지 않은 경우, 더 이상 사용하지 않아 버려진 경우 등의 수많은 오류가 발견된다. 즉, 아무리 관리가 잘되고 있는 데이터라도 항상 검증은 필요하다.

## 3 | 데이터 처리, 검증과 이해를 위한 도구

데이터 처리 기술은 데이터를 검증하고, 이해하는 데에 유용하다. 먼저 처리 방법으로 정확도를 높일 수 있으며, 오류가 있는 변수를 없애거나 바꿀 수 있다. 또한 오류를 확인하는 용도로도 쓰인다. 예를 들어 연도별로 관측된 개수나 수집 기간만 확인해도 많은 오류를 미리 잡을 수 있다. 이때 사용하는 기술이 바로 '집계'이다. 집계는 데이터를 어떤 기준으로 요약하는 것인지를 말한다. 한편 데이터 이해에도 처리는 쓰인다. 데이터를 올바르게 이해하기 위해서는 대상은 얼마나 되는지, 범주형 변수는 어떤 값을 가지는지, 수치형 변수는 시간에 따라 어떻게 변하는지 등을 다양한 관점으로 살펴봐야 한다. 흔히 말하는 이러한 탐색적 분석 과정에서 데이터 과학자는 데이터가 주기를 가지고 증가 및 감소하는지, 특정 변수에 따라 크게 변하는지 등을 파악할 수 있기 때문이다.

## 2 ................................... 큰 데이터를 다루기 위한 도구

예제 데이터와 실제 데이터의 차이는 '돌탑 쌓기 vs 피라미드 짓기' 정도로 이해하면 좋다. 돌탑을 쌓기 위해서는 맨손만으로 충분히 가능하며, 중장비를 동원하는 경우는 드물다. 하지만 피라미드를 맨손으로 짓는다면 어떨까? 육중한 돌덩이 하나를 옮기는 것조차도 버거울 것이다. 우리가 데이터 처리를 배워야 하는 이유도 여기에 있다. 데이터 가공과 처리를 위한 과정이 피라미드를 짓기 위해 중장비를 사용하는 것과 비슷하기 때문이다.

### 1 | 데이터가 너무 커서, 노가다로는 어림없다

수업에서 활용하는 예제 데이터는 대체로 크기가 작다. 대부분 데이터 분석 방법론을 배우는 게 목적이기 때문이다. 그렇기 때문에 데이터에는 별다른 오류도 없고, 처리 또한 필요 없는 경우가 많다. 만약 처리가 필요하다고 해도 그 크기가 워낙 작아서 '엑셀 노가다'로 처리할 수 있다. 하지만 현실은 이와 다르다. 학교에서는 돌탑 쌓기를 가르치지만, 산업 현장에서는 피라미드를 지으라고 한다. 데이터 분석을 배운 학생은 분명 '방법'을 알고 있다. 하지만 큰 데이터를 직접 다뤄본 경험은 없기에 데이터를 처리하는 과정에서 막막하기 그지없는 상황을 마주하게 된다. 즉 머리로는 알지만, 만들 수 없는 상황에 직면하게 되는 것이다.

## 2 | 큰 데이터를 다루기 위한 도구

흔히 빅데이터를 '원유'에 빗대어 말한다. 빅데이터와 원유는 많이 닮아 있다. 처음 실무에 뛰어들어 큰 데이터를 접하면 데이터의 크기에 압도당한다. 수업에서 활용하던 예제 데이터와는 너무나도 많은 차이가 있기 때문이다. 그리고 이때 신출내기 데이터 과학자는 '모든' 데이터를 활용하여 이를 해결하려고 한다. 하지만 이 방법은 좋지 않다. 빅데이터는 '줄이기'가 중요하기 때문이다. 이 점도 원유와 같다. 원유는 있는 그대로는 불이 붙지 않고, 쓰임도 없다. 하지만 처리 과정을 거치면 가스, 휘발유, 등유 등의 상품이 된다. 데이터도 그렇다. 목적에 맞는 '추출' 과정이 없다면 당장은 쓸모가 없지만, 처리 과정을 거치면 상품성 있는 데이터가 된다. 재미있는 점은 큰 데이터도 정제하면 작아진다는 사실이다. 그 때문에 어느 정도 처리된 데이터는 엑셀같이 자유도가 높은 도구로 옮겨 사용할 수 있다.

## 3 ·································· 이 정도면 훌륭한 분석 도구

데이터 가공과 처리만 알아도 충분히 훌륭한 데이터 분석을 할 수 있다. 문제 해결을 위해 꼭 화려한 기술이 필요한 건 아니다. 오히려 집계, 정렬, 추출 같은 간단한 처리 방법에서 더 설득력 있고, 현실적인 분석 결과가 만들어진다. 핵심은 '데이터를 배우는 일'이다. 데이터의 소리를 정확히 듣고, 목적에 맞는 스토리를 찾는 것이 훨씬 중요하다. 데이터 처리는 이 모든 일을 하는 데에 충분한 기술이다.

### 1 | 화려하지 않아도 충분한 분석

데이터 처리를 배우면, 화려하지 않아도 충분한 분석이 가능하다. 간혹 '데이터 과학 = 모델링'이라고 생각하는 경우가 있다. 아무래도 모델링은 어렵고, 현란해 보이기 때문이다. 하지만 데이터 과학은 문제 해결을 위한 도구이다. 모델링이 필요한 경우가 아니라면, 굳이 어려운 방법을 사용하지 않는 것이 좋다. 데이터 처리 기술을 배우면 집계, 정렬, 추출 등을 할 수 있게 된다. 이 세 가지 기술만 잘 활용해도 충분히 훌륭한 분석이 가능하다.

## 2 | 집계, 정렬, 추출만으로 가능하다

집계, 정렬, 추출은 훌륭한 데이터 분석 방법이다. '시간에 따른 매출 변화'와 같은 시계열 분석은 집계에서 시작한다. 년, 월, 일 등 원하는 기준으로 매출이나 방문자 수 등을 집계하면, 집계 결과에서 추세와 주기, 경향을 발견할 수 있다. 정렬도 좋은 도구이다. 정렬은 데이터 오류를 찾는 데에도 유용하지만, 어떤 제품이 많이 팔리는지, 어떤 고객이 많이 구매하는지 같은 유용한 정보를 알려준다. 여기에 추출 기술이 더해지면, 대상을 한정해 분석할 수 있다. 이처럼 이 세 가지 기술만으로도 충분히 훌륭한 분석이 가능하다.

## 3 | 데이터에서 배우기

훌륭한 데이터 과학자는 데이터 처리 기술만으로도 많은 인사이트를 도출해 낸다. 데이터 처리 기술은 데이터를 다각도로 살펴보기에 유용하며, 다양한 대상을 다양한 기준으로 살펴볼 수 있게 한다. 예를 들어 손해율이 급격히 증가하는 보험 상품을 발견할 수도 있고, 고객이 가입하다 많이 이탈하는 지점을 발견할 수도 있다. 이처럼 큰 그림부터 세부적인 부분까지 데이터를 살펴보기 위해서는 데이터 처리 기술이 꼭 필요하다. 데이터에서 발견한 시사점들은 하나의 스토리가 된다. 훌륭한 데이터 과학자는 데이터가 말하는 이야기를 듣고, 비즈니스에 도움이 되는 스토리를 뽑아낼 수 있는 사람이다.

데이터 처리 방법을 본격적으로 배우기 전에 먼저 활용할 데이터부터 살펴보자. 실습 데이터는 쇼핑몰이나 카드사에서 쉽게 볼 수 있는 거래 데이터이다. 또한 실습 데이터는 고객, 상품, 거래 데이터 세 가지로 구성되어 있다. 데이터는 다음 URL(https://url.kr/z3ymen)을 통해 다운받을 수 있다. 이제 각 데이터가 어떤 정보를 갖고 있는지 살펴보자.

## 1 | 고객 데이터

고객 데이터 'EX_TB_CUS_MST.csv'는 고객 정보를 기록한 데이터이다. 예제 데이터는 고객 5,000명에 대한 인적 사항을 담고 있고, 총 5개의 변수를 가지고 있다. 변수에는 고객 구분을 위한 고객 식별 번호와 성별, 지역과 같은 인적 사항 변수가 있다. 이 외에 고객 등급과 같은 실적 정보도 포함되어 있다. 고객 등급은 실적 순으로 VVIP, VIP, BLACK, GOLD, BLUE 등 총 5개의 범주를 가진다. 보통 기업에서 관리하는 고객 정보 데이터도 〈표 3.1〉과 비슷한 구조를 가진다.

표 3.1 | 고객 데이터(파일명: EX_TB_CUS_MST.csv)

| No | 영문 변수명 | 한글 변수명 | 설명 |
| --- | --- | --- | --- |
| 1 | CUST_ID | 고객 식별 번호 | 고객 구분을 위한 식별 번호 |
| 2 | AGE | 나이 | 고객의 나이를 나타냄 |
| 3 | SEX_CD | 성별 코드 | 남성=M, 여성=F로 표현되어 있음 |
| 4 | CTY_NM | 지역명 | 고객의 주소를 전국 17개 시도명으로 가지고 있음(예: 서울, 경기, 울산, 제주 등) |
| 5 | CUST_GRD | 고객 등급 | 고객 실적을 고려해 부여된 등급(참고: VVIP, VIP, BLACK, GOLD, BLUE 5개 등급으로 구성) |

## 2 | 상품 데이터

상품 데이터 'EX_TB_PRD_MST.csv'는 상품 관리를 위한 데이터이다. 이 데이터는 9,405개 상품에 대한 상품 코드, 대분류명, 생산 가격, 판매 가격 등 7가지의 변수를 가지고 있다. 다음에 살펴볼 '거래 데이터'는 상품 코드만을 포함하고 있기 때문에, 거래 데이터에 기록된 상품이 무엇인지 확인하려면, 상품 데이터를 확인해야 한다.

표 3.2 | 상품 데이터(파일명: EX_TB_PRD_MST.csv)

| No | 영문 변수명 | 한글 변수명 | 설명 |
|---|---|---|---|
| 1 | PRD_LCD | 상품 대분류 코드 | 상품을 나누는 가장 큰 단위로 '1', '2', '3', '4', '5'를 가짐 |
| 2 | PRD_MCD | 상품 중분류 코드 | 대분류 코드를 보다 상세하게 나눈 분류 코드 |
| 3 | PRD_SCD | 상품 소분류 코드 | 실제 상품 단위로 부여되는 코드 |
| 4 | PRD_LNM | 상품 대분류명 | 상품 대분류 한글 이름을 나타냄 (유형: 패션/의류, 주방용품, 가전디지털, 문구오피스, 생활용품) |
| 5 | FTR_AMT | 생산 가격 | 생산에 드는 비용 또는 납품 받는 가격 |
| 6 | SAL_AMT | 판매 가격 | 실제 고객에게 판매되고 있는 가격 |
| 7 | MGN_RTO | 마진율 | 판매 가격에서 생산 가격을 뺀 가격을 판매 가격으로 나눈 값 |

## 3 | 거래 데이터

거래 데이터 'EX_TB_TR_HST.csv'는 회사와 고객 간의 거래 이력을 담고 있다. 예제 데이터는 2021년 1월 1일~6월 31일까지 총 5,000명의 고객이 기간 내 구매한 이력이 저장되어 있으며, 총 338,532건의 거래 기록을 가지고 있다. 또 거래 데이터의 고객 식별 번호는 〈표 3.1〉의 고객 식별 번호와 일치한다. 따라서 고객 식별 번호를 기준으로 두 테이블을 결합할 수 있다. 한편 상품 소분류 코드 역시 〈표 3.2〉의 상품 소분류 코드와 일치한다.

**표 3.3 | 거래 정보 데이터(파일명: EX_TB_TR_HST.csv)**

| No | 영문 변수명 | 한글 변수명 | 설명 |
|---|---|---|---|
| 1 | TR_ID | 거래 식별 번호 | 거래를 식별하기 위한 고유 번호 |
| 2 | CUST_ID | 고객 식별 번호 | 고객 구분을 위한 식별 번호 |
| 3 | TR_DT | 거래 일자 | 거래가 발생한 일자 |
| 4 | PRD_SCD | 상품 소분류 코드 | 고객이 구매한 상품 코드 |
| 5 | BUY_AMT | 구매 금액 | 고객이 구매한 상품의 가격(판매 가격) |

정리하면 예제 데이터는 고객 데이터, 상품 데이터, 거래 데이터 총 세 개이다. 각 데이터는 서로 다른 정보를 담고 있지만, 각각은 고객 식별 번호, 상품 소분류 코드 등을 통해 연결되어 있다. 이제 각 데이터를 SAS ODA 환경으로 불러오는 방법에 대해 알아보자.

# 2

# 데이터 입력과 출력

'데이터 생성'은 데이터 분석과 처리의 시작이다. 데이터를 처리하고, 분석하려면 데이터가 분석 도구 안에 있거나 접근 가능해야 한다. 또한 데이터 분석과 처리를 끝냈다면, 결과 활용을 위해 다시 외부로 반출할 수 있어야 한다. 이번 단원에서는 PC에서 SAS Studio로 데이터를 가져오고, 다시 SAS Studio에서 PC로 데이터를 내보내는 방법을 알아보자.

## 1 ········································· 파일 업로드

PC에 저장된 데이터는 SAS Studio에서 바로 사용할 수 없다. 데이터를 클라우드로 옮기는 작업이 필요하기 때문이다. 또한 데이터가 CSV나 엑셀로 저장되어 있다면, SAS 데이터(.sas7bdat 확장자를 가짐)로 변환이 필요하다. 지금부터 'PC에서 클라우드로 데이터를 가져오는 방법'과 'CSV나 엑셀로 저장된 데이터를 SAS 데이터로 변환하는 방법' 두 가지를 알아보도록 하겠다.

# 1 | PC에서 클라우드로 데이터 가져오기

클라우드로 데이터를 가져오기 전에 먼저 원본 데이터를 보관할 폴더를 만들어야 한다. 데이터 처리 도중 원본 데이터가 손상될 경우, 복구에 어려움을 겪는 경우가 있기 때문이다. 먼저 [파일(홈)] 밑에 'SOURCE'란 이름으로 폴더를 만들어 둔다 (자세한 폴더 생성 방법은 2장 참고).

PC에 저장된 데이터를 클라우드로 가져올 때는 [파일 업로드] 기능을 사용한다. 이 기능은 가져올 데이터의 저장 공간을 선택해 사용할 수 있다.

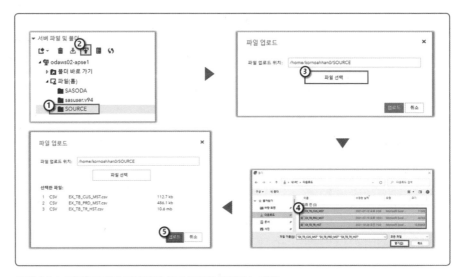

그림 3.1 | PC에 저장된 데이터를 클라우드로 가져오는 방법

❶ [탐색 창]의 [서버 파일 및 폴더] 섹션 아래에 있는 'SOURCE' 폴더 클릭

❷ [서버 파일 및 폴더] 섹션 상단에 위치한 ⬆ 버튼 클릭

❸ [파일 업로드] 창에서 [파일 선택]을 클릭

❹ PC에 파일이 저장된 공간에서 업로드할 파일을 선택한 뒤, [열기] 클릭

❺ [파일 업로드] 창에서 [선택한 파일:]이 정확한지 확인한 뒤, [업로드] 클릭

## 2 | SAS 데이터로 변환하기

SAS Studio에서는 SAS 데이터(확장자: '.sas7bdat')만 처리할 수 있다. 따라서 사용할 데이터가 SAS 데이터가 아닌 경우에는 데이터 변환부터 실시해야 한다. 실습 데이터는 CSV 파일이기 때문에 데이터 변환이 필요하다. 이번에는 CSV 파일을 SAS 데이터 형태로 바꾸는 방법과 라이브러리에 저장하는 방법에 대해 알아본다. 먼저 'EX_TB_CUS_MST.csv' 파일을 변환하는 방법을 살펴보자.

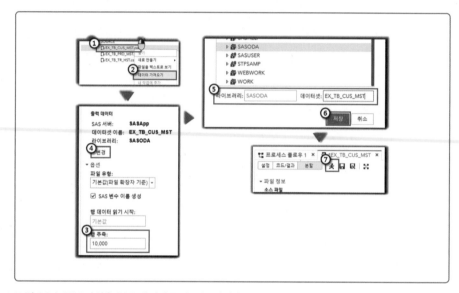

그림 3.2 | CSV 파일을 SAS 데이터로 바꾸는 방법

❶ 'SOURCE'에 위치한 대상 데이터를 마우스 오른쪽 버튼으로 클릭

❷ [데이터 가져오기] 클릭

❸ [옵션]의 [행 추측]을 10,000으로 변경

❹ [파일 정보] 항목의 [변경] 버튼 클릭

> | 참고 | [파일 정보]는 가져올 데이터 선택과 출력 데이터 위치 및 이름을 변경할 수 있음
> 출력 데이터 이름 기본값: 'WORK.IMPORT'

❺ 라이브러리는 'SASODA'로, 데이터 이름은 'EX_TB_CUS_MST'로 변경

❻ [저장] 클릭

❼ 🏃 클릭

**더 알아 보기**

## 행 추측이란?

[데이터 가져오기] 작업은 CSV 파일을 가져올 때, 변수의 길이나 유형을 '행 추측'으로 파악한다. 예를 들어 행 추측이 100인 경우, 처음 100개 데이터를 확인해 변수의 길이와 유형을 정한다. 길이나 유형을 추측해 정하기 때문에, 위험할 수 있지만 대체로 편리하다. 그래서 행 추측에는 데이터 크기와 형태를 고려해 적당히 큰 값으로 할당해야 한다.

## 3 | 결과 확인

작업 결과는 〈그림 3.3〉과 같이 [결과]와 [출력 데이터] 탭에서 확인할 수 있다.

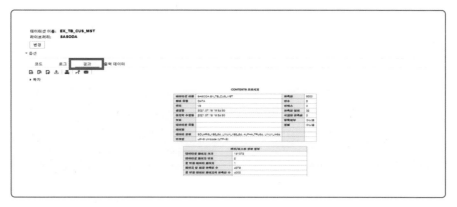

그림 3.3 | 데이터 가져오기 결과

[결과] 탭은 변환 데이터의 정보를 보여준다. 여기에는 데이터 이름, 관측치 개수, 변수 개수, 생성 일자 등이 있다. 이런 정보를 '메타 정보'라고 한다.

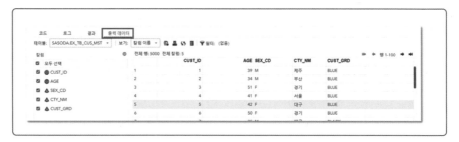

그림 3.4 | 출력 데이터

실물 데이터는 [출력 데이터] 탭에서 확인한다. 이 탭에서도 변수 유형과 이름, 데이터 개수(전체 행), 변수 개수(전체 칼럼) 등을 확인할 수 있다. 간혹 인코딩이나 변수 크기 문제로 변환 도중 데이터가 깨지는 경우가 있다. 따라서 데이터를 변환한 다음에는 눈으로 직접 확인하는 것이 좋다.

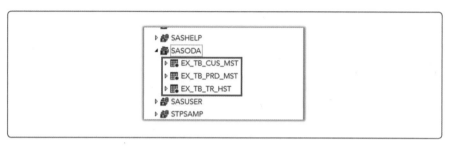

그림 3.5 | 생성 데이터 결과

남은 두 예제 데이터 EX_TB_PRD_MST, EX_TB_TR_HST도 같은 방법으로 변환을 수행한다. 그러면 〈그림 3.5〉와 같이 SASODA 라이브러리에 예제 데이터 3개가 생기게 된다.

## 2 데이터 확인하기

파일 업로드와 데이터 변환으로 데이터는 환경(PC → 클라우드)과 유형(CSV → sas7bdat)이 변경되었다. 이 과정에서 인코딩이나 변수 크기 오류로 데이터가 깨질 수 있다. [테이블 특성 리스트]와 [데이터 리스트] 작업은 데이터 확인에 유용하다. 이 두 작업을 통해 데이터를 확인하는 방법을 알아보자.

### 1 | 메타 정보 확인하기

[테이블 특성 리스트]는 생성 일자, 위치, 관측치 개수, 변수 리스트 등의 메타 정

보를 리포트로 확인할 때 사용한다. 이 작업은 리포트 출력을 기본으로 한다. 하지만 옵션에서 [출력 데이터셋]을 설정하면 데이터 출력도 가능하다. 참고로 바로 앞에서 살펴본 '파일 업로드' 내용 중, [결과] 탭의 출력 내용은 [테이블 특성 리스트] 작업을 실행한 결과이다.

### ① 데이터 가져오기

작업을 가져오기 전에 먼저, 프로세스 플로우를 만든다. 실습에는 'SASODA.EX_TB_CUS_MST' 데이터를 이용한다.

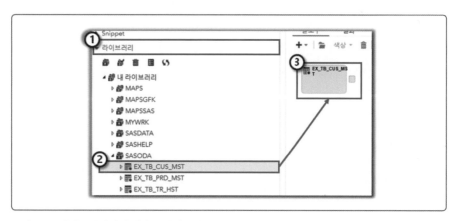

그림 3.6 | 라이브러리에서 데이터 가져오기

- ❶ [탐색 창]의 [라이브러리] 섹션 선택
- ❷ 'SASODA.EX_TB_CUS_MST' 데이터를 선택
- ❸ 데이터를 끌어 플로우로 이동

### ② 작업 가져오기

[테이블 특성 리스트] 작업은 [탐색 영역]의 [작업 및 유틸리티]에 위치해 있다. 이 작업을 플로우로 가져와 데이터와 연결해 보자.

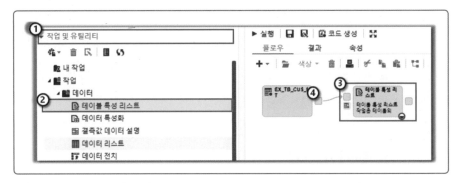

그림 3.7 | 테이블 특성 리스트 작업 가져오기

❶ [작업 및 유틸리티] 섹션 선택

❷ [작업] 밑에 [데이터] 선택

❸ [테이블 특성 리스트] 작업을 선택 후 끌어, 플로우에 위치

❹ 데이터의 컨트롤 포트와 [테이블 특성 리스트]의 컨트롤 포트를 연결

[데이터 특성 리스트]는 아직 옵션을 지정하지 않았기 때문에 ③번과 같이 '옵션 지정 필요' 상태이다. 이제 옵션을 지정하고 실행하는 법을 알아보자. 플로우에서 [테이블 특성 리스트] 작업을 더블 클릭한다.

### ⑧ 옵션 설정

데이터와 작업을 플로우에서 연결하면 [데이터]는 따로 설정하지 않아도 되기 때문에 [옵션] 탭으로 이동한다. 〈그림 3.8〉과 같이 [데이터 특성 리스트] 작업은 옵션에서 [데이터셋 특성], [변수 리스트], [디렉터리 정보], [호스트/엔진 정보], [출력 데이터셋 생성] 등을 설정할 수 있다. 각 옵션에 대해 알아보자.

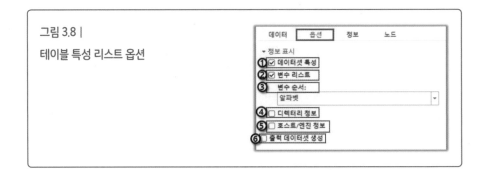

그림 3.8 |
테이블 특성 리스트 옵션

❶ [데이터셋 특성]은 데이터셋의 이름, 유형, 생성일, 수정일과 같은 데이터에 관한 상세 정보를 출력한다. 이 외에도 관측치와 변수 개수 같은 유용한 정보도 있다.

❷ [변수 리스트]는 데이터에 속한 변수의 유형, 길이, 입출력 형식 정보를 출력한다.

❸ [변수 순서:]는 [변수 리스트]의 변수 출력 순서를 변경하고 싶은 경우 사용한다. 기본값은 '알파벳'순이고, 데이터에 저장된 순서대로 출력하려면 '데이터셋 위치'로 변경한다.

❹ [디렉터리 정보] 옵션은 데이터가 저장된 디렉터리에 대한 정보를 출력한다.

❺ [호스트/엔진 정보] 옵션은 데이터가 저장된 위치, 크기, 권한 등을 확인할 때 사용한다.

❻ [출력 데이터셋 생성]은 데이터 특성 리스트를 통해 얻은 정보를 데이터로 저장하고 싶은 경우 사용한다.

옵션은 기본값으로 두고 🏃 버튼을 눌러 실행한다.

## ▣ 결과 확인

[데이터 특성 리스트] 작업은 실행 결과 확인을 위해 [결과] 탭으로 이동한다.

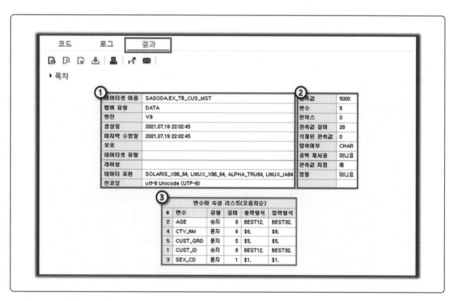

그림 3.9 | 데이터 특성 리스트 작업 실행 결과

❶ 결과에 나타나는 두 표 중, 첫 번째 표는 [데이터셋 특성]이다. [데이터셋 특성]의 왼쪽부터 살펴보면, 데이터셋의 이름부터, 생성일, 수정일과 같은 정보가 있다. 또한 하단에 [인코딩]이 'UTF-8'인 것을 알 수 있다.

❷ 오른쪽 표에는 데이터의 관측값, 변수 개수 등에 대한 정보가 있다. 이 정보를 통해, 데이터가 총 5,000개의 관측값과 5개의 변수를 가진다는 사실을 알 수 있다. 또한 정렬이 되었는지, 압축되어 있는지 등을 확인할 수 있다.

❸ [변수 리스트]를 설정해 얻은 결과이다. 결과를 살펴보면 이 데이터는 AGE, CTY_NM 등의 변수가 포함되어 있다는 것을 알 수 있다. 또한 숫자형 변수 2개와 문자형 변수 3개가 포함되어 있다. SEX_CD 변수는 길이가 1인 것으로 보아 0과 1 같은 한 글자로 성별을 구분한 것으로 보인다.

### 5 작업의 활용

[데이터 특성 리스트] 작업은 실무에서 두 가지 용도로 주로 사용한다. 첫째, 포함된 변수에 대한 크기, 유형, 이름 등과 같은 메타 정보를 얻기 위해 사용한다. 메타 정보를 기록해 두면, 매번 데이터를 열어 확인하지 않아도 되기 때문에 편리하다. 또한 프로젝트 산출물에 메타 정보가 포함되는 경우도 많이 있어, 이 경우 유용하게 쓰인다. 둘째, 저장 공간 관리에도 활용한다. 데이터 크기나 압축 여부 등을 확인할 수 있기 때문이다. 이 외에도 인코딩을 확인할 수 있다. 인코딩이 안 맞아 데이터가 깨진 경우, 인코딩 방법을 변경해 해결할 수 있다.

## 2 | 데이터 확인하기

[데이터 리스트] 작업은 데이터 구조를 눈으로 확인할 때 유용하다. 데이터 작업 결과를 눈으로 확인하지 않으면, 간혹 오류를 놓치게 된다. 그 때문에 데이터를 직접 확인하는 작업은 실무에서 중요하다.

### 1 데이터와 작업 가져오기

[데이터 리스트] 작업의 기능을 알아보기 위해 프로세스 플로우를 만들고, 데이터와 작업을 가져온다.

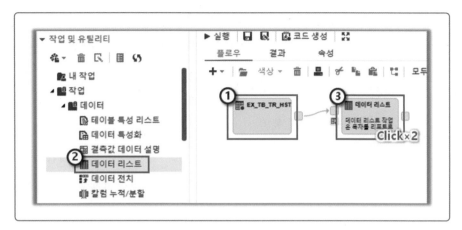

그림 3.10 | 데이터와 작업 가져오기

❶ 'SASODA' 라이브러리에 있는 'EX_TB_TR_HST' 데이터를 플로우로 이동

❷ '[작업 및 유틸리티] 〉 [작업] 〉 [데이터]'에서 [데이터 리스트] 선택 후, 플로우로 이동

❸ 데이터와 작업을 연결 후, [데이터 리스트 작업] 노드를 더블 클릭

## ❷ 데이터와 변수 지정

[데이터 리스트] 작업은 데이터와 작업을 연결한 뒤, 작업 설정으로 들어오면, 데이터가 자동으로 할당되어 있다. 따라서 어떤 변수를 리포트로 보여 줄지만 설정하면 된다.

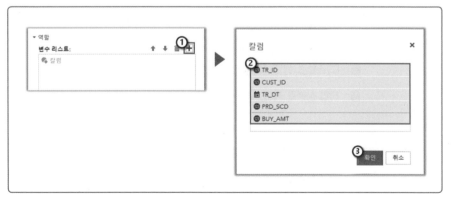

그림 3.11 | 보여 줄 변수 리스트 선택

❶ 변수 리스트 선택을 위해 ➕ 버튼 클릭

❷ [칼럼]에서 모든 변수 선택(여러 변수를 한 번에 선택하는 경우, Shift + 마우스 드래그)

❸ [확인] 클릭

### ③ 옵션 설정과 결과 확인

'EX_TB_TR_HST' 데이터는 30만 건이 넘는 큰 데이터이다. 데이터 형태를 확인하는 경우, 처음 몇 개만 출력해도 충분하다. 따라서 처음 10개만 출력하도록 옵션을 조정한다.

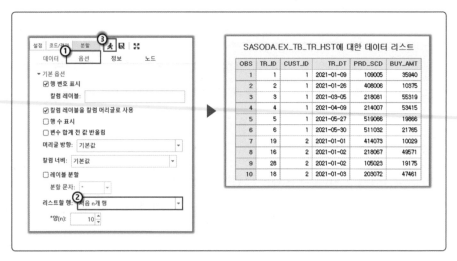

그림 3.12 | [데이터 리스트] 작업 옵션 설정

❶ [데이터] 탭에서 [옵션] 탭으로 이동

❷ [리스트할 행]을 [처음 n개 행]으로 변경

❸ 작업 실행을 위해, 🏃 버튼 클릭

[데이터 리스트] 작업은 [리스트할 행]의 기본값을 [모든 행]으로 한다. 만약 데이터가 1,000건 이상이라면 [리스트할 행]을 [처음 n개 행]으로 변경하는 게 좋다. 결과를 리포트로 출력하는 작업은 출력 내용이 너무 길면, 처리 시간이 과도하게 오래 걸리기 때문이다.

데이터 내보내기는 SAS 데이터를 엑셀이나 CSV와 같은 다른 자료형으로 변환하는 작업이다. SAS ODA는 클라우드에 설치되어 있다. 따라서 PC에 SAS를 설치하지 않았다면, 결과를 가져와도 사용할 수 없다. 그 때문에 PC에서 결과 데이터를 활용하고 싶다면, 먼저 PC에서 사용할 수 있는 파일로 내보내는 작업이 필요하다.

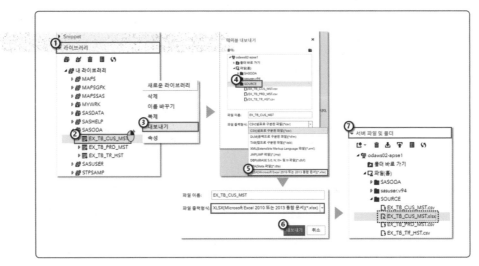

그림 3.13 | SAS 데이터를 다른 자료형으로 내보내기

❶ [라이브러리] 섹션 선택

❷ 다른 파일 유형으로 내보낼 데이터를 마우스 오른쪽 버튼으로 클릭

❸ [내보내기] 선택

❹ [테이블 내보내기]에서 내보낼 데이터의 저장 공간 선택

❺ [파일 출력형식:] 선택(이 경우, XLSX)

❻ [내보내기] 클릭

❼ [서버 파일 및 폴더]로 이동해, 지정한 폴더에 데이터가 있는지 확인

파일 다운로드는 클라우드에 저장된 파일을 PC로 다운받는 작업이다. '데이터 내
보내기'에서 엑셀로 내보낸 SAS 데이터를 PC로 다운로드 받아보자.

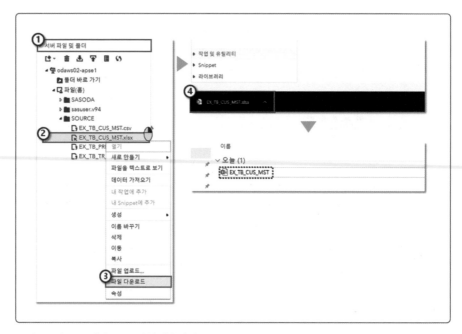

그림 3.14 | SAS에서 PC로 파일 다운받기

❶ [서버 파일 및 폴더] 선택

❷ 내보낼 파일 오른쪽 클릭

❸ [파일 다운로드] 선택

❹ 내 PC의 [다운로드]에서 다운받은 데이터를 확인

# 3

**No Code Data Science**

# 데이터 처리 기본

데이터 처리 기본에서는 데이터 처리에 가장 많이 쓰이는 '질의'에 대해 배운다.
질의는 데이터를 추출, 요약, 정렬하는 등의 쓰임을 가진다.

# 1 ......................................................... 질의

## 1 | 질의란?

질의Query는 데이터베이스에서 유래한 용어이다. 원래 질의는 '질문하다'라는 뜻
을 가지고 있다. 하지만 데이터베이스에서 말하는 질의는 질문을 받는 대상이 사
람이 아닌, 데이터베이스이다. 데이터베이스는 구조적 질의어, 즉 SQLStructured
Query Language을 이용해 데이터를 처리한다. 구조화된 질문을 데이터베이스에 보
내 결과를 받기 때문이다. 따라서 SAS Studio의 [질의]는 사용자 설정에 기초해,
SQL 코드를 만들어주는 기능을 한다.

## 2 | 데이터베이스와 데이터 과학

질의는 데이터베이스를 기반으로 만든 SQL에 기초해 만들어졌다. 따라서 데이터베이스 용어가 데이터 과학 용어를 대신하는 경우가 많다. 데이터베이스와 데이터 과학 용어를 비교하면 〈표 3.4〉와 같다. 실습이나 이론 설명은 SAS Studio의 기능에서 사용하는 용어를 기준으로 설명한다.

표 3.4 | 데이터베이스와 데이터 과학 용어 비교

| 데이터베이스 | 데이터 과학 |
| --- | --- |
| 로우row | 관측치observation |
| 칼럼column | 변수variable |
| 테이블table | 데이터셋data set |

## 3 | 기능 둘러보기

[질의]는 [작업 및 유틸리티]의 [유틸리티]에 있다. [질의]를 열면 〈그림 3.15〉와 같은 화면이 나타난다. [질의] 화면은 크게 두 가지 영역으로 나뉘어 있다.

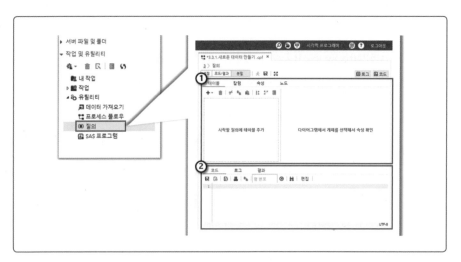

그림 3.15 | 질의 화면 구성

❶ '작업 대상 테이블', '사용할 칼럼', '결과를 저장할 테이블' 등 작업 대상이나 옵션을 선택

❷ 이 영역은 작업 실행 결과를 출력

## ❶ 작업 화면

그림 3.16 | 작업 화면 구성

❶ **테이블:** 작업에 사용할 테이블을 선택하거나 결합할 테이블을 연결할 때 사용

❷ **칼럼:** 작업에 이용할 변수를 지정

❸ **속성:** 결과를 저장할 데이터 이름과 라이브러리를 지정

❹ **노드:** 질의 작업에 프로파일 정보를 입력하고 싶을 때 사용

　|참고| 질의 작업의 목적을 기록하기 때문에, 협업이나 작업이 많은 경우 유용

## ❷ 결과 화면

그림 3.17 | 결과 화면 구성

❶ **코드:** 질의 작업 결과 코드를 출력

　|참고| 코드를 복사해 다른 목적으로 활용할 수도 있음

❷ **로그:** 작업 실행 시 실행 시간, 오류, 주의 등 작업 실행 상태 등 로그 정보를 출력

❸ **결과:** 그래픽 출력 결과를 보여주기 위한 탭

　|참고| 테이블 출력 결과는 [출력 데이터] 탭에서 확인

## 1 | 질의 출력이란?

질의 출력은 테이블을 읽어 테이블, 리포트, 보기로 출력하는 기능이다. 각각의
특징은 〈표 3.5〉와 같다. 먼저 테이블은 가장 흔히 쓰이는 출력 방법이다. 이 방
법은 테이블을 만들어 실제로 저장한다. 그다음 리포트는 주로 테이블 검증이나
테이블 중 일부만 보고 싶은 경우 사용한다. 마지막 보기는 저장 공간이 부족할
때 유용한 방법이다.

표 3.5 | 데이터 출력 유형

| No | 출력 유형 | 특징 |
|---|---|---|
| 1 | 테이블 | 작업 결과를 테이블로 저장 |
| 2 | 리포트 | 작업 결과를 리포트로 출력(주의: 데이터가 큰 경우, 매우 오래 걸릴 수 있음) |
| 3 | 보기Ⅴiew | 데이터가 아닌, 작업 코드를 저장(뷰 테이블을 열 때마다, 코드를 실행해 보여줌) |

## 2 | 실습

실습에서는 'SASODA.EX_TB_CUS_MST' 테이블을 읽어, 'SASODA.EX_TB_CUS_
MST_TSK'로 저장해 보자.

### 1 질의와 테이블 가져오기

[질의]는 [작업 및 유틸리티] 밑에 [유틸리티]에 포함되어 있다. 먼저 [질의]를 플로
우로 가져오자.

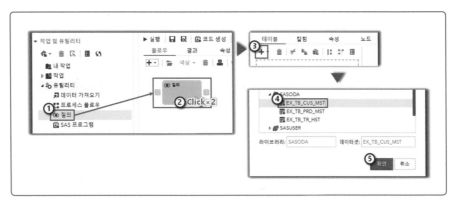

그림 3.18 | 질의와 테이블 가져오기

❶ [작업 및 유틸리티] 밑에 [유틸리티]에서 [질의]를 선택 후, 플로우로 이동

❷ 질의 노드 더블 클릭

❸ + 버튼 클릭

❹ SASODA 라이브러리에 있는 'EX_TB_CUS_MST' 데이터 선택

❺ [확인] 버튼 클릭

[질의]는 다른 [작업]들과 달리 테이블을 직접 연결할 수 없고, 질의 노드를 더블 클릭해 테이블을 가져오는 것만 가능하다.

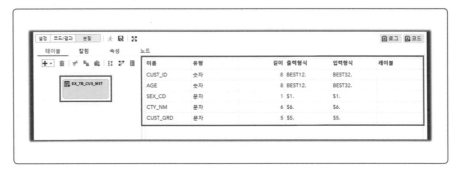

그림 3.19 | 가져온 테이블 확인

테이블 가져오기가 끝나면 〈그림 3.19〉와 같이 [테이블] 탭에 'EX_TB_CUS_MST' 테이블이 나타난다. 가져온 테이블 오른쪽에는 테이블에 포함된 변수 정보가 나타난다.

## ② 칼럼

[칼럼] 탭에서는 새로 만들 테이블에 포함할 칼럼을 선택한다.

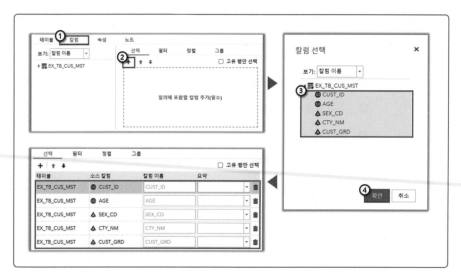

그림 3.20 | 출력 테이블에 포함할 변수 선택

❶ [칼럼] 탭으로 이동

❷ [선택]의 ➕ 버튼 클릭

❸ [칼럼 선택]에서 'EX_TB_CUS_MST'를 확장해, 포함할 변수를 선택(이 경우 모든 변수)

   |참고| 테이블은 테이블 아이콘 앞의 '▷' 버튼을 클릭해 확장할 수 있음

❹ [확인] 버튼 클릭

## ③ 속성

[속성] 탭에서는 불러온 테이블의 저장 위치와 이름, 유형 등을 정할 수 있다. [속성] 탭에서 테이블의 저장 위치를 변경하자.

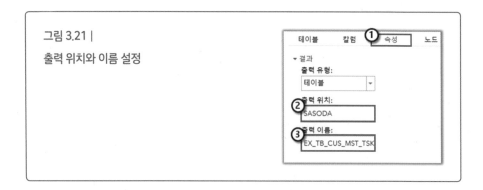

그림 3.21 |
출력 위치와 이름 설정

❶ [칼럼] 탭에서 [속성] 탭으로 이동

❷ [출력 위치:]를 'SASODA'로 변경(기본값: WORK)

❸ [출력 이름:]을 'EX_TB_CUS_MST_TSK'로 변경(기본값: QUERY)

[출력 위치:]는 테이블을 저장할 라이브러리 위치를 의미하고, [출력 이름:]은 저장할 테이블 이름을 의미한다. 만약 이 두 결과 속성을 변경하지 않으면, 'WORK. QUERY'라는 이름으로 테이블을 저장한다. 🏃 버튼을 눌러 작업을 실행해 준다.

## 4 출력 데이터

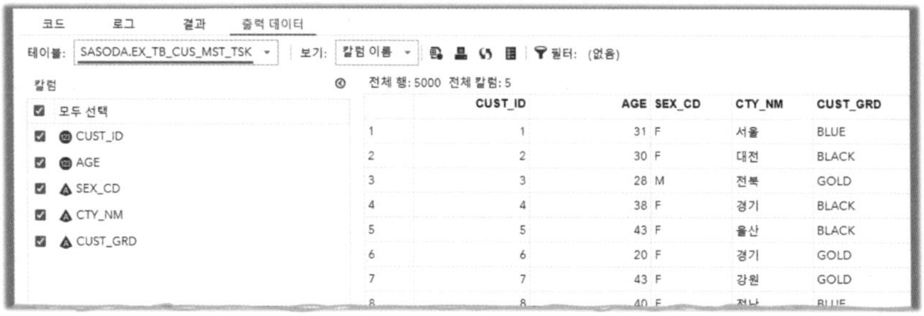

그림 3.22 | 데이터 출력 결과

[질의]를 실행하면, 위와 같이 [출력 데이터] 탭이 새로 생긴다. [출력 데이터] 탭을 클릭하면 〈그림 3.22〉와 같이 데이터 출력 결과를 확인할 수 있다.

## 1 | 칼럼 선택이란?

칼럼 선택column select은 특정 테이블에서 사용할 칼럼만을 추출하는 기능이다. 칼럼 선택은 [칼럼] 탭의 [선택]에서 사용할 수 있다. 또한 결과 테이블의 칼럼 순서와 이름을 바꾸는 방법도 함께 알아보겠다.

## 2 | 실습

칼럼 선택 실습에는 'SASODA.EX_TB_CUS_MST' 테이블을 이용한다. 칼럼은 'CUST_ID', 'AGE', 'SEX_CD' 세 가지를 선택하고, 이름과 순서는 다음과 같이 바꾼다.

- CUST_ID → ID
- SEX _CD → GENDER
- AGE → AG

실습을 위해 우선 새로운 프로세스 플로우를 만들고, 새로운 [질의] 작업에 실습 테이블을 추가한다.

### 1 칼럼 선택

칼럼은 [칼럼] 탭에서 선택할 수 있다. [칼럼] 탭으로 이동해, 'CUST_ID', 'SEX_CD', 'AGE' 칼럼을 선택해 보자.

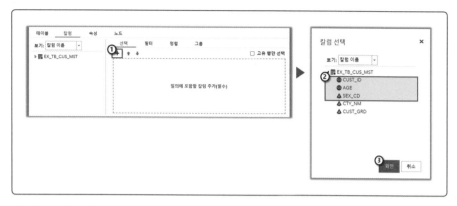

그림3.23 | 칼럼 선택

❶ [선택]에서 ➕ 버튼 클릭

❷ [칼럼 선택] 창에서 테이블을 확장해, 'CUST_ID', 'AGE', 'SEX_CD' 블록 지정 후 선택

❸ [확인] 버튼 클릭

칼럼을 골라서 선택하는 경우, Shift 버튼을 누르고, 원하는 칼럼 이름을 클릭하면 된다.

## ② 칼럼 이름과 순서 변경

[선택]에 포함된 칼럼은 [칼럼 이름] 항목을 이용해, 이름을 바꿀 수 있다. 또한 칼럼을 선택한 뒤, 화살표 버튼을 이용해 출력 테이블의 칼럼 순서를 〈그림 3.24〉와 같이 바꿔줄 수도 있다.

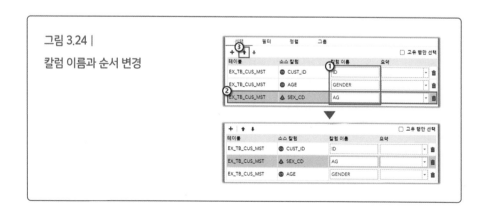

그림 3.24 |
칼럼 이름과 순서 변경

❶  이름을 변경할 [소스 칼럼]의 [칼럼 이름]을 변경

❷  순서를 변경할 칼럼을 선택

❸  ⬆ 버튼을 클릭해, 'SEX_CD' 칼럼을 위로 이동

🏃 버튼을 눌러 [질의]를 실행한다.

## ③ 출력 데이터

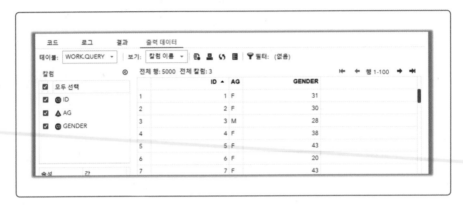

그림 3.25 | 칼럼 선택 결과

[질의] 하단의 결과 창을 살펴보면, 〈그림 3.25〉와 같이 [출력 데이터]가 나타난다.
이를 통해 선택된 칼럼과 칼럼 이름, 순서 모두 정확하게 반영된 걸 알 수 있다.

# 4 ......... 칼럼 필터

## 1 | 칼럼 필터란?

칼럼 필터는 조건에 맞는 관측치를 추출하는 방법이다. 이때 조건은 대상 칼럼, 조건 연산자, 조건을 이용해 만든 조건식으로 표현한다.

### ■ <식> 조건문의 일반 형태

> [대상 칼럼] [조건 연산자] [조건]

예를 들면, '남성 고객을 추출해라'라는 조건은 'SEX = "M"'과 같은 조건식으로 표현할 수 있다. 이 조건식에서 대상 칼럼은 성별을 의미하는 'SEX'가 된다. 그리고 조건 연산자는 같다를 의미하는 '='을 사용하고, 조건에는 남성을 의미하는 'M'이 사용된다. 조건이 문자인 경우, 칼럼 이름과 구별하기 위해 작은 따옴표나 큰 따옴표로 감싸준다.

## 2 | 조건 연산자

[질의]에서 사용할 수 있는 조건 연산자는 〈표 3.6〉과 같이 총 16가지이다. 연산자 중 일부는 조건으로 문자만 사용할 수 있다. 또한 조건 연산자 중 일부는 기능이 같은 연산자도 있다. 그 이유는 SAS 사용자와 SQL 사용자 모두가 불편 없이 [질의] 기능을 사용하도록 하기 위한 배려이다.

**표 3.6 | 조건 연산자**

| No | 조건 연산자 | 기호 | 의미 | 사용 가능 여부 숫자 | 사용 가능 여부 문자 |
|----|-----------|------|------|------|------|
| 1 | Equals | = | 같다 | O | O |
| 2 | Not Equals | ≠ | 같지 않다 | O | O |
| 3 | Less Than | < | 작다 | O | O |
| 4 | Greater Then | > | 크다 | O | O |
| 5 | Less Than or Equal | ≤ | 작거나 같다 | O | O |
| 6 | Greater Than or Equal | ≥ | 크거나 같다 | O | O |
| 7 | Is Missing | =. | 관측값 없음 | O | O |
| 8 | Is Not Missing | ≠. | 관측값 있음 | O | O |
| 9 | In a List | ∈ | ~에 속한다 | O | O |
| 10 | Not In a List | ∉ | ~에 속하지 않는다 | O | O |
| 11 | Between | [a, b] | a와 b 사이의 값 | O | O |
| 12 | Not Between | not [a, b] | a와 b 사이 제외 | O | O |
| 13 | Like | | 같다(문자 한정)* | | O |
| 14 | No Like | | Like 조건의 반대 | | O |
| 15 | Contains | | 지정한 문자를 포함 | | O |
| 16 | Not Contains | | 지정한 문자를 포함하지 않음 | | O |

*Like는 키워드 '%', '_'를 이용해, 특정 문자를 포함했는지를 조건으로 줄 수 있음

## 3 | 조건이 여러 개인 경우

칼럼에 대한 조건은 여러 개일 수 있다. 예를 들면, '서울에 거주하는 10대'라는 조건은 '거주지 = "서울"'이란 조건과 '연령대 = "10대"'라는 두 가지 조건을 동시에 만족해야 한다. 이와 같이 조건문 간의 관계 결정을 위해서는 '논리 연산자'를 사용한다. 논리 연산자는 조건을 살펴 '참', '거짓' 두 가지 결론만 내리는 연산자이다. [질의]는 'AND'와 'OR' 두 논리 연산자를 지원한다.

**표 3.7 | 조건문을 연결하는 논리 연산자**

| 논리 연산자 | 설명 |
| --- | --- |
| AND | 두 조건이 모두 만족하는 대상만 추출<br>예) SEX = 'M' AND AGE > 19(성인 남성) |
| OR | 두 조건 중 하나만 만족해도 추출<br>예) SEX = 'M' OR AGE > 19(성인 이거나 남성인 사람) |

두 연산자 'AND'와 'OR'은 한국어로 '그리고'와 '또는'으로 해석한다. 조건문을 연결할 때, 'AND'와 'OR'이 헷갈린다면 한국어로 바꿔 조건문을 연결하는 것도 좋은 방법이다.

## 4 | 실습

실습에서는 'SASODA.EX_TB_CUS_MST' 테이블에서 다음 두 가지 조건을 '동시'에 만족하는 대상을 추출한다.

- 연령이 19세 초과 → AGE > 19
- 성별은 남성 → SEX_CD = 'M'

실습을 위해 [질의]를 새로 만들어, 실습 테이블을 가져온다. 그리고 [칼럼] 탭의 [선택]에는 모든 변수를 넣는다. 그다음 칼럼 필터에 사용할 칼럼을 [필터]에서 선택한다. 이후 각 칼럼에 조건 연산자와 조건을 설정한 뒤, 각 조건문의 관계를 논리 연산자로 결정한다.

## 1 대상 칼럼 선택

칼럼 필터를 실행하려면 먼저, 대상 칼럼을 선택해야 한다. [질의]에서는 [칼럼]
탭의 [필터]에서 대상 칼럼을 선택할 수 있다. 조건문에 포함된 두 칼럼 'AGE'와
'SEX_CD'를 선택하자.

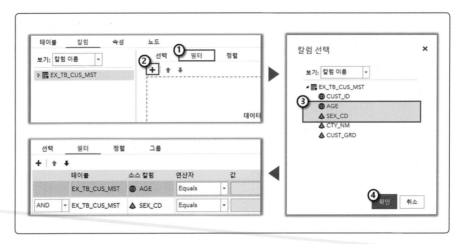

그림 3.26 | 대상 칼럼 선택

❶ [필터] 탭으로 이동

❷ + 버튼 클릭

❸ [칼럼 선택]에서 'EX_TB_CUS_MST' 테이블을 확장해, 'AGE'와 'SEX_CD' 선택

❹ [확인] 버튼 클릭


## 2 조건문 설정

조건문 설정에서는 조건문을 만들기 위한 연산자와 값을 정한다. 그리고 조건문
이 두 개 이상이라면 논리 연산자를 이용해 두 조건문을 연결한다. 조건문 'AGE
> 19 AND SEX_CD = "M"'를 구성해 보자.

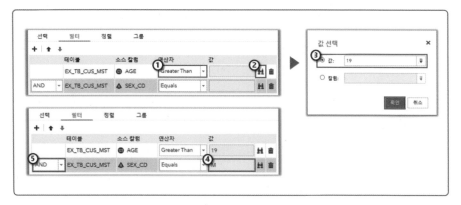

그림 3.27 | 조건문 설정 방법

❶ [연산자]에서 ⌄ 버튼을 클릭해, 'Greater Than'을 선택

❷ 값 선택을 위해, ⊞ 버튼 클릭

❸ [값 선택] 창에서 [값:]을 '19'로 입력하고, [확인] 클릭

❹ ③번과 같은 방법으로 'SEX_CD' 변수의 [값] 항목에 'M' 입력

❺ 두 조건문을 모두 만족해야 하기 때문에 'AND' 선택

🏃 버튼을 눌러 [질의]를 실행한다.

### 3 출력 데이터

그림 3.28 | 칼럼 필터 결과

〈그림 3.28〉의 [전체 행:]을 살펴보면 총 1,538건인 걸 알 수 있다. 기존 5,000건에서 약 3,500건 정도가 줄어든 것이다. 칼럼 필터 기능은 실무에서 자주 사용하는 기능이다.

# 5 ......................................................... 칼럼 요약

## 1 | 요약이란?

칼럼 요약summary은 칼럼 값을 요약하는 작업을 말한다. 예를 들어, 고객 5,000명의 평균 나이를 구하면, 나이 정보 5,000건을 하나로 요약할 수 있다. 이런 작업을 집계aggregation라고도 한다. 이처럼 요약은 모든 값을 값 하나로 요약할 수 있다. 또한 기준 칼럼을 두고, 각 그룹별로 집계할 수도 있다.

## 2 | 요약 함수의 유형

칼럼을 요약하려면 요약 방법을 정해야 한다. 칼럼 하나도 '개수', '최대', '최소', '평균' 등 다양한 방법으로 요약할 수 있기 때문이다. 이와 같이 요약을 위한 함수를 요약 함수라고 한다. [질의]에서 지원하는 함수는 총 20가지이다. 하지만 모든 요약 함수를 알 필요는 없다. 그래서 이 중 자주 사용하는 11가지 함수를 〈표 3.8〉에 정리해 두었다. 11가지 요약 함수 중에서도 특히 1~7번은 자주 사용하기 때문에 기억해 두는 것이 좋다.

**표 3.8 | 요약 함수의 종류와 특징**

| No | 집계 함수 | 설명(집계 대상 변수가 가진 값의~) | 변수 유형 숫자 | 변수 유형 문자 |
|---|---|---|---|---|
| 1 | AVG | 평균(예: 1, 5, 3, 3, 4, 2인 경우, 평균은 6) | O | |
| 2 | COUNT | 개수 | O | O |
| 3 | MAX | 가장 큰 값을 반환(최댓값) | O | O |
| 4 | MIN | 가장 작은 값을 반환(최솟값) | O | O |
| 5 | 합계(SUM) | 합계를 반환 | O | |
| 6 | NMISS | 결측치 개수를 반환 | O | O |
| 7 | COUNT DISTINCT | 중복을 제외한 개수를 구함<br>예) A, B, C, D, A, B 인 경우, 4 | O | O |
| 8 | RANGE | 범위를 구함(최댓값 - 최솟값)<br>예) 1, 4, 6, 9, 0 인 경우, 9 | O | |
| 9 | VAR | 분산을 구함 | O | |
| 10 | STD | 표준 편차를 구함 | O | |
| 11 | CV | 변동 계수를 구함 | O | |

\* 참고: 9~11번 함수는 5장에서 자세하게 알아보자.

## 3 | 실습

실습 데이터는 'SASODA.EX_TB_TR_HST' 데이터이다. 이 데이터는 6개월간의 고객 거래 이력을 담고 있으며, 거래 고유 번호 'TR_ID' 단위로 기록되어 있다. 실습을 통해 이 데이터를 〈표 3.9〉와 같이 고객 단위(그룹 변수: CUST_ID)로 요약해 보자.

**표 3.9 | 요약 대상 칼럼과 방법**

| 소스 칼럼 | 요약 함수 | 칼럼 이름 |
|---|---|---|
| TR_DT | MAX | LAST_BUY_DT |
| TR_ID | COUNT | TOT_BUY_CNT |
| BUY_AMT | 합계 | TOT_BUY_AMT |

칼럼 요약 결과는 'SASODA.AGG_TB_RFM'이라는 이름의 테이블로 출력한다. 실습을 위해 우선, 새로운 [질의]를 만들어 대상 테이블을 가져온다. 그다음 [칼럼] 탭의 [선택]에 있는 'CUST_ID', 'TR_DT', 'TR_ID', 'BUY_AMT'를 가져온다.

### ■ 요약 칼럼과 함수 선택

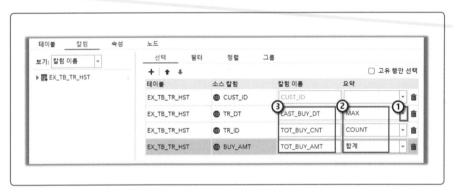

그림 3.29 | 요약 칼럼과 방법 선택

❶ 먼저 'TR_DT'의 [요약]에서 ⋅ 버튼을 클릭해, 요약 함수 'MAX'를 선택

❷ 'TR_DT'와 같은 방법으로, 'TR_ID', 'BUY_AMT' 역시 각각 요약 함수 'COUNT', '합계'를 선택

❸ [칼럼 이름] 항목에서 요약된 칼럼 이름을 지정

요약한 칼럼은 보통 이름을 바꾼다. 왜냐하면 요약으로 칼럼이 가진 의미가 바뀌기 때문이다. 예를 들어 'TR_DT' 칼럼은 원래 '거래가 발생한 일자'를 의미한다.

하지만 'MAX' 함수로 요약하면, '가장 최근에 구매한 일자'가 된다. 두 칼럼은 확실히 다른 의미인 것을 알 수 있다.

### ② 그룹 변수 선택

[그룹]은 집계 기준이 되는 칼럼을 말한다. 예를 들어, 지역별 평균 소득을 집계한다면, 지역 칼럼이 그룹이 된다. 실습에서는 고객을 기준으로 요약한다.

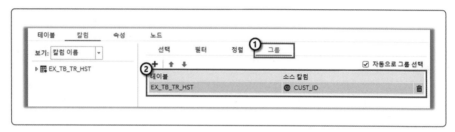

그림 3.30 | 그룹 변수 선택

❶ [그룹] 탭으로 이동
❷ [소스 칼럼]에 'CUST_ID'가 포함되어 있는지 확인

그룹 변수를 선택하기 위해서는 먼저 [그룹] 탭으로 이동하여 [소스 칼럼]에 'CUST_ID'가 포함되어 있는지 확인한다. 이후 [속성] 탭으로 이동해, [출력 위치:]는 'SASODA'로, [출력 이름:]은 'AGG_TB_RFM'으로 변경한다. 마지막으로 🏃 버튼을 눌러 [질의]를 실행한다.

### ③ 출력 데이터

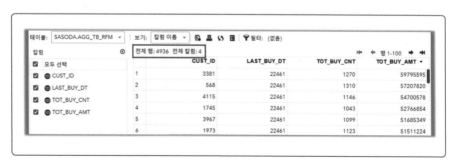

그림 3.31 | 칼럼 요약 결과 출력 데이터

❶ 〈그림 3.31〉의 칼럼 요약 결과를 살펴보자. 고객 단위로 요약한 데이터는 4,936건의 관측치를 가진다. 이때 고객 수가 5,000명에 미치지 못하는 이유는 대상 고객 중 4,936명만 거래가 있었기 때문이다.

❷ 특이한 점은 'LAST_BUY_DT'가 날짜가 아닌, 숫자로 표현됐다는 점이다. SAS는 날짜를 1960년 1월 1일을 0(기준)으로 하루에 1씩 더한 숫자로 관리한다. 22,461은 1960년 1월 1일에서 22,461일이 지났다는 의미이다.

❸ 요약한 세 칼럼은 고객의 최근성recency, 구매 빈도frequency, 구매 규모Monetary Value를 측정하는 데 활용할 수 있다. 보통 이 세 값이 모두 높은 고객을 충성도가 높은 고객이라고 평가한다.

# 6 칼럼 정렬

## 1 | 칼럼 정렬이란?

정렬sorting은 데이터를 순서대로 나열하는 방법이다. 다만 순서를 정하려면 어떤 칼럼을 기준으로 할지 정해야 한다. 이때 기준 칼럼은 여러 개를 사용할 수도 있다. 또한 기준 칼럼을 정했다면, 칼럼의 값이 큰 것부터 나열할지, 작은 것부터 나열할지도 정해주어야 한다.

## 2 | 정렬 순서

정렬 순서는 오름차순ascending order과 내림차순descending order 두 종류가 있다. 작은 값에서 큰 값으로 나열하는 방법을 '오름차순'이라 하고, 큰 값에서 작은 값으로 나열하는 방법을 '내림차순'이라고 한다.

**표 3.10 | 정렬 순서와 특징**

| 정렬 순서 | 설명 | 데이터(3, 9, 1, 4, 5) 정렬 결과 |
|---|---|---|
| 오름차순Ascending order | 작은 값에서 큰 값으로 나열 | 1, 3, 4, 5, 9 |
| 내림차순Descending order | 큰 값에서 작은 값으로 나열 | 9, 5, 4, 3, 1 |

## 3 | 실습

실습 데이터는 '칼럼 요약'에서 만든 'AGG_TB_RFM' 데이터를 이용한다. 정렬 기준 칼럼은 '총 구매 금액', '총 구매 빈도', '최근 구매 일자'이다. 이 세 칼럼을 내림차순으로 정렬하자.

**표 3.11 | 정렬 기준 칼럼 우선 순위와 방법**

| 우선 순위 | 정렬 기준 칼럼 | 정렬 방법 |
|---|---|---|
| 1 | TOT_BUY_AMT | 내림차순 |
| 2 | TOT_BUY_CNT | 내림차순 |
| 3 | LAST_BUY_DT | 내림차순 |

먼저 실습을 위해 새로운 [질의] 작업을 만들고, 정렬 대상 테이블을 'SASODA. AGG_TB_RFM' [질의]로 가져온다. 그다음 [칼럼] 탭의 [선택]에서 활용할 칼럼(전체)을 지정한다.

## ▋ 칼럼 정렬 설정

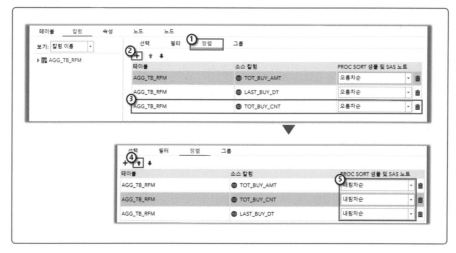

그림 3.32 │ 칼럼 정렬 설정

❶ [선택] 탭에서 [정렬] 탭으로 이동

❷ ➕ 버튼 클릭 후, 정렬할 변수 'TOT_BUY_AMT', 'LAST_BUY_DT', 'TOT_BUY_CNT' 선택

❸ 정렬 우선 순위 변경을 위해 'TOT_BUY_CNT' 선택

❹ ⬆ 버튼을 클릭해, 'TOT_BUY_CNT'의 우선 순위를 두 번째로 변경

❺ 모든 정렬 변수의 정렬 순서를 ⌄ 버튼을 눌러, '내림차순'으로 변경

이제 모든 설정이 끝났다. 🏃 버튼을 눌러 [질의]를 실행한다.

## 2 출력 데이터

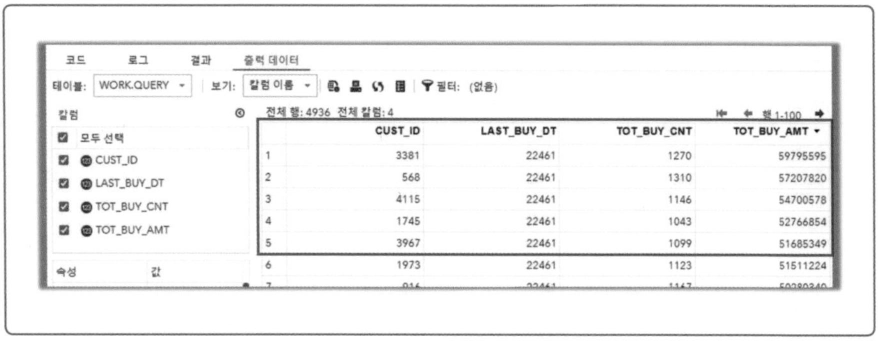


| | CUST_ID | LAST_BUY_DT | TOT_BUY_CNT | TOT_BUY_AMT |
|---|---|---|---|---|
| 1 | 3381 | 22461 | 1270 | 59795595 |
| 2 | 568 | 22461 | 1310 | 57207820 |
| 3 | 4115 | 22461 | 1146 | 54700578 |
| 4 | 1745 | 22461 | 1043 | 52766854 |
| 5 | 3967 | 22461 | 1099 | 51685349 |
| 6 | 1973 | 22461 | 1123 | 51511224 |

그림 3.33 | 정렬 결과 출력 데이터

정렬 결과를 살펴보면, 고객ID가 '3,381'번인 고객의 구매 금액이 가장 높다는 걸 알 수 있다. 또한 구매 빈도나 최근성 역시 상당히 높다는 것을 확인할 수 있다. 이 고객이 지난 6개월간 구매한 금액은 총 59,795,595원이다. 따라서 이 고객은 월평균 1천만 원을 구매하는 중요한 고객이다. 이처럼 실무 데이터 분석에서 정렬은 이상한 거래나 데이터를 찾는 데에 유용하다. 이 외에도 정렬은 데이터 처리 로직이나 값을 검증하는 용도로도 많이 사용한다.

No Code Data Science

# 4

# 데이터 구조 변환

데이터 구조 변환에서는 데이터를 옆으로, 그리고 위아래로 이어 붙이는 방법과 데이터의 행과 열을 바꾸는 전치 방법을 배운다. 이 방법들은 데이터를 구조적으로 크게 바꾸는 기능이다. 그만큼 알아 두면 다양한 정보 영역에 있는 데이터를 결합해, 데이터를 다각도로 살펴볼 수 있다는 장점이 있다.

# 1 ......................................................... 테이블 조인

## 1 | 테이블 조인이란?

테이블 조인join은 테이블을 옆으로 붙이는 방법이다. 테이블을 연결할 때는 연결 고리가 되는 기준 칼럼이 필요하다. 예를 들어 한 테이블에는 인구 통계 정보가 있고, 다른 테이블은 거래 정보가 있는 경우를 생각해 보자. 기준 칼럼을 정하지 않고, 두 테이블을 연결하면 홍길동의 인적 사항에 박민수의 거래 정보가 연결될 수도 있다. 이렇게 연결된 테이블은 분석에 사용할 수 없다. 그래서 기준 칼럼이 필요하다. 기준 칼럼의 값이 같은 두 개체는 서로 같은 개체를 의미한다. 이와 같이 조인의 기준이 되는 칼럼을 조인키join key라고한다.

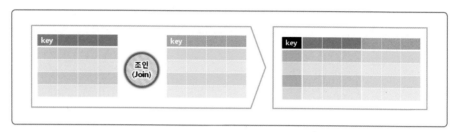

그림 3.34 | 테이블 조인의 원리

## 2 | 조인 유형

자주 사용하는 조인 유형은 '이너 조인', '왼쪽 조인', '오른쪽 조인', '전체 조인' 총 4가지이다. 조인 유형은 어떤 테이블의 조인키를 기준으로 하는가에 따라 정해진다. 예시를 통해 조인의 유형에 대해 자세히 알아보자.

### 1 이너 조인

이너 조인inner join은 조인할 모든 테이블에 포함되어 있는 조인키를 기준으로 조인한다. 만약, 단 한 테이블이라도 해당 조인키 값이 없다면, 이 개체는 조인 대상에서 제외한다. 예를 들어, 〈그림3.35〉와 같이 테이블 A, B를 이너 조인하면, 두 테이블 모두에 포함된 조인키 값 2번과 3번 개체만 결합한다.

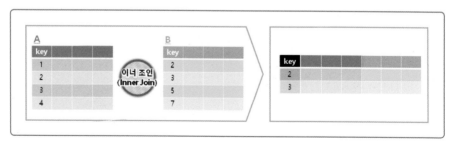

그림 3.35 | 이너 조인의 개념

## ② 왼쪽 조인

왼쪽 조인left join은 왼쪽 테이블의 조인키를 기준으로 조인하는 방법이다. 예를 들어, 〈그림3.36〉과 같이 테이블 A와 B를 왼쪽 조인하면, A 테이블의 조인키 값인 1, 2, 3, 4번을 기준으로 삼는다. 그리고 이때 A 테이블에만 존재하는 조인키 값인 1, 4번 개체의 B 테이블 칼럼은 'NULL' 값으로 처리된다. 참고로 NULL 값은 '값이 없음'을 나타내는 특별한 표시어이다.

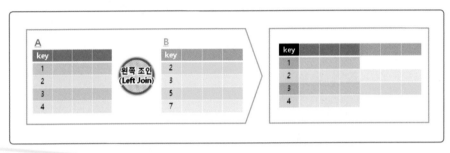

그림 3.36 | 왼쪽 조인의 개념

## ③ 오른쪽 조인

오른쪽 조인right join은 오른쪽에 놓인 테이블의 조인키를 기준으로 조인한다. 〈그림 3.37〉과 같이 테이블A, B를 오른쪽 조인하면, 기준 조인키는 2, 3, 5, 7번이 된다. 그리고 왼쪽에 있는 개체 중 오른쪽 데이터와 키 값이 일치하는 관측치만 결합한다. 보통은 왼쪽 테이블을 기준으로 오른쪽으로 결합하는 것이 더 자연스럽기 때문에, 왼쪽 조인을 더 많이 사용한다.

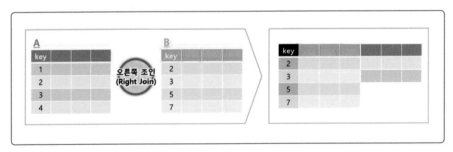

그림 3.37 | 오른쪽 조인의 개념

## 4 전체 조인

전체 조인full join은 두 테이블에 포함된 조인키 값의 합집합을 기준으로 조인한다. 〈그림 3.38〉과 같이 A 테이블은 1, 2, 3, 4번 조인키 값을 가지고, B 테이블은 2, 3, 5, 7을 조인키 값으로 가진다면, 전체 조인의 기준 조인키 값은 1, 2, 3, 4, 5, 7번이 된다.

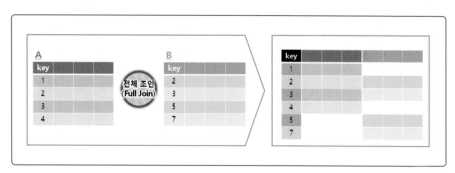

그림 3.38 | 전체 조인의 개념

표 3.12 | 조인 유형 정리

| 조인 유형 | 설명 | 결합 형태 |
| --- | --- | --- |
| 이너 조인inner join | 대상 데이터 모두에 있는 조인키 값을 기준으로 결합 | |
| 왼쪽 조인left join | 왼쪽 데이터를 기준으로 결합 | |
| 오른쪽 조인right join | 오른쪽 데이터를 기준으로 결합 | |
| 전체 조인full join | 두 데이터 중 하나라도 있는 조인키 모두 결합 | |

## 3 | 실습

테이블 조인 실습에서는 고객 거래 정보를 요약한 'SASODA.AGG_TB_RFM' 테이블과 고객의 인구 통계 정보를 담고 있는 'SASODA.EX_TB_CUS_MST' 테이블을 결합한다. 이 두 테이블은 모두 고객 단위 테이블이다. 따라서 조인키는 'CUST_ID'이다. 'SASODA.EX_TB_CUS_MST' 테이블은 모든 대상 고객의 '고객ID' 값을 가지고 있다. 따라서 이 테이블의 키 값을 기준으로 'SASODA.AGG_TB_RFM' 테이블을 결합한다. 조인 결과는 'SASODA.JOIN_TB_CUS_TR_INFO' 테이블로 출력하고, 두 테이블에 있는 모든 변수를 출력 테이블에 포함하자.

- 왼쪽 테이블: SASODA.EX_TB_CUS_MST
- 오른쪽 테이블: SASODA.AGG_TB_RFM
- 조인키: CUST_ID
- 조인 유형: 왼쪽 조인
- 선택 칼럼: 두 테이블의 모든 칼럼

먼저, 실습을 위해 새로운 [질의]를 만든다.

### ▊ 테이블 가져오기

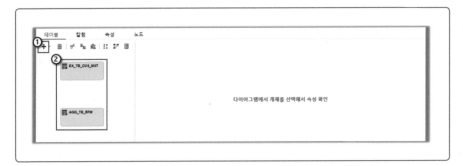

그림 3.39 | 조인 대상 테이블 가져오기

❶ ➕ 버튼 클릭

❷ 'SASODA' 라이브러리에서 조인할 두 테이블 선택


## 2 조인 유형과 조인키 선택

가져온 두 테이블에 'CUST_ID'를 조인키로 결합한다. 기준 테이블은 더 많은 'CUST_ID' 값을 가진 'EX_TB_CUS_MST'로 한다. 조인 방법은 기준 테이블을 왼쪽에 두고 왼쪽 조인으로 한다.

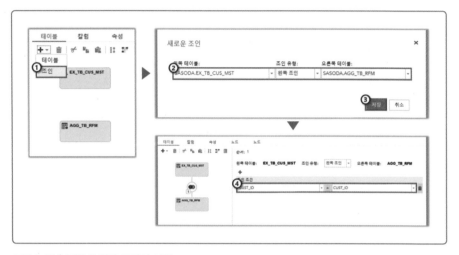

그림 3.40 | 조인 유형과 조인키 선택


❶ ➕ 버튼을 눌러, [조인] 선택

❷ [새로운 조인] 창이 나타나면 [왼쪽 테이블]에는 'EX_TB_CUS_MST'를 지정하고, [조인 유형]은 '왼쪽 조인'을 선택한 뒤, [오른쪽 테이블]에는 'AGG_TB_RFM' 데이터를 지정

❸ [저장] 버튼 클릭

❹ 'CUST_ID'를 조인키로 설정(두 테이블이 공유하고 있는 칼럼은 자동으로 조인키가 됨)


조인 설정이 끝나면 〈그림 3.40〉의 하단과 같이 조인 대상 테이블 사이에 벤 다이어그램Venn Diagram이 생긴다. 그리고 두 테이블은 선으로 연결된다. 이때 조인키를 추가하고 싶다면, [조인 조건] 위에 있는 ➕ 버튼을 이용한다.

## ⬛3 조인 결과 테이블 칼럼 선택

조인의 목적은 두 테이블에 포함된 칼럼을 한 테이블로 합치는 것이다. 두 테이블에 포함된 칼럼 중, 어떤 칼럼을 선택해 출력 테이블에 반영하는지 알아보자.

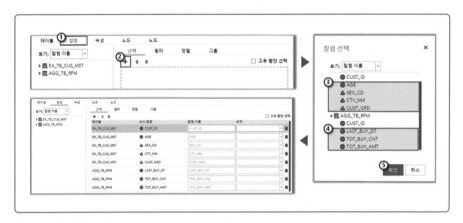

그림 3.41 | 칼럼 선택

❶ [칼럼] 탭으로 이동

❷ [선택]에서 ➕ 버튼을 클릭

❸ [칼럼 선택]에 있는 두 테이블을 확장한 뒤, 첫 번째 테이블의 칼럼을 첫 번째 칼럼부터 순서대로 Shift 키를 누른 상태에서 클릭

❹ 'AGG_TB_RFM'의 칼럼은 Ctrl 키를 누른 상태에서 클릭

　│참고│ 서로 떨어진 여러 칼럼을 동시 선택하는 경우, 'Ctrl + 클릭'을 이용

❺ [확인] 버튼 클릭

## ⬛4 출력 테이블 지정

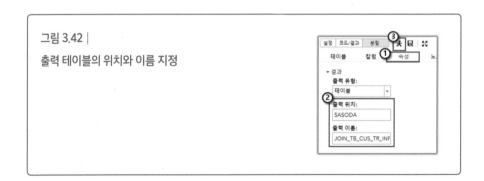

그림 3.42 |
출력 테이블의 위치와 이름 지정

❶ [속성] 탭으로 이동

❷ [출력 위치:]는 'SASODA'를 입력하고, [출력 이름:]은 'JOIN_TB_CUS_TR_INFO'로 입력

❸ 🏃 버튼을 눌러 [작업] 실행

## 5 출력 데이터

그림 3.43 | 조인 결과 출력 데이터

조인 결과 테이블에는 〈그림 3.43〉과 같이 총 5,000명의 고객에 대한 8개의 칼럼 정보가 포함되어 있다. 이 데이터는 고객의 인구 통계 정보와 요약된 거래 정보를 담고 있다. 그렇기 때문에 이 테이블은 연령이나 성별, 지역 등에 따른 구매 패턴 차이 등을 분석할 때 활용할 수 있다.

# 2 ......................................................... 테이블 연결

## 1 | 테이블 연결이란?

테이블 연결은 테이블을 아래로 이어 붙이는 방법이다. 보통 테이블 연결은 기준이 되는 테이블과 연결하는 테이블이 비슷한 칼럼을 가진다. 예를 들면, 시점만

다르고, 유형이 같은 두 테이블을 붙이는 경우가 그렇다. 하지만 연결하는 테이블의 칼럼이 꼭 같아야 하는 건 아니다.

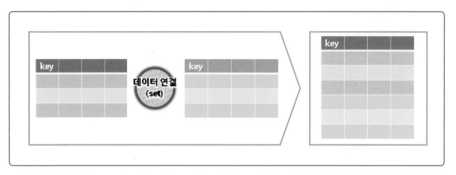

그림 3.44 | 두 테이블의 구성 칼럼이 같은 경우

두 테이블의 구성 칼럼이 같은 경우, 〈그림 3.44〉와 같이 연결된다. 기준 테이블 아래로 연결 테이블을 붙이게 되는 것이다. 참고로 데이터 연결은 SQL의 'UNION ALL'과 같다.

## 2 | 데이터 연결의 특징

테이블 연결은 두 테이블을 선택해 연결한다. 이때, 두 테이블은 첫 번째 선택한 테이블을 기준으로 연결된다. 예를 들어 〈그림 3.45〉와 같이 테이블 A와 B을 연결할 경우, 첫 번째 테이블 A에 B를 이어 붙이게 된다. 연결은 두 테이블에 포함된 모든 칼럼을 포함하는 특징이 있다.

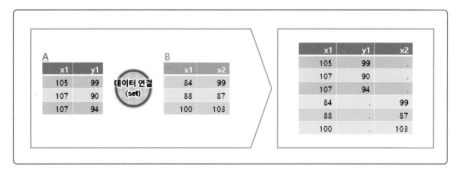

그림 3.45 | 테이블 A를 기준으로 B를 연결하는 경우

테이블 A를 기준으로 연결할 경우, 결과 테이블의 칼럼 순서는 테이블 A에 포함된 칼럼을 우선으로 한다. 그다음 테이블 B에만 있는 칼럼이 결과 테이블에 더해진다.

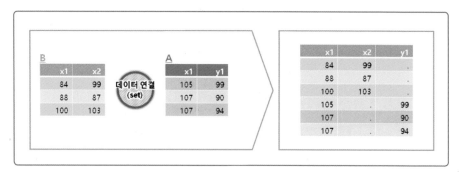

그림 3.46 | 테이블 B를 기준으로 A를 연결하는 경우

반대로 테이블 B가 우선하는 경우, 칼럼 순서는 〈그림 3.46〉과 같이 바뀐다.

## 3 | 실습

실습에서는 전체 고객의 거래 특징과 고객 등급별 특징을 비교해 보겠다. 특징 비교를 위해, 고객 등급과 거래 특징이 포함되어 있는 'SASODA.JOIN_TB_CUS_TR_INFO' 테이블을 이용한다. 실습은 다음과 같은 순서로 진행한다.

- 등급별, 평균 'TOT_BUY_CNT', 'TOT_BUY_AMT'를 구해, 'AGG_GRD_AVG' 테이블로 출력
- 전체, 평균 'TOT_BUY_CNT', 'TOT_BUY_AMT'를 구해, 'AGG_TOT_AVG' 테이블로 출력
- 테이블 'AGG_TOT_AVG', 'AGG_GRD_AVG'를 연결해, 'SASODA.AGG_TB_GRD_CMPR' 테이블로 출력

## **1** 등급별 평균 구매 금액과 빈도 요약

고객 등급 'CUST_GRD'를 기준으로 'TOT_BUY_CNT'와 'TOT_BUY_AMT'를 요약해, 테이블 'AGG_GRD_AVG'로 출력한다. 작업을 위해 새로운 [질의]와 대상 테이블을 가져온다.

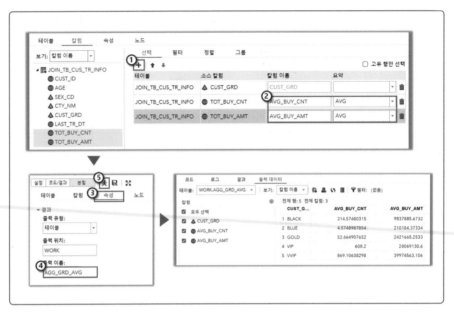

그림 3.47 | 등급별 평균 구매 금액과 빈도 요약 절차

❶ [선택]의 ➕ 버튼을 클릭해, 칼럼 'CUST_GRD', 'TOT_BUY_CNT', 'TOT_BUY_AMT' 선택

❷ 'TOT_BUY_CNT'와 'TOT_BUY_AMT'를 요약 함수 평균 'AVG'를 이용해 요약하고, 각 변수의 요약 결과 변수는 'AVG_BUY_CNT'와 'AVG_BUY_AMT'로 지정

❸ [속성] 탭으로 이동

❹ [결과]의 [출력 이름:]을 'AGG_GRD_AVG'로 변경

❺ 🏃 버튼을 눌러 [작업] 실행

이번 실습에서는 [질의]를 두 번 반복한다. 그다음 이 두 결과를 이용해, 테이블 연결 작업을 수행한다. 따라서 두 [질의] 노드를 구분하기 위해 [노드 속성]에서 〈그림 3.48〉과 같이 [이름:]을 변경해준다.

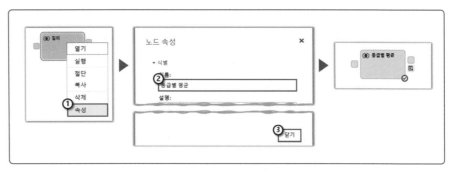

그림 3.48 | 질의 노드 이름 변경

❶ [플로우]에서 실행한 [질의] 노드를 마우스 오른쪽 버튼으로 클릭한 뒤 [속성] 선택

❷ [노드 속성] 창에서 [이름:]을 '등급별 평균'으로 변경

❸ [닫기]를 눌러 변경 사항을 반영

노드 이름을 변경하면, 각 작업을 어떤 목적으로 사용했는지 알아보기 쉬워 편리하다.

## ② 전체 평균 구매 금액과 빈도 요약

플로우에 [질의] 노드를 새로 만들고, [노드 속성]에서 [이름:]을 '전체 평균'으로 변경한다. 그다음 테이블 'JOIN_TB_CUS_TR_INFO'를 질의로 가져온다.

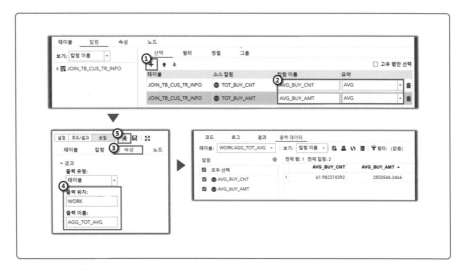

그림 3.49 | 전체 평균 구매 금액과 빈도 요약 절차

❶ 두 변수 'TOT_BUY_CNT'와 'TOT_BUY_AMT'를 [선택] 영역으로 이동

❷ [칼럼 이름]을 각각 'AVG_BUY_CNT', 'AVG_BUY_AMT'로 변경하고, [요약]은 평균 AVG를 선택

❸ [속성] 탭으로 이동

❹ 결과의 [출력 이름]을 'AGG_TOT_AVG'로 변경

❺ ⚇ 버튼을 눌러 [작업] 실행

## ③ 테이블 연결

앞선 작업으로 구매 금액과 구매 빈도에 대한 등급별 평균과 전체 평균을 구했다. 이제 이 두 결과를 [연결] 작업을 이용해 결합해 보자. 두 테이블을 결합하면, 전체 평균과 등급별 평균을 비교할 수 있다. 그리고 이 비교를 통해 각 등급별로 어떤 특징이 있는지 분석할 수도 있다.

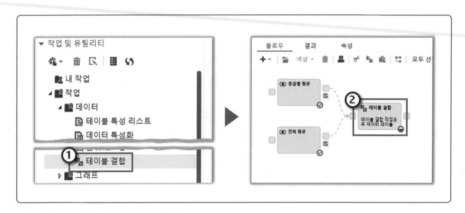

그림 3.50 | 테이블 결합 작업 가져오기

❶ [작업 및 유틸리티]의 [데이터]에서 [테이블 결합] 작업을 플로우로 이동하고, 앞서 수행한 두 데이터 집계 작업과 연결

| 참고 | 데이터 연결은 [테이블 결합] 작업으로 수행

❷ 테이블 결합 노드를 더블 클릭

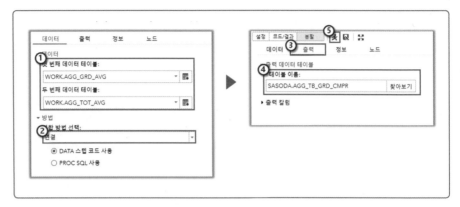

그림 3.51 | 테이블 결합 작업 설정 및 실행

❶ [첫 번째 데이터 테이블]은 'WORK.AGG_GRD_AVG' 데이터를 선택하고, [두 번째 데이터 테이블]은 'WORK.AGG_TOT_AVG'로 설정

❷ [방법]의 [결합 방법 선택:]을 [연결]로 변경

　|참고| 기본값, 일치 병합은 '이너 조인'과 같은 기능이지만, [질의] 조인과 달리 한 번에 두 테이블까지 조인이 가능

❸ [출력] 탭 선택

❹ [출력 데이터 테이블]의 [테이블 이름]을 'SASODA.AGG_TB_GRD_CMPR'로 변경

❺ 🏃 버튼을 눌러 [작업] 실행

　|참고| [출력 칼럼] 옵션을 이용하면, 출력할 변수를 선택할 수 있음


작업 실행이 끝나면 [출력 데이터] 탭으로 결과를 확인할 수 있다. 하지만 이 결과는 소수점이 너무 많아 보기 불편하기 때문에 [데이터 리스트]를 이용해 데이터를 다시 출력해 보겠다.

## 4 데이터 리스트 설정

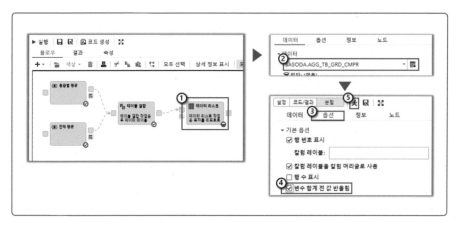

그림 3.52 | 테이블 결합 작업 설정 및 실행

❶ [작업 및 유틸리티]의 [데이터]에 위치한 [데이터 리스트] 작업을 플로우로 가져와 〈그림 3.52〉와 같이 [테이블 결합]과 연결하고, 작업을 더블 클릭

❷ [데이터] 탭의 [데이터]를 'SASODA.AGG_TB_GRD_CMPR'로 지정

❸ [옵션] 탭으로 이동

❹ [변수 합계 전 값 반올림] 체크 박스를 체크

|참고| [변수 합계 전 값 반올림]은 각 변수 값을 소수점 둘째 자리에서 반올림해 출력

❺ 🏃 버튼을 눌러 [작업] 실행


## 5 데이터 리스트 결과

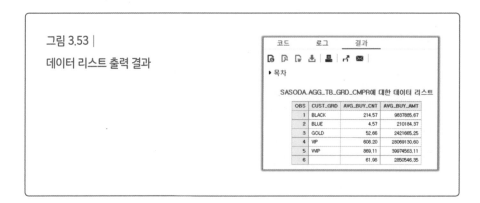

그림 3.53 | 데이터 리스트 출력 결과

결과를 살펴보면 전체 고객의 6개월 누적 평균 구매 횟수는 61.98회인 걸 알 수 있다. 이 값을 이용해 고객 등급별 구매 금액과 빈도를 비교해 보자. VVIP 등급 고객은 평균 869.11회로, 압도적으로 높은 구매 빈도를 나타냈다. 또한 VVIP 등급 고객은 구매 금액도 4억 원에 가까운 것을 알 수 있다. 반면, BLUE 등급 고객은 6개월간 평균 약 4.57회 구매한 고객으로, 평균 구매 금액 역시 21만 원이었다. 이런 등급별 구매 금액 비교는 다양한 방법으로 활용될 수 있다. 각 고객 등급에 따라 마케팅 예산 편성도 가능하며, VVIP 등급 고객에게 리워드를 얼마나 제공할지도 결정할 수 있다.

## 3 데이터 전치

### 1 | 데이터 전치란?

데이터 전치data transpose는 개체와 칼럼의 위치를 바꾸는 작업이다. 전치한 데이터는 〈그림 3.54〉와 같이 행과 열이 바뀐다.

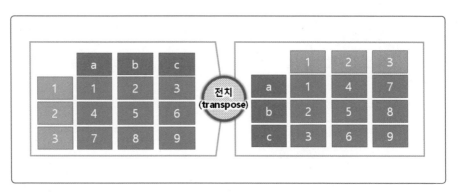

그림 3.54 | 데이터 전치의 개념

## 2 | 전치의 활용

〈그림 3.55〉의 왼쪽 데이터는 고객과 구매 품목을 기준으로 거래 이력을 요약한 데이터이다. 이 데이터의 각 품목을 칼럼으로 만들고 싶을 때 전치를 사용할 수 있다. 이 경우 ID를 기준으로 구매 품목을 전치한다. 그리고 변수가 된 각 품목의 값은 '구매 건수'로 채우게 된다. 이렇게 전치된 데이터는 상품 추천, 연관 규칙, 군집 분석 등에 활용될 수 있다.

그림 3.55 | 데이터 전치 활용 예시

## 3 | 변수 역할 지정

전치에 꼭 필요한 역할은 [데이터]와 [전치할 변수]이다. [데이터]는 따로 설명이 필요 없기 때문에, [전치할 변수]와 [그룹 분석 기준]에 대해 설명하겠다.

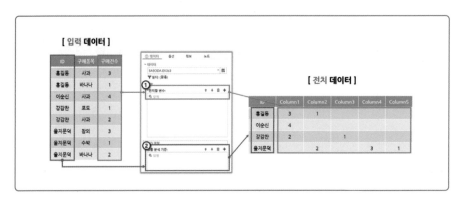

그림 3.56 | 전치 작업의 변수 역할 설정 방법

❶ **[전치할 변수]: 전치한 변수의 값으로 쓸 변수**

❷ **[그룹 분석 기준]: 기준으로 남길 변수(보통 분석 대상)**

〈그림 3.56〉의 입력 데이터의 경우, 'ID'를 기준으로 '구매 품목'을 전치하고, 전치한 변수 값을 '구매 건수'로 할당했다. 이 경우 'ID'는 [그룹 분석 기준]에 넣고, '구매 건수'는 [전치할 변수]에 할당한다. 하지만 전치 데이터를 살펴보면, 전치 변수 이름이 'Column1~5'로 표현된 걸 알 수 있다. 만약 입력 데이터에 전치한 변수의 이름으로 쓸 변수가 있다면(이 경우 구매품목), 옵션에서 따로 지정할 수 있다.

## 4 │ 데이터 전치의 옵션

전치한 변수 이름은 [옵션]의 [전치된 변수의 이름 및 레이블]에서 설정을 변경할 수 있다. 또한 전치한 변수 이름은 [접두어 사용]과 [새로운 칼럼 이름] 두 가지 방법으로 만들 수 있다. 각각을 살펴보자.

### ■ 접두어 사용

입력 데이터에 전치한 변수의 이름으로 쓸 수 있는 변수가 없다면, '접두어 사용' 옵션이 유용하다. 이 옵션은 전치 변수 앞에 접두어prefix를 정한다. 기본값은 'Column'으로 따로 접두어를 정하지 않으면, 전치 변수는 'Column1, Column2'와 같은 이름으로 정해진다. 접두어는 변수 이름을 '접두어+순번'으로 만든다.

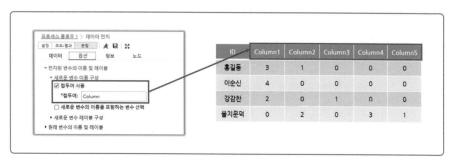

그림 3.57 │ 접두어 사용 옵션의 특징

## ② 새로운 칼럼 이름

앞선 예와 같이 변수 이름으로 쓸 수 있는 변수(구매 품목)가 있다면, [새로운 변수의 이름을 포함하는 변수 선택] 옵션을 이용해 지정할 수 있다.

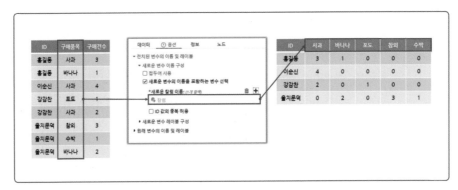

그림 3.58 | 변수를 이용한 전치 변수 이름 할당 방법

〈그림 3.58〉과 같이 [새로운 변수의 이름을 포함하는 변수 선택]을 체크하면, [새로운 칼럼 이름]이라는 필수 옵션이 나타난다. 여기에 변수 이름으로 사용할 변수를 넣고, 실행하면 전치 변수 이름이 지정 변수 값으로 바뀐다.

## 5 | 실습

실습에서는 고객이 각 상품을 얼마나 높은 빈도로 구매했는지를 나타내는 데이터를 만든다. 목표 데이터는 고객 단위이고, 각 상품군의 구매 6개월간 누적 빈도를 변수로 가진다. 실습 진행 순서는 다음과 같다.

❶ 거래 정보 데이터(기준)와 상품 정보 데이터를 상품 소분류 코드를 기준으로 조인

❷ 결합한 데이터를 고객 및 상품 대분류를 기준으로 요약하여 '합계 구매 금액'과 '구매 빈도'를 산출
→ 결과 데이터: 'SASODA.AGG_TB_TR_SMRY'로 저장

❸ 결합한 데이터에서 고객을 기준으로 구매 빈도(열)와 상품 대분류(행)를 전치
→ 결과 데이터: 'SASODA.AGG_TB_TR_SMRY_TRNS'로 저장

## ■ 거래와 상품 정보 데이터 조인

거래 정보 데이터 'EX_TB_TR_HST'와 상품 정보 데이터 'EX_TB_PRD_MST'를
'SASODA' 라이브러리에서 가져온다. 그리고 거래 정보 데이터의 상품 소분류 코
드 'PRD_SCD'를 기준으로 두 데이터를 조인한다.

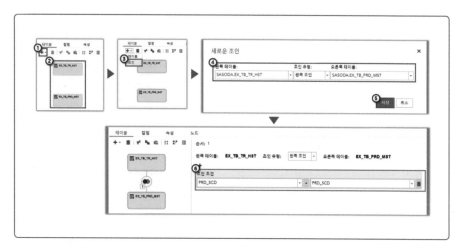

그림 3.59 | 거래와 상품 정보 데이터 조인 방법

❶ [테이블] 탭에서 ➕ 버튼을 클릭해 [테이블]을 선택한 뒤, SASODA 라이브러리에서 'EX_
   TB_TR_HST'와 'EX_TB_PRD_MST' 데이터를 가져옴

❷ 가져온 두 테이블을 선택

❸ [테이블] 탭에서 ➕ 버튼을 클릭하고, [조인] 선택

❹ [새로운 조인]에서 [왼쪽 테이블:]에는 'EX_TB_TR_HST'를 할당하고, [조인 유형:]은 '왼
   쪽 조인'을 선택한 뒤, [오른쪽 테이블:]은 'EX_TB_PRD_MST'를 선택

❺ [저장] 클릭

❻ [조인 조건]에 상품 소분류 코드 'PRD_SCD'가 할당됐는지 확인

## ② 고객, 상품 대분류 단위 요약

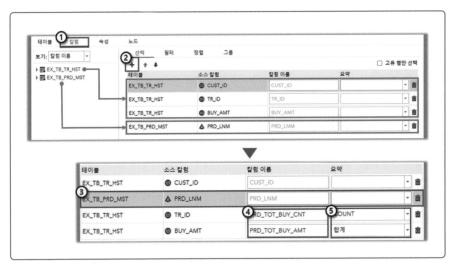

그림 3.60 | 고객, 상품 대분류 단위 요약 설정

❶ [칼럼] 탭으로 이동

❷ [선택]의 ⊞ 버튼을 클릭하고, 'EX_TB_TR_HST' 데이터에서는 'CUST_ID', 'TR_ID', 'BUY_AMT'를 가져오고, 'EX_TB_PRD_MST' 데이터에서는 'PRD_LNM' 칼럼을 로드

❸ 'PRD_LMN'를 클릭하고, ⬆ 버튼으로 순서 변경

❹ 'TR_ID'와 'BUY_AMT'의 [칼럼 이름]을 각각 'PRD_TOT_BUY_CNT'와 'PRD_TOT_BUY_AMT'로 변경

❺ 'TR_ID'와 'BUY_AMT'를 각각 'COUNT'와 '합계'로 요약하도록 설정

[속성] 탭으로 이동해, 결과 데이터를 'SASODA.AGG_TB_TR_SMRY'로 저장하도록 설정을 바꾸고, 🏃 버튼을 눌러 [질의]를 실행한다.

## ③ 고객, 상품 대분류 구매 데이터 전치

고객, 상품군 구매 데이터 'SASODA.AGG_TB_TR_SMRY'를 전치하기 위해 [데이터 전치] 작업을 플로우로 가져온다.

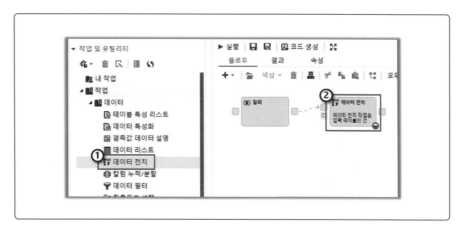

그림 3.61 | 데이터 전치 작업 가져오기

❶ [작업 및 유틸리티]의 [데이터]에서 [데이터 전치] 작업을 선택해, 플로우로 이동

❷ 가져온 [데이터 전치] 노드와 'SASODA.AGG_TB_TR_SMRY'를 만든 [질의] 노드를 연결
하고, [데이터 전치] 노드를 더블 클릭

[데이터 전치] 노드의 [데이터] 탭에서는 입력 데이터와 변수 역할, 출력 데이터를
설정한다. 그리고 [옵션]에서 전치한 변수 이름을 '상품 대분류명'으로 지정한다.

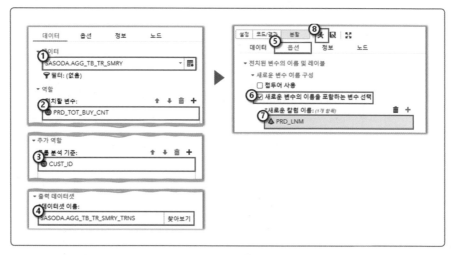

그림 3.62 | 고객, 상품군 구매 데이터 전치

❶ 🖼 버튼을 클릭해, 'SASODA.AGG_TB_TR_SMRY' 데이터를 선택

❷ [전치할 변수:]에 'PRD_TOT_BUY_CNT'를 할당

❸ [추가 역할] 영역을 확장하고, [그룹 분석 기준:]에 'CUST_ID'를 할당

❹ [출력 데이터셋] 영역에서 [데이터셋 이름:]을 'SASODA.AGG_TB_SMRY_TRNS'로 지정

❺ [옵션] 탭으로 이동

❻ 기본 설정(접두어 사용)을 해제하고, [새로운 변수의 이름을 포함하는 변수 선택]을 체크

❼ [새로운 칼럼 이름:]에 'PRD_LNM' 할당

❽ 🏃 버튼을 눌러 [작업] 실행

## 4 전치 결과

〈그림 3.63〉은 전치 결과 데이터 'SASODA.AGG_TB_SMRY_TRNS'를 [테이블 리스트] 작업으로 상위 10개 개체만 출력한 결과이다. 결과를 보면 'NAME OF FORMER VARIABLE'이란 변수가 있는 걸 알 수 있다. 이 변수는 전치한 변수의 이름을 저장하기 위해 만들어진 변수이다. 결과 데이터를 살펴보면, 'CUST_ID = 1'인 고객은 지난 6개월간 문구오피스 1건, 생활용품 2건, 주방용품 2건, 패션/의류 1건을 구매한 사실을 알 수 있다. 이 데이터는 구매 패턴이 비슷한 고객을 찾아 묶는 그룹화나 상품 추천 등에 유용하게 쓰일 수 있다.

### SASODA.AGG_TB_TR_SMRY_TRNS에 대한 데이터 리스트

| OBS | CUST_ID | NAME OF FORMER VARIABLE | 문구오피스 | 생활용품 | 주방용품 | 패션/의류 | 가전디지털 |
|---|---|---|---|---|---|---|---|
| 1 | 1 | PRD_TOT_BUY_CNT | 1 | 2 | 2 | 1 | . |
| 2 | 2 | PRD_TOT_BUY_CNT | 22 | 80 | 48 | 76 | 22 |
| 3 | 3 | PRD_TOT_BUY_CNT | 1 | 18 | 6 | 12 | 1 |
| 4 | 4 | PRD_TOT_BUY_CNT | 30 | 88 | 27 | 72 | 18 |
| 5 | 5 | PRD_TOT_BUY_CNT | 21 | 62 | 27 | 59 | 16 |
| 6 | 6 | PRD_TOT_BUY_CNT | 7 | 20 | 6 | 24 | 3 |
| 7 | 7 | PRD_TOT_BUY_CNT | 6 | 17 | 12 | 22 | 3 |
| 8 | 8 | PRD_TOT_BUY_CNT | 1 | 2 | 1 | 2 | . |
| 9 | 9 | PRD_TOT_BUY_CNT | 3 | 17 | 8 | 9 | 7 |
| 10 | 10 | PRD_TOT_BUY_CNT | . | . | . | . | 1 |

그림 3.63 | 전치 결과 데이터를 테이블 리스트 작업으로 상위 10개만 출력한 결과

# 4

No Code Data Science

# 기술적
# 데이터
# 분석

# 1

# 기술적 데이터 분석이란?

기술적 데이터 분석descriptive data analysis은 데이터를 정리하고, 요약하는 과정을 통해 데이터가 가진 특성을 파악하는 분석 방법을 말한다. 데이터 과학자 중에는 기술적 분석을 무시하는 사람도 많다. 기본적이면서 다루기 쉬운 분석 방법이라 멋있어 보이지 않기 때문이다. 하지만 데이터 과학자에게 '쉬움'은 가장 중요하면서도 좋은 무기이다. 데이터 과학자가 하는 일 중 가장 어려운 일이 바로 '소통'이기 때문이다. 데이터 과학자들이 분석 결과를 고객들에게 설명할 때, 대부분의 고객들이 "너무 어려워요. 이 결과는 저희 윗분들이 이해 못하실 거 같아요"라는 반응을 보이는 것만 봐도, 소통이 왜 중요한지를 알 수가 있다.

학교에서 가르치는 데이터 과학과 세상에 필요한 데이터 과학은 다르다. 통계학에서 가장 많이 쓰는 용어로 '유의 확률'이 있다. 하지만 유의 확률의 개념을 정확하게 이해하고, 설명할 수 있는 전공자는 10명 중 2~3명도 채 되지 않는다. 대부분 '5%'라는 기준에 미치는지 여부만을 이야기한다. 만약 당신이 의사 결정권을 가지고 있다면, 이해할 수 없는 저 숫자를 믿고 중요한 의사 결정을 할 수 있을까? 이해하지 못하면, 의사 결정에 반영하기 어렵다.

그렇기에 누구나 쉽게 이해할 수 있고, 접근할 수 있는 기술적 데이터 분석은 강력한 도구이다. 대한민국에서 고등학교 정규 교과 과정을 이수한 사람이라면, 적어도 평균 정도는 알고 있다. 좀 더 많이 아는 사람은 표준 편차도 안다. 그리고 개념을 설명하기도 어렵지 않다. 이때 표와 시각화를 곁들인다면, 직관적으로 이해하는 것도 가능하다. 이처럼 기술적 데이터 분석은 '기본기'를 다룬다. 기본기는 이론적인 배경이 부족해도 이해하기 쉽다는 장점이 있다.

## 1 데이터의 소리

데이터 분석의 대가들은 이렇게 말한다. '데이터가 말하는 소리를 들어보아라'. 데이터 분석을 생업으로 하는 필자들은 데이터를 더 많이 다룰수록, 그리고 데이터 과학에 대한 지식이 더 쌓일수록 이 말의 의미를 되새기고 있다. 훌륭한 데이터 과학자는 데이터라는 강력한 무기를 가지고, 데이터에 대한 관찰과 분석을 통해 문제를 해결한다. 하지만 초심자들은 이미 답을 정해 놓고, 데이터로 근거를 마련하는 '답정너' 식의 문제 풀이에 집중한다.

데이터의 소리에 귀를 기울인다면, 데이터로 속이는 데이터 사기꾼이 되는 것을 피할 수 있다. 데이터 과학을 나쁘게 사용하는 사람도 있다. 유리한 부분만 보여주거나, 너무 작고 부정확한 내용을 가지고 마치 전체가 그렇게 생각하는 듯 포장한다. 이런 방법들은 데이터가 말하는 소리를 편집하고, 왜곡하는 것과 같다. 일종의 악마의 편집이다. 기술적 데이터 분석을 배워야 하는 이유는 여기에 있다. 이 방법만 잘 익혀도, 기사나 연구에서 이상한 부분을 발견할 수 있다. 즉 악마의 편집을 일삼는 나쁜 편집자를 거를 수가 있게 되는 것이다.

이 책에서 다루는 분석 방법은 크게 두 가지이다. 하나는 수치형 데이터에 대한 분석이고, 다른 하나는 범주형 데이터에 대한 분석이다. 데이터 요약은 수많은 데이터의 특징을 쉽게 파악할 수 있도록 핵심 내용을 정리한 것이다. 이는 수십, 수백, 아니 수억 개의 데이터를 일일이 살펴보지 않아도, 특성을 파악할 수 있게 한다는 특징이 있다. 그리고 이 특징은 매우 매력적이고, 유용하다. 무언가를 말할 수 있기 때문이다. 수많은 데이터를 던져 놓으면, 아무것도 말할 수 없다. 너무 크기 때문이다. 하지만 특성값들은 무언가를 말할 수 있게 한다. '평균'은 대체로 어떤지, '분산'은 얼마나 일관성 있는지 등을 말이다. 이것이 바로 탐색의 힘이다.

**더 알아 보기**

**통계량은 무엇일까?**

평균, 분산, 표준 편차 같은 특성값을 '통계량'이라고 한다. 통계량에 대한 사전적 정의는 지금 배우기엔 너무 어렵다. 모집단이니, 표본이니 하는 개념을 알아야 하기 때문이다. 지금은 그냥 수많은 데이터를 요약한 값 정도로만 이해해도 충분하다.

수치형 데이터 분석에서는 나이, 매출, 점수와 같은 숫자 데이터를 탐색하는 방법과 기본적인 값의 종류부터 평균, 분산과 같은 데이터의 대표를 구하는 방법에 대해 알아본다. 그리고 데이터가 어떻게 생겼는지 알려주는 통계량에 대해서 살펴본다.

범주형 데이터 분석에서는 성별, 인종, 국가 등과 같은 범주형 데이터를 탐색하는 방법에 대해 알아본다. 범주형 데이터는 수치형 데이터와 달리 주로 '빈도표'를 중심으로 분석한다. 따라서 빈도표를 통해 비율, 누적 비율, 결측률 등을 어떻게 구하는지, 그리고 특정 변수를 통제해 보다 정교하게 분석하는 방법은 무엇인지를 살펴본다.

## 3 ························· 기술적 데이터 분석의 필요성

기술적 데이터 분석은 데이터가 큰 경우에 보다 유용하다. 〈예제 4.1〉은 그룹 A 와 그룹 B에 속한 사람들의 나이 데이터이다. 그룹 A의 평균 나이는 가운데 값을 기준으로 대략 15살 정도라고 말할 수 있으며, 그룹 B 역시 비슷한 방법으로 대략 42살이라고 말할 수 있다. 또 두 그룹에서 가장 큰 나이는 28살과 53살이다. 이처럼 데이터의 크기가 작은 경우에는 눈으로도 쉽게 데이터의 특성을 파악할 수가 있다.

| 그룹 A | 11, 12, 15, 21, 28 |
|---|---|
| 그룹 B | 34, 37, 42, 48, 53 |

예제 4.1 | 그룹별 나이 데이터

하지만 〈예제 4.2〉에서는 한눈에 100명의 평균 나이를 파악하기 어렵다. 데이터 가 너무 많아 눈으로 대표가 되는 값을 찾기 어려운 것이다. 이처럼 데이터 개수 가 100개만 되어도 눈으로 데이터 특성을 파악하기 어려운데, 데이터가 1,000개 아니, 1,000만 개라면 어떨까? 당연히 눈으로 어떤 패턴이나 특징을 발견하는 것 은 불가능하다. 하지만 기술적 데이터 분석을 배우면, 데이터 크기와 무관하게 '최대', '최소', '평균', '분산' 등 데이터가 가진 특성을 쉽게 파악할 수 있다.

22, 27, 16, 22, 17, 16, 17, 20, 15, 21, 19, 16, 19, 22, 22, 21, 13, 21, 19, 19, 20, 18, 21, 22, 27, 16, 25, 20, 21, 18, 21, 23, 19, 19, 29, 13, 21, 20, 17, 16, 15, 16, 14, 20, 20, 27, 27, 18, 15, 20, 12, 22, 23, 16, 20, 17, 19, 20, 14, 23, 19, 17, 22, 24, 14, 20, 16, 24, 22, 19, 20, 14, 15, 25, 17, 18, 18, 19, 20, 21, 19, 19, 15, 12, 20, 17, 20, 27, 13, 24, 17, 16, 20, 14, 20, 24, 23, 24, 18, 24

예제 4.2 | 나이 데이터 100개

# 2

# 수치형 데이터 분석

## 1 ·········· 수치형 데이터 분석이란?

### 1 | 수치형 데이터

수치형 데이터는 1, 2, 3, 4, 5와 같이 양을 나타내는 숫자로 이루어진 데이터를 말한다. 이 수치형 데이터는 더하기, 빼기, 나누기, 곱하기 등과 같은 사칙 연산이 가능하다.

### 2 | 수치형 데이터의 특성

수치형 데이터 분석은 데이터가 가진 '특성'을 파악하는 것에서 시작한다. 수치형 데이터의 특성은 '데이터를 보았을 때, 궁금한 값'이라고 말할 수 있다. 예를 들어, '대한민국 국민 소득'이란 데이터가 있다면, 아마 '제일 잘 버는 사람은 얼마나 벌까?'라는 궁금증이 생길 것이다. 이 값은 주어진 데이터에서 가장 큰 값인 최댓값을 의미한다. 반대로 '맥북 프로 가격'이란 데이터가 있다면, 무엇이 가장 궁금할까? 당연히 가장 작은 값인 최솟값이 궁금할 것이다. 따라서 최솟값과 최댓값은 수치형 데이터의 중요한 특성이다.

얼마전 시험에서 한 학생이 50점을 맞았다. 이 점수는 높은 점수일까? 낮은 점수일까? 단순히 점수만 보았을 때, 이 점수는 분명 낮은 점수이다. 하지만 평균 점수가 20점인 시험에서 50점을 맞았다면, 이 점수는 높은 점수이다. 즉, 시험의 난이도에 따라 점수의 평균을 알면, 데이터가 전반적으로 어디에 위치해 있는지를 알수 있으며, 성적을 보다 객관적으로 평가할 수 있게 되는 것이다. 따라서 평균은 수치형 데이터의 전반적인 위치를 알려주는 중요한 특성을 지니고 있다.

주말에 볼 영화를 선택하려고 네이버 영화 순위를 살펴보았다. 네이버 영화 평점 47위에는 '클레멘타인'이라는 영화가 있다. 이 영화는 유명 액션 스타가 주연으로 출연했고, 평점도 9.37점이다. 또한 이 영화의 위아래 순위에는 '알라딘'과 '쉰들러 리스트' 같은 명작이 있다. 클레멘타인은 언뜻 보면, 재미있는 영화처럼 보인다. 하지만 이 영화의 평점을 살펴보면 10점과 1점이 모두 많다는 특징이 있다. 즉, 평점이 일관성 없이 넓게 퍼져 있는 것이다. 이처럼 데이터가 퍼진 정도를 나타내는 변동성 지표들은 데이터의 중요한 특징이 된다.

이번 단원에서는 크게 세 가지의 관점으로 '수치형 데이터의 특성 파악 방법'을 알아본다. 첫 번째는 '값'이다. 여기서는 결측, 이상치 등을 배운다. 두 번째는 '위치'이다. 여기서는 대푯값을 찾는 방법과 최댓값, 최솟값에 대해 알아본다. 세 번째는 '변동성'이다. 여기서는 앞서 말한 데이터가 퍼진 정도를 알아보는 방법을 배운다. 그리고 마지막 단원에서는 이 모든 것을 아우르는 '분포'에 대해 알아본다.

# 2 ......................... 위치

데이터 과학에서 위치location는 데이터가 어디쯤에 있는가를 의미한다. 대표적인 위치 통계량에는 '평균'과 '중위수'가 있다.

## 1 | 평균

평균mean은 대상 데이터를 모두 더한 다음, 그 개수로 나눈 값이다. 또한 데이터를 대표하는 대푯값 중 하나이기도 하다. 반별로 학업 성취도를 평가할 때, '반 평균'을 이용하는 이유도 여기에 있다. 예제를 통해 평균을 구하는 방법을 알아보자.

1, 2, 3, 4, 10

예제 4.3 | 평균

이 데이터의 합계는 '20'이다.

$$1+2+3+4+10 = 20$$

데이터 개수는 총 5개이다. '20'을 데이터 개수 '5'로 나누면,

$$20 / 5 = 4$$

평균은 '4'이다. 평균을 구하는 방법을 식으로 나타내면 〈식 4.1〉과 같다.

$$\text{평균} = (x_1 + x_2 + \cdots + x_n)/n = 1/n \sum_{i=1}^{n} x_i$$

식 4.1 | 평균 산출 공식

공식을 간단히 설명하면, 먼저 n은 데이터의 개수를 말한다. 〈예제 4.3〉에서 n=5이다. 그리고 $x_1, x_2, \cdots, x_n$은 대상 데이터의 각 값을 의미한다. 단순히 아래 첨자로만 표현된 경우, 데이터가 기록된 순으로 첫 번째, 두 번째, $\cdots$, $n$번째 데이터를 말한다. 이를 〈예제 4.3〉에 대입하면 $x_1$=1이고, $x_2$=2이다. 또한 이 식은 합의된 기호인 시그마로 나타낼 수 있다. 즉, 이 식은 i번째 데이터부터 $n$번째 데이터까지 모두 더한 다음, 데이터 개수 $n$으로 나누라는 의미이다.

## 2 | 중위수

중위수median는 데이터를 크기 순서대로 나열했을 때 가장 가운데에 있는 값으로, 책에 따라 '중간값'이라고 말하기도 한다. 중위수는 '순서'를 이용해 구할 수 있다. 그렇기 때문에 중위수를 구하려면, 먼저 데이터를 정렬해야 한다. 또 중위수는 데이터의 개수가 홀수인지 짝수인지에 따라 구하는 방법이 다르다. 데이터의 개수가 홀수인 경우 정확히 값 하나를 선택할 수 있지만, 데이터의 개수가 짝수인 경우 가운데에 있는 숫자는 두 개가 되기 때문이다. 중위수는 각 값의 '순서' 정보를 이용하기 때문에 극단적으로 큰 값이나 작은 값에 영향을 받지 않는다.

### 1 데이터가 홀수 개인 경우

데이터가 홀수 개인 경우, 크기순으로 나열한 데이터 중 가장 가운데에 있는 값이 중위수가 된다. 〈예제 4.4〉는 데이터가 홀수 개로 가장 가운데 있는 중위수는 4번 데이터 '139.5'이다.

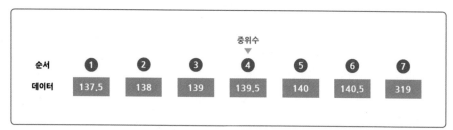

예제 4.4 | 데이터가 홀수 개인 경우의 중위수

데이터가 홀수 개인 경우, 중위수를 찾는 식을 일반화하면 〈식 4.2〉와 같다.

$$중위수(데이터가 홀수) = x_{\left(\frac{n+1}{2}\right)}$$

식 4.2 | 데이터가 홀수 개인 경우의 중위수 산출 공식

〈식 4.2〉의 $n$은 데이터의 개수를 말한다. 밑에 소괄호로 첨자가 들어간 경우, 데이터가 정렬되어 있음을 의미한다. 예를 들어 $x_{(4)}$는 크기순으로 정렬했을 때, 4번째에 위치한 데이터를 말한다.

## 2 데이터가 짝수 개인 경우

데이터가 짝수 개인 경우 가운데에 두 값이 존재하게 된다. 정확히 말하면 정가운데 값이 없다. 그렇기에 데이터 가운데에 놓인 두 데이터의 평균이 중위수가 된다.

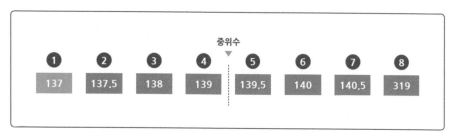

예제 4.5 | 데이터가 짝수 개인 경우의 중위수

〈예제 4.5〉의 중위수는 4번과 5번 데이터 '139'와 '139.5'의 평균인 '139.25'이다. 데이터가 짝수 개인 경우 중위수를 구하는 식은 〈식 4.3〉과 같다.

$$중위수(데이터가 짝수) = \frac{x\left(\frac{n}{2}\right) + x\left(\frac{n}{2}+1\right)}{2}$$

식 4.3 | 데이터가 짝수 개인 경우의 중위수 산출 공식

### 3 평균과 중위수

데이터의 분포가 평균을 중심으로 대칭인 경우 중위수와 평균은 비슷하다. 하지만 데이터가 한쪽으로 몰려 있거나, 다른 데이터에 비해 극단적으로 크거나 작은 값인 이상치outlier가 있다면, 평균과 중위수는 서로 다른 값을 가진다. 왜 이런 현상이 발생하는지 예제를 통해 알아보자.

데이터 A    **2, 5, 8, 10, 15**

데이터 B    **2, 5, 8, 10, 100**

예제 4.6 | 중위수와 평균 비교

두 데이터 A와 B의 중위수는 모두 '8'이다. 하지만 A와 B의 평균은 다음과 같다.

A의 평균: (2+5+8+10+15)/5 = 8
B의 평균: (2+5+8+10+100)/5 = 25

데이터 A의 평균은 '8'이고, 데이터 B의 평균은 '25'이다. 두 데이터의 중위수는 같았지만, 평균은 3배가 넘는 차이를 보인다. 평균은 모든 데이터의 값을 이용해 구

하지만, 중위수는 중앙에 있는 데이터를 제외한 나머지 데이터의 '순서' 정보만을
이용하기 때문이다.

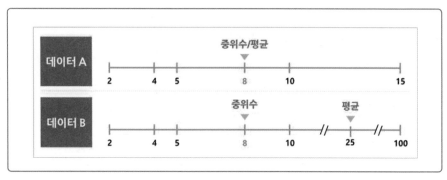

그림 4.1 | 두 데이터 A와 B에 대한 중위수, 평균 그래프 비교

〈그림 4.1〉은 데이터 A와 B를 평행선 위에 그려 놓은 결과이다. 〈그림 4.1〉을 살
펴보면, 우선 두 데이터 모두 2와 10사이에 대부분의 데이터가 모여 있는 걸 알 수
있다. 데이터 A의 평균은 '15'가 다른 데이터들과 조금 떨어져 있기는 하지만 크게
차이가 나지 않기에 중위수와 같은 '8'이 된다. 하지만 데이터 B의 경우 다른 데이
터들과 크게 떨어진 '100'이라는 값 때문에, 평균은 다른 데이터들과 크게 떨어진
'25'라는 값을 가지게 된다. 즉, 데이터가 모여 있지 않는 경우, 평균은 중위수와
달리 데이터를 잘 대표하지 못한다는 사실을 알 수 있다. 만약 데이터에 이상치가
없고, 평균을 중심으로 분포한다면, 중위수와 평균은 비슷하다.

## 3 | 실습

실습에서는 SAS Studio의 [요약 통계량] 작업을 이용해 평균과 중위수를 구하는
방법을 살펴본다. 실습에는 'SASODA' 라이브러리에 만들어 둔 'JOIN_TB_CUS_
TR_INFO' 데이터를 이용한다. 분석 변수는 연령 'AGE'와 총 구매 건수 'TOT_
BUY_CNT', 총 구매 금액 'TOT_BUY_AMT' 세 변수를 이용하고, 각 변수의 평균

과 중위수는 [요약 통계량] 작업으로 산출한다. 마지막으로 두 요약 통계량을 비교해 분석하는 방법까지 알아본다.

### 1 데이터와 작업 가져오기

실습을 위해 먼저 새로운 프로세스 플로우를 만들고, 실습 데이터와 작업을 프로세스 플로우로 가져온다.

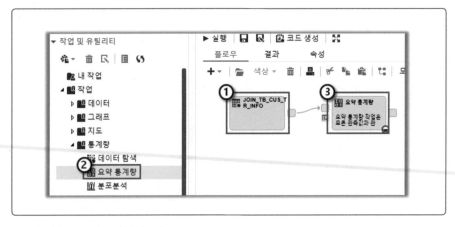

그림 4.2 │ 데이터와 작업 가져오기

❶ 'SASODA' 라이브러리에서 'JOIN_TB_CUS_TR_INFO'를 플로우로 이동

　│참고│ 'JOIN_TB_CUS_TR_INFO'는 3장에서 만든 데이터임

❷ [작업 및 유틸리티]의 [통계량]에 속한 [요약 통계량] 작업을 플로우로 이동

❸ 데이터와 작업을 연결한 뒤, [요약 통계량] 노드를 더블 클릭

### 2 작업 설정

분석 변수로 'AGE', 'TOT_BUY_CNT', 'TOT_BUY_AMT'를 할당하고, [옵션]에서 [기본 통계량]을 [평균]과 [중위수]로 설정한 뒤, 작업을 실행한다.

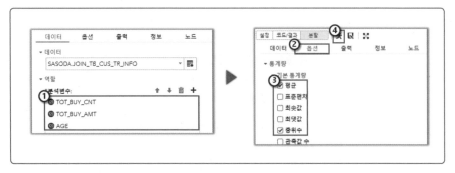

그림 4.3 | 데이터와 옵션 설정

❶ [역할]의 [분석 변수:]에 'AGE', 'TOT_BUY_CNT', 'TOT_BUY_AMT'를 할당

❷ [옵션] 탭으로 이동

❸ [통계량]의 [기본 통계량]에 [평균], [중위수]를 선택

❹ 🏃 버튼을 눌러 [작업] 실행

## 3 결과

분석 변수들의 평균과 중위수를 비교해 보고, 대략적인 분포를 추측해 보자.

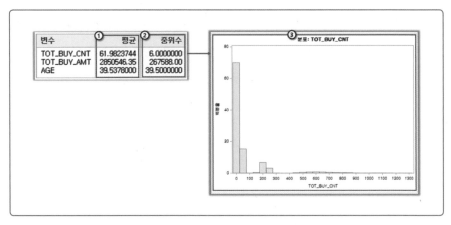

그림 4.4 | 작업 실행 결과

❶ 〈그림 4.4〉는 [요약 통계량] 작업을 실행한 결과이다. 'TOT_BUY_CNT'의 평균은 '61.98' 이다. 즉, 고객들의 6개월 누적 구매 건수는 평균 62회임을 알 수 있다. 이 값을 들여다

보면, 생각보다 값이 큰 걸 알 수 있다. 마트나 쇼핑몰에서 물건을 자주 사는 고객도 있지만, 가입만 하고, 전혀 사지 않는 고객도 많기 때문이다.

❷ 이 변수의 중위수를 살펴보면, 6회임을 알 수 있다. 즉, 전체 고객 중 절반은 한 달에 1번(6개월 누적이 6회이기 때문에) 정도 구매하는 고객임을 알 수 있다. 이와 같이 평균과 중위수의 차이가 큰 경우, 극단적인 값이 있음을 추측할 수 있다.

❸ 'TOT_BUY_CNT'의 분포를 히스토그램을 이용해 살펴보면 〈그림 4.4〉의 오른쪽과 같다. 이를 살펴보면, 구매 건수가 0~25건인 고객이 전체 고객 중 약 70%에 달하는 걸 알 수 있다. 하지만 히스토그램 오른쪽을 살펴보면, 구매 건수가 600건이 넘는 고객도 있다는 것을 알 수 있다. 즉 전체 고객 중 일부 충성도가 높은 고객이 다른 고객과는 비교도 안 될 만큼 자주 구매해 평균이 그래프상 왼쪽으로 치우치게 된 것이다. 이런 현상은 소득, 구매 금액, 자산 등과 같은 변수에서 흔히 나타나는 현상이다.

# 3 ......... 변동성

매번 시간 약속을 어기는 A와 항상 정시에 도착하는 B가 있다. 당신은 A와 B중 누구에게 더 큰 신뢰를 느끼는가? 보통은 B에게 더 큰 신뢰를 느낀다. B와 약속을 하면 언제 만날지 예측할 수 있지만, A는 그렇지 않기 때문이다. 이와 같이 '일관성'은 신뢰도와 큰 연관관계를 가진다. 데이터도 마찬가지이다. 여기저기 흩어진 데이터는 그렇지 않은 데이터보다 예측하기 어렵다. 그래서 우리는 데이터가 퍼진 정도, 즉 변동성 척도 measure of variability를 배울 필요가 있다.

## 1 | 분산

### ◼ 분산이란?

분산 variance은 가장 널리 사용하는 변동성 척도로, 데이터가 퍼진 정도를 나타낸다. 단위가 같은 경우, 분산이 크면 데이터가 더 많이 퍼져 있음을 의미한다. 분산의 의미를 이해하기 위해, 〈그림 4.5〉를 살펴보자. 두 데이터 A와 B는 '산점도'라는 시각화 방법으로 한 개체를 점 하나로 표현한 그래프이다. 여기서 각 점이 떨어진 정도로 변동성을 추측해 보자.

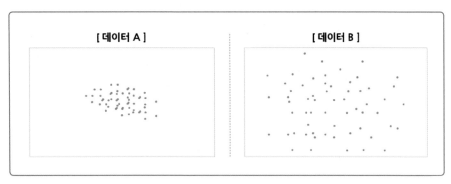

그림 4.5 | 데이터 A와 B의 산점도 그림

두 데이터를 살펴보면 B가 A보다 더 널리 퍼져 있는 것을 알 수 있다. 만약 분산이 데이터가 퍼진 정도를 잘 나타낸다면, B는 A보다 분산이 커야 한다. 〈그림 4.5〉를 통해 알 수 있듯, '퍼져 있다, 변동성이 크다'는 말은 '각 개체들 간의 거리가 멀다'와 같은 의미이다. 이 때문에 데이터 변동성은 거리를 이용해 측정한다.

## 2 편차

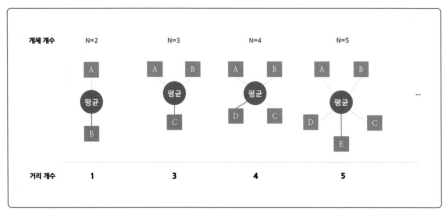

그림 4.6 | 평균을 이용한 거리, 편차

편차deviation는 평균과 어떤 개체가 떨어진 정도를 계산한 값이다. 또 편차는 각 개체들 간의 거리를 구하는 훌륭한 방법이다. 우선 평균은 모든 데이터의 중앙에 위치한다. 따라서 중심을 기준으로 떨어진 정도를 측정하는 것은 변동성을 측정하는 꽤나 괜찮은 방법이다. 두 번째로 이 방법은 〈그림 4.6〉과 같이 데이터가 늘어난 개수만큼 계산양이 증가한다. 데이터의 중심은 언제나 하나이기 때문이다. 예제를 통해 편차를 구하는 방법을 알아보자.

> 8, 12, 15, 5, 10

예제 4.7 | 편차

〈예제 4.7〉의 편차를 구하기 위해 먼저 평균을 구하면, 평균은 '(8+12+15+5+10)/5'로 '10'이 된다. 편차는 값이 평균에서 떨어진 정도이기 때문에 〈표 4.1〉과 같이 구할 수 있다.

표 4.1 | 편차 계산

| 연번(i) | 1 | 2 | 3 | 4 | 5 |
|---|---|---|---|---|---|
| 값 | 8 | 12 | 15 | 5 | 10 |
| 편차 (평균 - 값) | 2 (=10 - 8) | -2 (=10 - 12) | -5 (=10 - 15) | 5 (=10 - 5) | 0 (=10 - 10) |

편차를 구하는 식을 일반화하면 다음과 같다.

> i번째 데이터의 편차 = 평균 - i번째 값

식 4.4 | 편차 산출 공식

## ❸ 분산

편차로 각 개체가 떨어진 정도를 측정할 수 있었다. 하지만 편차는 데이터의 개수만큼 있기 때문에 하나의 값으로 축약하는 방법이 필요하다. 편차가 대체로 얼마나 되는지를 알 수 있다면, 데이터의 변동성을 쉽게 나타낼 수 있을 것이다. 가장 쉽게 떠올릴 수 있는 방법은 '편차의 평균'이다. 〈예제4.7〉에서 구한 편차의 평균을 먼저 구해보자.

$$2, -2, -5, 5, 0$$

예제 4.8 | 〈예제 4.7〉의 편차

$$편차의\ 평균 = \frac{2-2-5+5+0}{5} = \frac{0}{5} = 0$$

〈예제 4.7〉 데이터의 편차 평균은 '0'이다. 이 값이 변동성을 정확히 나타낸다면, 데이터는 퍼져 있지 않아야 한다. 하지만 이 데이터는 퍼져 있고, 변동성이 존재한다. 어떻게 된 걸까? 그 이유는 평균은 항상 개체들의 무게 중심에 위치하기 때문이다. 그렇기에 합은 항상 '0'이 된다. 편차가 '0'이 되는 문제는 평균보다 작은 개체는 편차가 음수가 되기 때문이다. 따라서 음수 편차를 양수로만 바꿔주면 간단히 해결할 수 있다. 음수를 양수로 바꾸는 방법은 여러 가지가 있지만, 제곱을 이용해 보자.

**표 4.2 | 편차 제곱**

| 연번(i) | 1 | 2 | 3 | 4 | 5 |
|---------|---|---|---|---|---|
| 값 | 8 | 12 | 15 | 5 | 10 |
| 편차 | 2 | -2 | -5 | 5 | 0 |
| 편차$^2$ | 4 | 4 | 25 | 25 | 0 |

편차 제곱은 모두 양수이다. 이제 편차 제곱의 평균을 구해보자.

$$\text{편차}^2\text{의 평균} = \frac{4+4+25+25+0}{5} = \frac{58}{5} = 11.6$$

드디어 원하는 값을 구했다. '편차$^2$의 평균'은 데이터가 퍼진 정도를 나타낸다. 그리고 이 값이 바로 '분산'이다. 정리하면, 분산은 데이터가 퍼진 정도를 나타내는 통계량이다. 즉, 평균을 중심으로 데이터의 퍼진 정도를 나타낸 것이다. 이 값이 크면 데이터가 많이 흩어져 있음을 의미하고, 이 값이 작으면 데이터가 옹기종기 모여 있음을 의미한다. 분산을 구하는 공식은 다음과 같다.

$$\text{분산} = \frac{1}{N}\sum_{i=1}^{N}(x_i - \text{평균})^2$$

식 4.5 | 분산 산출 공식

분산은 데이터가 퍼진 정도를 나타내기에 훌륭하지만, 해석이 어렵다는 단점이 있다. 앞서 구한 '11.6'이란 숫자는 무슨 의미가 있을까? 굳이 설명하자면 "각 데이터가 평균을 중심으로 떨어진 거리의 제곱은 평균 11.6 정도 된다"이다. 이처럼 설명이 복잡해진 이유는 편차가 아닌 편차 제곱의 평균을 구했기 때문이다. 즉,

평균을 구한 값의 단위가 다르기 때문이다. 〈예제 4.7〉 데이터 값이 길이(㎝)라면, 분산은 넓이(㎠)가 된다.

평균과 분산은 서로 단위가 다르다. 평균이 거리라고 한다면, 분산은 넓이가 된다. 그래서 구한 분산이 큰지 작은지를 쉽게 판단하기 어렵다. 보통 분산만 보고 쉽게 이해할 수 있는 건, 상대적으로 변동성이 큰지 작은지 정도이다. 예를 들면, 수학 점수의 분산이 '220'이고, 영어 점수의 분산이 '390'이면 수학보다 영어 점수가 더 많이 퍼져 있다는 것 정도만을 알 수 있다. '220'과 '390'은 모두 점수의 제곱이란 단위를 가진다. 이 단위는 바로 와닿지 않는다.

## 2 | 표준 편차

표준 편차standard deviation는 평균과 단위를 맞추기 위해, 분산에 제곱근을 취한 값이다. 예를 들어, 〈예제 4.7〉의 분산 값인 '11.6'으로 표준 편차를 구하면 $\sqrt{3.41}(= \sqrt{11.6}$ $)$'이 된다. 표준 편차는 〈식 4.6〉과 같이 구한다.

$$\text{표준 편차} = \sqrt{\text{분산}} = \sqrt{\frac{1}{N}\sum_{i=1}^{N}(x_i - \text{평균})^2}$$

식 4.6 | 표준 편차 산출 공식

표준 편차는 평균과 같은 단위를 가지며, 변동성을 나타내는 지표이다. 그 때문에 평균과 함께 활용할 때, 데이터를 보다 정확하게 이해하도록 하는 장점이 있다. 예를 들어 한 반의 평균 점수가 80점이고, 표준 편차가 10점인 경우, "이 반 아이들의 평균 점수는 80점이고, 대체로 70~90점 사이의 점수를 맞았다"라고 말할 수 있다. 하지만 표준 편차는 단위가 다른 두 데이터의 변동성을 비교할 수 없다는 단점이 있다. 예를 들어, 'cm'와 'm'로 측정된 데이터의 표준 편차는 비교하기 어렵다. 평균과는 같은 단위를 가지지만, 여전히 다른 단위가 존재하기 때문이다. 그래서 서로 다른 단위를 가진 데이터를 비교하고 싶은 경우, 표준 편차는 사용할 수 없다. 즉, 몸무게는 몸무게끼리, 키는 키끼리 정도만을 비교할 수 있는 것이다.

## 3 | 변동 계수

간혹 단위가 다른 두 데이터의 변동성을 비교해야 하는 경우가 있다. 예를 들면, 원화와 달러의 변동성을 비교하고 싶은 경우가 그렇다. 투자에서 변동성은 리스크를 의미한다. 변동성이 크면, 그만큼 위험한 자산으로 취급된다. 하지만 금, 은, 원유, 코스피, S&P 등 많은 투자자 자산은 서로 다른 단위를 가진다. 단위가 다른 경우 각 자산의 변동성을 표준 편차로 비교하기 어렵다. 표준 편차는 단위에 영향을 받기 때문이다.

단위가 다른 데이터들을 비교하기 위해서는 단위를 없애는 작업이 필요하다. 단위를 없애는 가장 쉬운 방법은 같은 단위를 가진 통계량으로 나누어 주는 것이다. 흔히 쓰는 '평균 대비' 기술이 여기에 속한다. 표준 편차를 평균으로 나누어 주면, 평균과 대비하여 분산이 얼마나 큰지 알 수 있다. 이와 같이 표준 편차를 평균으로 나눈 값을 변동 계수coefficient of variation라고 한다. 변동 계수는 표준 편차가 평균에 비해 얼마나 큰지를 나타낸다. 보통 변동 계수는 100을 곱해 %로 표현한다. 변동 계수가 100%에 가깝다면, 데이터들은 대체로 평균 크기만큼 퍼져 있는 것이다. 반면, 변동 계수가 0에 가깝다면, 대다수의 데이터가 평균 근처에 모여 있다는 의미이다. 변동 계수를 구하는 공식은 〈식 4.7〉과 같다.

$$\text{변동 계수} = \left( \frac{\text{표준 편차}}{\text{평균}} \times 100\% \right)$$

식 4.7 | 변동 계수 산출 공식

# 4 | 범위

## 1 최댓값과 최솟값

최댓값maximum value은 데이터 중 가장 큰 값이고, 최솟값minimum value은 가장 작은 값이다. 최댓값과 최솟값은 데이터를 정렬하면 쉽게 구할 수 있다. 데이터를 오름 차순으로 정렬한 경우, 첫 번째 데이터가 최솟값이 되고, 마지막 데이터는 최댓값이 된다. 예제를 통해 최댓값과 최솟값을 구하는 방법을 알아보자.

100, 232, 422, 44, 22, 110, 242

예제 4.9 | 최댓값과 최솟값

〈예제 4.9〉데이터의 최댓값과 최솟값을 구하기 위해 먼저 데이터를 다음과 같이 오름차순으로 정렬한다.

22, 44, 100, 110, 232, 242, 422

오름차순으로 정렬한 데이터의 첫 번째 값 '22'는 최솟값이 되고, 마지막 값 '422' 는 최댓값이 된다. 이 방법을 공식으로 나타내면, 최댓값과 최솟값 공식은 다음 〈식 4.8〉과 같다.

$$최댓값 = x_{(n)}$$
$$최솟값 = x_{(1)}$$

식 4.8 | 데이터가 오름차순으로 정렬된 경우의 최댓값 최솟값 공식

〈식 4.8〉의 '$x_{(n)}$'은 데이터 n개를 오름차순으로 정렬했을 때, 마지막(n번째) 데이터를 의미한다. 같은 방법으로 '$x_{(1)}$'은 정렬한 데이터의 첫 번째 값을 의미한다.

최댓값과 최솟값은 실무에서 데이터를 검증할 때에 유용하게 사용된다. 예를 들어, '소득' 변수의 최댓값과 최솟값을 구하는 과정에서 음수가 존재하는 경우 데이터 오류를 의심할 수 있다. 또한 최댓값과 최솟값은 비즈니스에서 유용한 '인사이트'를 도출하는 근거가 되기도 한다. 예를 들어, 최댓값을 이용해 매출이 가장 높은 매장을 찾아 그 비결을 알아볼 수 있다. 이 외에도 자산이 가장 많은 고객이 가진 특성을 분석할 수도 있고, 보험에서 보험금을 가장 많이 수령한 병원이나 가입자를 찾아 보험료 산정에 활용하거나, 보험 사기 여부를 분석할 수도 있다.

## 2 범위

범위range는 최댓값과 최솟값의 차이로 데이터가 얼마나 넓은 폭을 가지는지 나타낸다. 예제를 통해 범위를 구하는 방법을 알아보자.

125, 358, 352, 789, 999

예제 4.10 | 범위

범위를 구하려면 먼저 최댓값과 최솟값을 알아야 한다. 〈예제 4.10〉 데이터를 살펴보면, 최솟값은 '125'이고, 최댓값은 '999'임을 알 수 있다. 이 둘의 차이인 범위는 다음과 같다.

$$(\text{범위})\ 874 = 999 - 125$$

범위를 구하는 방법을 공식으로 나타내면 다음 〈식 4.9〉와 같다.

$$범위 = x_{(n)} - x_{(1)}$$

식 4.9 | 범위 산출 공식

범위는 최댓값과 최솟값만을 이용해 구한다. 그 때문에 극단적으로 크거나 작은 값이 데이터에 포함되면, 범위는 커지게 된다. 예제를 통해 살펴보자.

137.5, 138, 139, 139.5, 140, 140.5, 319

예제 4.11 | 새우 과자 중량 기록 데이터

〈예제 4.11〉은 새우 과자의 품질 검사를 위해 생산된 제품 중 7개의 중량 데이터 이다. 측정 데이터를 통해 새우 과자의 중량 범위를 구하면 다음과 같다.

$$(범위)\ 181.5 = 319 - 135.7$$

새우 과자의 평균 중량이 '140g'이라고 가정하자. 이 경우 새우 과자의 중량 데이터 범위는 '181.5'로, 평균 '140'과 비교하여 터무니없이 크다. 하지만 최댓값 '319'를 제외하면, 새우 과자의 중량은 대체로 137~140 사이로 평균과 비슷하다. 따라서 이 경우에는 범위가 데이터의 변동성을 제대로 설명했다고 말하기 어렵다. 범위가 제 기능을 상실한 이유는 최댓값 '319' 때문이다. '319'는 다른 데이터와 비교했을 때 두 배 정도 큰 값이다. 이와 같이 범위는 극단적으로 큰 값이나 작은 값에 따라 민감하게 바뀐다. 이런 현상은 평균에서도 존재하며, 평균 역시 극단 값의 유무에 따라 값이 크게 바뀌었다. 그래서 대안으로 '중위수'를 사용한 것이다. 범위 역시 이와 비슷한 방법으로 약점을 보완할 수 있다.

### ③ 사분위수

사분위수quantile는 데이터를 순서대로 나열하여 4등분하는 세 값을 말한다. 이때 순서대로 왼쪽부터 '제1사분위수', '제2사분위수(중위수와 같음)', '제3사분위수'라고 부른다.

그림 4.7 | 데이터가 홀수 개인 경우의 사분위수 예시

〈예제 4.11〉의 중위수는 '139.5'이다. 그리고 중위수를 기준으로 왼쪽에는 '137.5', '138', '139'가 있고, 오른쪽에는 '140', '140.5', '319' 세 데이터가 있다. 왼쪽 세 데이터의 중위수는 '138'이고, 이 데이터는 제1사분위수the first quartile가 된다. 보통 이 값을 'Q1'이라고 부른다. 오른쪽 데이터의 중위수인 '140.5'는 제3사분위수the second quartile라고 하며, 보통 'Q3'라고 부른다. 마지막으로 제2사분위수, 'Q2'는 중위수이다. 사분위수를 구하는 공식은 다음과 같다.

$$\text{제1사분위수}, Q1 = (n+1)\frac{1}{4}\text{번째 순위값} \quad \text{제3사분위수}, Q3 = (n+1)\frac{3}{4}\text{번째 순위값}$$

식 4.10 | 제1사분위수와 제3사분위수 계산식

사분위수도 중위수와 같이 데이터가 짝수 개인 경우 구하는 방법이 조금 다르다. 예를 들어, 데이터가 12개라면, Q1은 3.25(=13/4)번째 값이 된다. 그리고 Q3은 9.75(=13×3/4)번째 데이터가 된다. 하지만 순서가 소수인 데이터는 없다. 따라서 데이터가 짝수 개인 경우 보간법을 이용한다.

보간법interpolation은 실제로 모르는 값을 이미 알고 있는 데이터를 이용해 추측하는 방법이다. 예를 들어 3.25번째, 9.75번째 데이터는 실제로 존재하지 않는다. 하지만 3번째와 4번째 그리고 9번째와 10번째 데이터가 무엇인지는 쉽게 알 수 있다. 이때 보간법을 이용하면 순서가 소수점인 데이터를 추측할 수 있다. 예를 들어 3.25번째 데이터는 3번째와 4번째 데이터를 이용해 추측할 수 있다. 3.25번째 데이터의 값을 구하기 위해서는 3번째 데이터와 4번째 데이터의 차이를 구한 다음, 3번째 데이터에 이 차이의 25%를 더하면 된다. 9.75번째 데이터도 같은 방법으로 9번째 데이터와 10번째 데이터의 차이를 구한 다음, 9번째 데이터에 이 차이의 75%를 더하면 된다. 예제를 통해 데이터가 짝수 개인 경우의 사분위수를 구하는 방법을 알아보자.

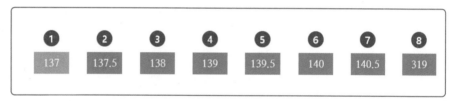

예제 4.12 | 새우 과자 중량 (데이터가 짝수 개인 경우)

〈예제 4.12〉는 앞서 살펴본 새우 과자 중량 데이터에 하나(노란색 박스)의 관측치를 더한 데이터이다. 각 데이터 위 숫자는 오름차순으로 정렬되어 있다. 예제를 통해 새우 과자 중량의 1사분위수, 중위수, 3사분위수를 구해보자. 먼저 〈예제 4.12〉의 중위수는 가운데 있는 4번과 5번 데이터의 평균으로 '139.25'가 되며, 제1사분위수는 〈식 4.10〉을 적용하여 $Q1=(n+1)/4=(8+1)/4=2.25$가 된다. 즉, 제1사분위수는 2.25번째 값이 되는 것이다. 이때 2.25번째 값은 실제로는 존재하지 않기 때문에 보간법을 이용해 구할 수 있다.

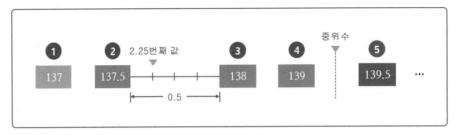

그림 4.8 | 2.25번째 값의 위치

2.25번째 데이터는 2번째 데이터에 2번째와 3번째 데이터의 간격인 25%를 더한 데이터이다. 2번째 데이터와 3번째 데이터는 '137.5'와 '138'로 간격은 '0.5'이다. 이 간격에 '0.25'를 곱한 뒤 2번째 데이터에 더하면, 2.25번째 데이터는 '137.625'가 된다.

$$(2.25번째 \ 데이터) \ 137.625 = 137.5 + \{(138 - 137.5) \times 0.25\}$$

이렇게 실제로 존재하지 않는 순서 데이터는 보간법을 이용해 구할 수 있다. 같은 방법으로 〈예제 4.12〉의 3사분위수를 구하면 다음과 같다.

$$3사분위수 \ 순번 = (n+1) \ \frac{3}{4} = (8+1) \times \frac{3}{4} = 9 \times 0.75 = 6.75$$

식 4.11 | 3사분위수 계산식

6.75번째 데이터는 없다. 1사분위수와 같이 보간법을 이용해 구해보자.

$$x_{(6.75)} = x_{(6)} + (x_{(7)} - x_{(6)}) \times 0.75 = 140 + (140.5 - 140) \times 0.75 = 140 + (0.5 \times 0.75) = 140 + 0.375 = 140.375$$

식 4.12 | 3사분위수 보간법 계산식

데이터가 짝수인 경우와 홀수인 경우일 때 사분위수를 구하는 방법을 알아보았다. 이번에는 사분위수를 이용하여 사분위수 범위를 구하는 방법을 알아보자.

### 4 사분위수 범위

사분위수 범위interquartile range; IQR는 제3사분위수에서 제1사분위수를 뺀 값이다. 사분위수 범위에는 전체 데이터의 50%가 포함되며, 극단적으로 큰 값이나 작은 값에 민감하지 않다는 장점이 있다.

그림 4.9 │ 사분위수 범위 예시

〈예제 4.11〉에서 사분위수 범위는 〈그림 4.9〉와 같이 구할 수 있다. 〈그림 4.9〉를 살펴보면 제1사분위수는 '138'이고, 제3사분위수는 '140.5'임을 알 수 있다. 사분위수 범위는 이 둘의 차이이기 때문에 다음과 같다.

$$(사분위수 범위) 2.5 = 140.5 - 138$$

〈예제 4.11〉의 범위는 '181.5'였다. 반면, 사분위수 범위는 '2.5'로 이 둘의 차이가 상당히 크다. 이 차이는 '319'라는 극단적으로 큰 값이 존재하기 때문에 발생한다. 만약 '319'를 제외한 나머지 데이터에 대해 범위를 구하면, 범위는 '3(=140.5 − 137.5)'으로, 사분위수 범위와 비슷해진다. 이처럼 범위와 사분위수 범위 간의 차이가 크다면 극단적으로 크거나 작은 값이 존재하는지를 확인해 보는 것이 좋다. 사분위수 범위는 〈식 4.13〉을 이용해 구할 수 있다.

$$IQR = Q3 - Q1$$

식 4.13 | 사분위수 범위 산출 공식

## 5 | 실습

실습에서는 [요약 통계량] 작업을 활용해 변동성 지표를 구하는 법을 알아본다. 실습 데이터는 'SASODA' 라이브러리에 이전에 만들어 둔 'JOIN_TB_CUS_TR_INFO'를 이용한다. 분석 변수는 연령 'AGE'와 총 구매 건수 'TOT_BUY_CNT', 총 구매 금액 'TOT_BUY_AMT' 세 변수를 이용한다. 산출 통계량은 [기본 통계량]에서 '평균', '표준 편차', '최솟값', '최댓값'을 산출하고, [추가 통계량]에서 '분산', '범위', '변동 계수'를 선택한다. 마지막으로 [백분위]에서 '제1사분위수', '제3사분위수', '사분위수 범위'를 선택하고, 각 요약 통계량을 비교해 분석하는 방법까지 알아보자.

### ❶ 데이터와 작업 가져오기

실습을 위해 새로운 프로세스 플로우를 만들고, 실습 데이터와 작업을 프로세스 플로우로 가져온다.

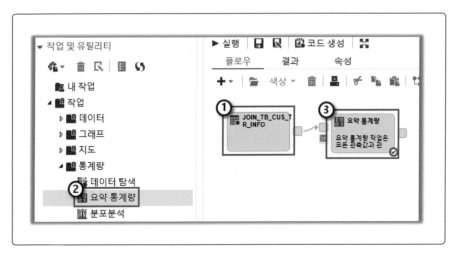

그림 4.10 | 데이터와 작업 가져오기

❶ ‘SASODA’ 라이브러리에서 ‘JOIN_TB_CUS_TR_INFO’를 플로우로 이동

❷ [작업 및 유틸리티]의 [통계량]에 속한 [요약 통계량] 작업을 플로우로 이동

❸ 데이터와 작업을 연결한 뒤, [요약 통계량] 노드를 더블 클릭


## ❷ 작업 설정

분석 변수로 ‘AGE’, ‘TOT_BUY_CNT’, ‘TOT_BUY_AMT’를 할당하고, [옵션]에서
다양한 변동성 통계량을 설정한 뒤, 작업을 실행한다.

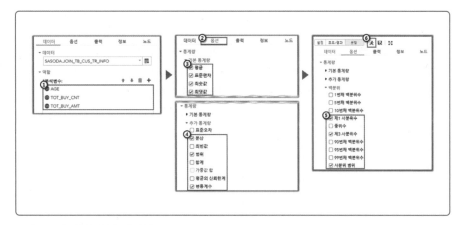

그림 4.11 | 데이터와 옵션 설정


❶ [역할]의 [분석 변수:]에 ‘AGE’, ‘TOT_BUY_CNT’, ‘TOT_BUY_AMT’를 할당

❷ [옵션] 탭으로 이동

❸ [통계량]의 [기본 통계량]에 [평균], [표준 편차], [최솟값], [최댓값] 선택

❹ [추가 통계량] 확장 후, [분산], [범위], [변동 계수] 선택

❺ [백분위] 확장 후, [제1사분위수], [제3사분위수], [사분위 범위] 선택

❻ 🏃 버튼을 눌러 [작업] 실행

## 🖥 결과

〈그림 4.12〉는 [요약 통계량] 작업을 실행한 결과이다. 산출한 통계량을 통해, 각 변수의 변동성을 살펴보자.

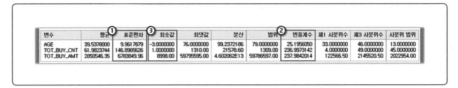

그림 4.12 | 작업 실행 결과

❶ 각 변수의 표준 편차를 살펴보면, 절대적인 값은 'TOT_BUY_AMT'가 가장 큰 걸 알 수 있다. 하지만 이 결과는 '금액'이 '횟수'나 '나이'에 비해 값이 대체로 크기 때문일 수 있다. 이 경우 평균과 표준 편차를 비교하면, 대략적인 변동성을 알 수 있다.

❷ 세 변수의 변동성을 비교하는 경우 변동 계수를 이용한다. 변동 계수는 평균과 비교해 표준 편차가 얼마나 큰지를 나타낸다. 먼저 연령의 변동 계수는 25.2%로, 표준 편차가 평균의 약 1/4정도임을 알 수 있다. 반면 총 구매 횟수와 금액의 변동 계수는 각각 236%, 237%로, 표준 편차가 평균보다 2배 이상 큰 것을 알 수 있다.

❸ 최솟값을 살펴보면, 나이 변수의 최솟값이 '−3'임을 알 수 있다. 나이는 음수가 불가능하기 때문에 데이터 수집 또는 입력 단계에서 오류가 발생하였음을 추측할 수 있다. 이처럼 최댓값과 최솟값은 데이터가 가진 오류를 발견하는데 유용하다.

## 4  모양

데이터는 어떻게 생겼을까? 데이터 과학에서 데이터가 생긴 모양을 분포 distribution라고 한다. 분포는 데이터가 일정한 범위에 퍼져 있는 모양을 의미한다. 데이터는 그 특성에 따라 한쪽으로 데이터가 쏠려 있기도 하고, 단 두 가지 값만 갖는 경우도 있다. 그리고 분포가 예쁘게 종 모양bell shape을 한 경우도 있다. 여러분들이 데이터 과학을 조금 더 배운다면, 종 모양의 데이터가 예쁘게 보일 날이

올 것이라 생각된다. 분포는 데이터를 정리해 표나 그래프로 그릴 수 있다. 이번에는 수치형 데이터의 모양 즉, 분포를 살펴보는 방법을 알아보겠다.

## 1 | 도수 분포표

도수 분포표frequency distribution table는 데이터를 일정한 구간으로 나눈 뒤, 각 구간에 속한 데이터의 개수를 나타낸 표이다. 이때 각 구간에 속한 데이터의 개수를 '도수'라고 한다. 한편, 도수 분포표에서 수치형 데이터를 나누는 구간을 '계급 구간class interval'이라고 한다. 이 계급 구간은 보통 최댓값과 최솟값, 그리고 데이터의 개수를 고려해 선택한다. 또 계급 구간의 크기는 모두 같아야 한다. 그렇지 않을 경우, 분포가 왜곡될 수 있기 때문이다. 계급 구간이 필요한 이유는 수치형 변수는 범주형 변수와 달리, 가질 수 있는 값이 무한하기 때문이다. 몸무게 30kg과 31kg 사이에 수 없이 많은 값이 존재하는 것처럼 말이다. 따라서 구간을 설정하지 않으면, 데이터의 분포를 살펴보기 어렵다. 예제를 통해 도수 분포표를 작성하는 방법을 알아보자.

**예제 4.13 | 조선시대(대한제국 포함) 왕의 재위 기간**

| 이름 | 태조 | 정종 | 태종 | 세종 | 문종 | 단종 | 세조 |
|---|---|---|---|---|---|---|---|
| 재위 기간 | 7.0 | 2.0 | 18.0 | 32.0 | 2.0 | 3.0 | 13.0 |
| 이름 | 예종 | 성종 | 연산군 | 중종 | 인종 | 명종 | 선조 |
| 재위 기간 | 1.0 | 25.0 | 11.0 | 39.0 | 0.7 | 22.0 | 41.0 |
| 이름 | 광해군 | 인조 | 효종 | 현종 | 숙종 | 경종 | 영조 |
| 재위 기간 | 15.0 | 27.0 | 10.0 | 15.0 | 46.0 | 4.0 | 52.0 |
| 이름 | 정조 | 순조 | 헌종 | 철종 | 고종 | 순종 | |
| 재위 기간 | 24.0 | 35.0 | 15.0 | 14.0 | 43.0 | 3.0 | |

〈예제 4.13〉은 대한제국을 포함한 조선시대 왕 27명의 재위 기간을 기록한 데이터이다. 도수 분포표를 직접 작성할 때는 먼저 데이터를 정렬하는 것이 좋다. 데이터를 정렬하면 최댓값과 최솟값, 그리고 대략적인 분포를 알 수 있기 때문이다. 데이터를 재위 기간이 긴 순으로 정렬하면 다음과 같다.

**표 4.3 | 조선시대(대한제국 포함) 왕의 재위 기간 정렬표**

| 이름 | 영조 | 숙종 | 고종 | 선조 | 중종 | 순조 | 세종 |
|---|---|---|---|---|---|---|---|
| 재위 기간 | 52.0 | 46.0 | 43.0 | 41.0 | 39.0 | 35.0 | 32.0 |
| 이름 | 인조 | 성종 | 정조 | 명종 | 태종 | 광해군 | 현종 |
| 재위 기간 | 27.0 | 25.0 | 24.0 | 22.0 | 18.0 | 15.0 | 15.0 |
| 이름 | 헌종 | 철종 | 세조 | 연산군 | 효종 | 태조 | 경종 |
| 재위 기간 | 15.0 | 14.0 | 13.0 | 11.0 | 10.0 | 7.0 | 4.0 |
| 이름 | 단종 | 순종 | 정종 | 문종 | 예종 | 인종 | |
| 재위 기간 | 3.0 | 3.0 | 2.0 | 2.0 | 1.0 | 0.7 | |

정렬 결과를 살펴보면 조선시대 왕 27명의 재위 기간의 최댓값과 최솟값은 각 52년과 0.7년(8개월)이고, 중위수는 15년임을 알 수 있다. 정렬 결과를 토대로 0~60년을 계급 구간 10년으로 도수 분포표를 작성해 보자.

**표 4.4 | 조선시대(대한제국 포함) 왕의 재위 기간 도수 분포표**

| 계급 구간(재위 기간) | 도수(왕의 수) | 상대 도수 | 누적 도수 | 상대 누적 도수 |
|---|---|---|---|---|
| 10년 미만 | 8 | 0.296=8/27 | 8 | 0.296 |
| 10년 이상 ~ 20년 미만 | 8 | 0.296 | 16 | 0.593=16/27 |
| 20년 이상 ~ 30년 미만 | 4 | 0.148 | 20 | 0.741 |
| 30년 이상 ~ 40년 미만 | 3 | 0.111 | 23 | 0.852 |
| 40년 이상 ~ 50년 미만 | 3 | 0.111 | 26 | 0.963 |
| 50년 이상 ~ 60년 미만 | 1 | 0.037 | 27 | 1.000 |
| 합계 | 27 | 1 | | |

조선시대 왕의 재위 기간에 대한 도수 분포표는 〈표 4.4〉와 같다. 보통 도수 분포표에는 '계급 구간', '도수', '상대 도수', '누적 도수', '상대 누적 도수'를 계산해 넣어준다. 각각의 기능은 다음과 같다.

① 도수frequency는 계급 구간에 속한 개체의 수를 나타낸다. 도수를 관찰하면 각 계급 구간에 속한 개체의 절대적인 크기를 분석할 수 있다.

② 상대 도수relative frequency는 전체 개체 중 해당 계급 구간에 속한 개체 수의 비율을 나타낸다. 상대 도수를 분석하면, 각 계급 구간이 차지하는 비율을 알 수 있다. 그 결과, 개체들이 주로 어떤 계급 구간에 모여 있는지를 분석할 수 있다.

③ 누적 도수cumulative frequency는 작은 값에서 큰 값 순으로 계급 구간별 도수를 누적한 합계이다. 누적 도수는 그 자체로도 의미를 갖는 경우도 있지만, 주로 상대 누적 도수를 구하기 위한 과정으로 활용한다.

④ 상대 누적 도수relative cumulative frequency는 계급 구간별 도수의 누적 비율을 계산한 값이다. 이 값은 특정 계급 이하에 포함된 개체 수의 비율을 분석할 때 유용하다. 예를 들어 〈표 4.4〉의 세 번째 계급 구간(재위 기간, 20년 이상~30년 미만)의 상대 누적 도수를 계산해보면, 재위 기간이 30년 미만인 왕의 비율이 약 74.1% 임을 알 수 있다. 그리고 이 사실을 통해 '조선시대 왕의 75%는 재위 기간이 40년 미만이었다'라는 해석이 가능해진다.

## 2 | 위치와 모양

평균과 중위수는 데이터의 위치를 나타내는 통계량이다. 앞서 위치를 처음 설명할 때, 위치란 '데이터가 대략 어디쯤에 있는가'를 나타낸다고 이야기했다. 이번에는 분포를 이용해 평균과 중위수와 같은 위치 통계량이 갖는 의미에 대해 알아보자.

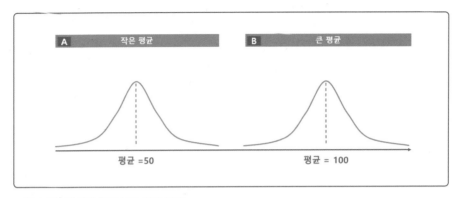

그림 4.13 | 평균에 따른 분포 형태 비교

〈그림 4.13〉은 두 데이터 A와 B의 분포를 그래프로 나타낸 결과이다. 이 그래프의 X축은 값이고, Y축은 빈도이다. 그림을 살펴보면, A와 B 두 데이터의 평균과 분포를 확인할 수 있다. 데이터 A의 평균은 '50'으로 데이터 B의 평균 '100'보다 작다. 두 데이터를 같은 축에 올려 두면 평균에 따라 '위치'가 다른 것을 알 수 있다. 평균이 큰 데이터는 작은 데이터보다 더 오른쪽에 위치하게 된다. 중위수도 비슷한 특징을 가진다. 물론 평균은 대체로 데이터 분포가 평균을 중심으로 대칭일 때 분포의 위치를 잘 나타낸다. 반면 중위수는 분포가 한쪽으로 치우쳐 있는 경우에도 분포의 위치를 잘 나타내는 특징이 있다. 평균과 중위수는 모두 데이터가 어떤 값을 중심으로 분포해 있는지를 나타낸다.

## 3 | 변동성과 모양

변동성은 데이터가 얼마나 변화무쌍한지를 나타내는 통계량이다. 변동성을 나타내는 대표적인 통계량은 분산, 표준 편차, 변동 계수 등이 있다. 이번에는 분포를 활용해 분산 크기에 따라 어떤 차이가 있는지 알아보자.

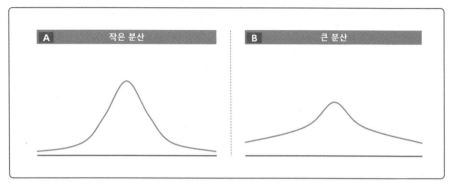

그림 4.14 | 분산 크기에 따른 분포 비교

〈그림 4.14〉는 두 데이터 A와 B의 분포를 나타낸 그림이다. 데이터 A는 분산이 작은 데이터인 반면, 데이터 B는 분산이 큰 데이터이다. 둘을 비교하면, A가 B보다 더 좁은 범위에 데이터가 집중되어 있으며, B는 평균을 중심으로 데이터가 넓게 퍼져 있다. 즉 분산이 크다는 말(표준 편차가 크다는 말과 같음)은 분포가 넓게 퍼져 있음을 의미한다.

## 4 | 왜도

왜도skewness는 데이터가 기울어진 정도를 나타내는 통계량이다. 왜도를 살펴보면 분포가 한쪽으로 치우쳤는지, 아니면 대칭인지를 알 수 있다. 왜도에 따라 분포 형태가 어떻게 달라지는지 알아보자.

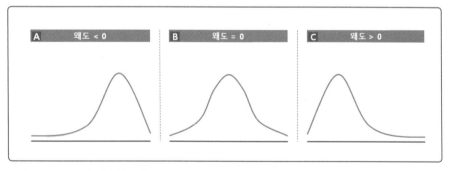

그림 4.15 | 왜도에 따른 분포 형태

왜도로 분포 형태를 살필 때 기준은 0이다. 왜도가 '0'이면 데이터는 평균을 중심으로 좌우가 대칭이다. 반면 '왜도 > 0'인 데이터의 분포는 왼쪽으로 치우쳐 있다. 반대로 '왜도 < 0'이면, 데이터는 오른쪽으로 치우친 형태를 가진다. 데이터가 오른쪽으로 치우쳤다(왜도 < 0)는 말은 '왼쪽으로 긴 꼬리를 가진다'는 말과 같다. 반면 왼쪽으로 치우친(왜도 > 0) 분포는 '오른쪽으로 긴 꼬리를 가진다'고 말한다.

$$\text{왜도} = \frac{1}{n-1} \sum_{i=1}^{n} \left( \frac{x_i - \bar{x}}{8} \right)^3$$

식 4.14 | 왜도 산출 공식

왜도는 〈식 4.14〉와 같이 계산한다. 하지만 시험이 목적이 아니라면, 이 식을 굳이 외우거나 기억할 필요가 없다. 어차피 계산은 컴퓨터가 하기 때문이다. 다만, 왜도에 따라 분포 형태가 어떨지 짐작할 수는 있어야 한다. 데이터의 분포를 확인할 때, 직접 분포를 그래프로 그려보는 것이 좋지만, 때로는 데이터가 너무 커서 직접 그리기 어려운 경우가 많다. 그럴 때 왜도는 분포 형태를 짐작할 수 있는 좋은 힌트가 된다.

## 5 | 첨도

첨도Kurtosis는 데이터의 분포가 뾰족한 정도를 나타내는 통계량이다. 분포가 뾰족하다는 말은 데이터가 어떤 값에 몰려 있다는 의미와 같다. 즉, 첨도가 높은 데이터는 특정한 값 주변에 데이터가 몰려 있어 높이 솟아 있는 형태를 가진다. 반면, 첨도가 낮은 경우에는 데이터의 봉우리가 뭉뚝하고 낮다. 첨도에 따른 분포 형태를 살펴보면 다음과 같다.

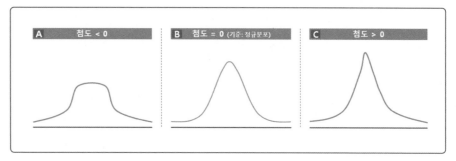

그림 4.16 | 첨도에 따른 분포 형태

뾰족하다는 말은 주관적이다. 당구 큐대는 뾰족할까? 야구 방망이보다는 뾰족하다. 하지만 바늘에 비하면 뾰족하지 않다. '기준'이 필요하다. 첨도는 〈그림 4.16〉의 B와 같은 '정규 분포'를 기준으로 삼는다. 정규 분포보다 뾰족하면 '첨도〉0'이다. 반면, A와 같이 정규 분포보다 뭉뚝하면 '첨도〈0'이다. 첨도를 구하는 계산식은 아래 〈식 4.15〉와 같다. 이 역시 시험 목적이 아니라면, 굳이 외울 필요는 없다.

$$첨도 = \frac{1}{n-1} \sum_{i=1}^{n} \left( \frac{x_i - \bar{x}}{8} \right)^4 - 3$$

식 4.15 | 첨도 산출 공식

## 6 | 실습

[요약 통계량] 작업을 활용해 '왜도'와 '첨도' 그리고 히스토그램을 그리는 방법을 알아보자. 실습에서는 'SASODA'의 'JOIN_TB_CUS_TR_INFO' 데이터를 이용한다. 분석 변수는 연령 'AGE'와 총 구매 건수 'TOT_BUY_CNT' 두 변수를 이용한다.

## ◻ 데이터와 작업 가져오기

실습을 위해 새로운 프로세스 플로우를 만들고, 실습 데이터와 작업을 프로세스 플로우로 가져온다.

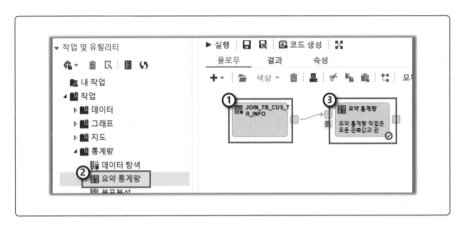

그림 4.17 | 데이터와 작업 가져오기

❶ 'SASODA' 라이브러리에서 'JOIN_TB_CUS_TR_INFO'를 플로우로 이동
❷ [작업 및 유틸리티]의 [통계량]에 속한 [요약 통계량] 작업을 플로우로 이동
❸ 데이터와 작업을 연결한 뒤, [요약 통계량] 노드를 더블 클릭

## ◻ 작업 설정

분석 변수로 'AGE', 'TOT_BUY_CNT'를 할당하고, [옵션]의 [추가 통계량]에서 '왜도'와 '첨도'를 선택한다. 마지막으로 [도표]에서 '히스토그램'과 '정규 밀도 함수 곡선 추가'를 선택한 뒤, 작업을 실행한다.

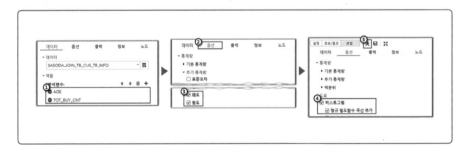

그림 4.18 | 데이터와 옵션 설정

❶ [역할]의 [분석 변수:]에 'AGE', 'TOT_BUY_CNT'를 할당

❷ [옵션] 탭으로 이동

❸ [추가 통계량] 확장 후, [왜도]와 [첨도] 선택

❹ [도표] 확장 후, [히스토그램]과 [정규 밀도 함수 곡선 추가] 선택

❺ 🏃 버튼을 눌러 [작업] 실행

[옵션]의 [도표]에서는 요약 통계량과 함께 보여줄 그래프를 지정할 수 있다. 이번 실습에서는 두 변수의 왜도와 첨도를 히스토그램과 비교해 살펴보기 위해 히스토그램을 선택했다. [도표]의 [정규 밀도 함수 곡선 추가]를 선택하면, 히스토그램과 정규 분포 곡선을 비교할 수 있다.

### ③ 결과

〈그림 4.19〉는 [요약 통계량] 작업을 실행한 결과이다.

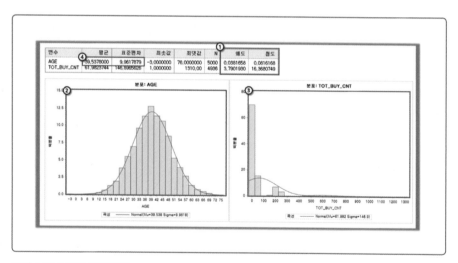

그림 4.19 | 작업 실행 결과

❶ 먼저 두 변수 'AGE'와 'TOT_BUY_CNT'의 왜도와 첨도를 살펴보자. 'AGE'의 경우 왜도와 첨도가 각각 약 '0.038'과 '0.081'로 모두 기준값 '0'에 가까운 걸 알 수 있다. 반면, 'TOT_BUY_CNT'의 왜도와 첨도는 각각 '3.79'와 '16.36'으로 기준값 '0'보다 큰 것을 알 수 있다. 이를 통해 두 변수의 분포를 짐작해 보면, 'AGE'는 좌우 대칭에 정규 분포에 가

까운 형태를 띌 것으로 보인다. 반면 'TOT_BUY_CNT'는 분포가 왼쪽으로 치우쳐(왜도 〉 0) 있고, 정규 분포보다 상당히 뾰족한 형태일 것으로 짐작할 수 있다.

❷ 'AGE'의 분포를 살펴보면 실제로 '정규 밀도 함수 곡선'과 유사한 형태임을 알 수 있다. 데이터는 평균을 중심으로 좌우 대칭을 이루고 있고, 첨도가 0보다 조금 컸기 때문에 정규 밀도 함수 곡선보다 살짝 뾰족한 형태이다. 통계량을 통해 추측한 것과 실제 분포가 일치함을 확인할 수 있다.

❸ 'TOT_BUY_CNT' 변수 역시 앞서 살펴본 왜도와 첨도로 미루어 짐작한 것과 형태가 비슷함을 확인할 수 있다. 또한, 왜도가 '3.79'와 같이 큰 경우 분포가 상당히 왼쪽으로 치우쳐 있음을 알 수 있다. 참고로 '구매 빈도', '구매 금액' 같은 변수는 비구매 고객으로 인해 왼쪽으로 치우친 분포를 갖는 경우가 많다.

❹ 'AGE' 변수와 같이 분포가 정규 분포에 가깝다면, 평균과 표준 편차를 활용해 보다 유용한 정보를 얻을 수 있다. '평균-표준 편차'~'평균+표준 편차'에는 전체 데이터 중 약 70%(정확히는 68.27%)가 분포해 있다. 그리고 구간을 넓혀 2표준 편차만큼 빼고 더한 구간은 전체 데이터 중 약 95%가 분포해 있다. 따라서 'AGE'를 활용해 결과를 표현하면, "전체 고객 중 약 70%의 나이는 29.5(=39.5-10.0)~49.5(=39.5+10.0)살 사이이다"라고 말할 수 있다.

④와 같이 평균과 표준 편차를 함께 활용해 해석하면, 보다 다양한 정보를 알 수 있다. 단순히 '평균은 ~○○○이다'라고 말하는 것도 분명 좋은 정보이다. 하지만 표준 편차를 활용해 데이터의 분포를 구간으로 표현한다면, 정보의 불확실성을 제거할 수 있어 분석을 하는 데 보다 유용하다.

# 3

# 범주형 데이터 분석

## 1 ················· 범주형 데이터 분석이란?

### 1 | 범주형 데이터

범주형 데이터는 한정된 범주에서 값을 가진다. 범주형 데이터는 유형에 따라 순서 정보를 포함한 경우도 있고, 그렇지 않은 경우도 있다. 하지만 분석 방법은 서로 비슷하다. 다만, 순서가 있는 데이터는 순서 정보를 활용해 보여주는 것이 좋다. 범주형 데이터 분석 역시 수치형 데이터 분석과 같이 데이터가 가진 특성을 파악하는 것이 주목적이다.

### 2 | 범주형 데이터의 특성

범주형 데이터는 사칙 연산이 불가능하다. 이런 차이로, 범주형 데이터의 특징은 수치형 데이터와 다소 차이가 있다.

대통령 선거가 다가오면, 여론 조사를 통해 차기 대통령을 예측한다. 여론 조사는 유권자를 대상으로 지지 후보와 지지 정당 등을 물어 데이터를 수집한다. 이 조사 결과는 '특정 대권 주자에 대한 지지 여부'로 데이터가 수집되기 때문에 범주형 데이터이다. 그렇다면 조사 결과를 통해 가장 먼저 알고 싶은 내용은 무엇일까? 첫 번째는 아마도 대권 주자별 '지지자의 수'일 것이다. 그리고 대권 주자 중, 누가 가장 많은 지지를 받고 있는지 궁금할 것이다. 이처럼 범주형 데이터에서 범주별 '빈도'와 '가장 빈도가 높은 범주'는 중요한 지표가 된다.

가장 지지를 많이 받은 후보를 파악했다면, 그다음으로 궁금한 사실은 무엇일까? 아마도 '지지율'일 것이다. 응답자 중 얼마나 많은 사람이 지지하는지는 매우 중요하다. 지지율을 범주형 변수 전체로 일반화하면 비율이 된다. 비율은 전체 중에 해당 범주가 차지하는 비를 말한다. 빈도는 빈도만으로 의미를 알기 어렵지만, 비율은 비율만으로도 많은 정보를 준다. 예를 들어, A후보의 지지자 수가 1,000명이란 정보는 별 의미를 갖지 못한다. 얼마나 많은 사람을 조사 대상에 포함했는지 알 수 없기 때문이다. 하지만 A후보의 지지율이 40%라고 하면 어떨까? 양자 대립이나 삼자 대립 구도라고 해도, 지지율 40%는 무시할 수 없는 높은 값이다. 이와 같이 '비율'은 범주형 데이터 분석에서 중요한 지표가 된다.

'범주형 데이터 분석'에서는 빈도표를 중심으로 '빈도', '비율', '누적 비율'을 구하고, 활용하는 방법을 알아본다. 그리고 관측되지 않은 값인 결측값을 분석하고 처리하는 방법을 알아본다. 또한 범주형 자료에서 얻은 결과를 해석하는 방법도 깊이 있게 살펴본다.

## 2 ···················································· 일원 빈도 분석

범주형 데이터의 특성은 대부분 빈도표를 통해 얻을 수 있다. 빈도표는 그리기 쉽고, 이해하기도 쉽다. 이는 빈도표가 가진 가장 큰 장점이다.

### 1 | 빈도

범주형 데이터 분석에서 빈도는 각 범주가 관측된 횟수를 의미한다. 범주형 데이터는 가질 수 있는 범주가 유한하다는 특징이 있기 때문에 각 범주의 관측 빈도를 '표'로 정리해 분석한다. 이와 같이 범주형 변수의 각 범주별 빈도를 정리한 표를 빈도표frequency table라고 한다. 예제를 통해 빈도표 구성 방법과 해석 방법을 알아보자.

---

A, A, B, B, B, C, C, D, D, F

---

예제 4.14 | 학생 10명의 학점 데이터

〈예제 4.14〉는 학생 10명의 학점 데이터이다. 보통 범주형 데이터는 〈예제 4.14〉와 같이 정렬되어 있지 않다. 따라서 일반적으로 먼저 데이터 정렬을 수행해야 한다. 〈예제 4.14〉와 같이 범주형 데이터의 각 범주가 순서를 포함하는 경우, 보통 범주 순서에 맞춰 빈도표를 그린다. 하지만 품목, 색상 등과 같이 순서 정보가 없는 경우, 빈도순으로 정렬하는 것도 좋다. 〈예제 4.14〉의 데이터를 학점순으로 정리한 뒤, 빈도표를 그리면 〈표 4.5〉와 같다.

**표 4.5 | '학생 10명에 대한 학점 데이터'의 빈도**

| 학점(범주) | A | B | C | D | F |
|---|---|---|---|---|---|
| 학생 수(빈도) | 2 | 3 | 2 | 2 | 1 |

〈표 4.5〉를 살펴보면 가장 빈도가 높은 학점이 'B'라는 사실을 알 수 있다. 이와 같이 데이터에서 가장 높은 빈도로 발생한 값을 최빈값mode이라고 한다. 최빈값은 수치형 데이터에서도 구할 수 있지만, 보통은 범주형 데이터에 더 적합한 통계량으로 취급된다. 왜냐하면 수치형 변수를 정밀하게 측정할 경우, 최빈값은 별다른 의미를 갖지 못하기 때문이다.

## 2 | 비율

비율은 각 범주의 빈도를 전체 빈도로 나눈 값을 말한다. 다만 '교통사고 사망자 수'와 같이 분모(대한민국 인구 수) 대비 분자(교통사고 사망자 수)가 너무 작은 경우에는 해석이 어렵기 때문에 인구 10만 명이나 100만 명당 사람 수로 비율을 대신한다. 즉, 상황에 따라 비율에 100을 곱하여 백분율로 표시하기도 하는 것이다. 〈예제 4.14〉 데이터를 활용해 비율을 구해보자.

**표 4.6 | '학생 10명에 대한 학점 데이터'의 비율**

| 학점(범주) | A | B | C | D | F | 합계 |
|---|---|---|---|---|---|---|
| 학생 수(빈도) | 2 | 3 | 2 | 2 | 1 | 10 |
| 비율 | 0.2(=2/10) | 0.3 | 0.2 | 0.2 | 0.1 | 1 |

빈도표에서 비율을 구하려면 〈표 4.6〉과 같이 합계를 구하고, 합계로 각 그룹의

빈도를 나눠주면 된다. 배경지식이 없다면, 빈도만으로 값이 큰지 작은지 알기 어렵다. 하지만 비율은 전체와 비교한 빈도를 나타내기 때문에 그 자체만으로도 의미 있는 정보를 제공한다. 예를 들어 '학점 B인 학생은 3명이다'라는 사실은 별다른 의미를 갖지 못하지만, '학점이 B인 학생은 30%이다'라는 정보는 '대충 세 명 중 한 명은 B를 받았구나'라는 보다 유용한 정보를 제공한다.

더 알 아
보 기

### '%'와 '%p'

비율을 데이터로 분석할 때, 많이 하는 실수가 있다. 바로 '%(퍼센트)'와 '%p(퍼센트 포인트)'를 구분하지 못하는 실수이다. '%'와 '%p'는 어떻게 다를까? 결론부터 말하면, '%'는 비율이고, '%p'는 두 백분율 간의 산술적 차이를 말할 때 사용한다.

**<예시> 대한민국 경제 성장률이 5%에서 10%로 증가했을 때, 다음 중 사실인 것은?**

    ① 경제 성장률이 5% 증가했다
    ② 경제 성장률이 200% 증가했다
    ③ 경제 성장률이 5%p 증가했다

정답은 ②과 ③번이다. 왜 그럴까? %로 두 값을 비교하려면, '비율'을 구해야 한다. 기준값(이 경우 5%)을 분모로 하고, 비교값을 분자로 한다. 그래서 이 경우 비율은 2%(=10%/5%)이다. 즉, 2배인 것이다. 이를 비율로 환산하면, 200%가 된다. 반면, %p는 산술적인 차이를 말한다. 그래서 5(=10%-5%)%p이기 때문에 맞는 사실이다. 이 내용은 비율을 해석할 때, 많이 틀리는 내용이기 때문에 기억해 두길 바란다. 그냥 넘어가기엔 %와 %p는 너무 큰 차이를 가진다.

## 3 │ 누적 비율

누적 비율은 데이터를 어떤 기준으로 정렬한 뒤, 누적과 덧셈을 이용해서 구한 값을 말한다. 이때 순서가 없는 데이터는 비율을 큰 값에서 작은 값으로 정렬(또는 반대로)한 뒤 구한다. 반대로 데이터에 순서 정보가 있다면, 순서를 기준으로 누적 비율을 구한다. 〈예제 4.14〉 데이터를 활용해 누적 빈도와 누적 비율을 구해보자.

**표 4.7 | '학생 10명에 대한 학점 데이터'를 이용한 누적 비율**

| 학점(범주) | A | B | C | D | F | 합계 |
|---|---|---|---|---|---|---|
| 학생 수(빈도) | 2 | 3 | 2 | 2 | 1 | 10 |
| 비율 | 0.2 | 0.3 | 0.2 | 0.2 | 0.1 | 1 |
| 누적 빈도 | 2 | 5(=2+3) | 7(=2+3+2) | 9 | 10 | - |
| 누적 비율 | 0.2 | 0.5(=5/10) | 0.7(=7/10) | 0.9 | 1 | - |

순서상 첫 번째 범주 'A'는 이전 범주가 없다. 그 때문에 빈도, 비율, 누적 빈도, 비율이 모두 같다. 하지만 두 번째 범주 'B'의 경우 누적 빈도와 누적 비율은 이전 범주 'A'의 빈도와 비율을 포함하기 때문에 각각 '5'와 '0.5'가 된다. 이처럼 누적 비율을 구하면, '상위권(A, B학점) 학생이 전체 학생 중 약 50%이다', '10명 중 7명은 C학점 이상을 받았다' 등을 파악할 수 있다.

## 4 | 실습

실습에서는 [일원 빈도 분석] 작업을 활용해 '빈도', '백분율', '누적 백분율'을 구하는 방법을 알아보겠다. 실습에는 'SASODA'의 'EX_TB_CUS_MST' 데이터를 이용한다. 분석 변수는 지역명 'CTY_NM'을 이용한다.

### ❶ 데이터와 작업 가져오기

실습을 위해 새로운 프로세스 플로우를 만들고, 실습 데이터와 작업을 프로세스 플로우로 가져온다.

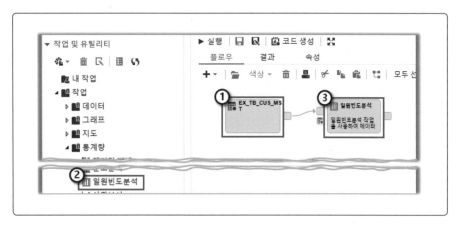

그림 4.20 │ 데이터와 작업 가져오기

❶ 'SASODA' 라이브러리에서 'EX_TB_CUS_MST'를 플로우로 이동

❷ [작업 및 유틸리티]의 [통계량]에 속한 [일원 빈도 분석] 작업을 플로우로 이동

❸ 데이터와 작업을 연결한 뒤, [일원 빈도 분석] 노드를 더블 클릭

## ② 작업 설정

분석 변수로 'CTY_NM'을 할당하고, 빈도표를 빈도가 높은 순(내림차순)으로 그리
도록 설정을 변경한 뒤, 작업을 실행한다.

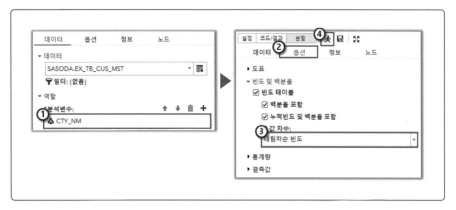

그림 4.21 │ 데이터와 옵션 설정

❶ [역할]의 [분석 변수:]에 'CTY_NM'을 할당

❷ [옵션] 탭으로 이동

❸ [빈도 및 백분율]의 [행 값 차수:]를 '내림차순 빈도'로 변경

ㅣ참고ㅣ 기본값을 이용할 경우, 데이터에 기록된 순서대로 표시됨

❹ 🏃 버튼을 눌러 [작업] 실행

## ③ 결과

〈그림 4.22〉는 [일원 빈도 분석] 작업을 실행한 결과이다. 산출 통계량과 그래프를 살펴보자.

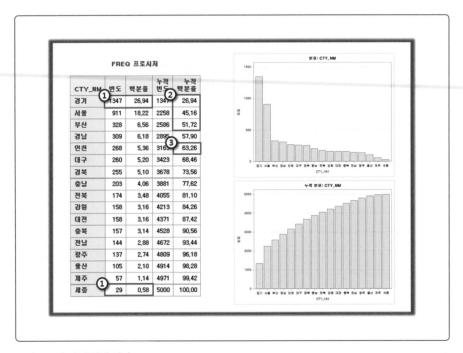

그림 4.22 | 작업 실행 결과

❶ 범주형 변수 'CTY_NM'의 빈도표를 살펴보면, 주소지가 경기인 고객이 1,347명(26.94%)으로 가장 많았다. 반면 세종의 경우 고객은 29명(0.58%)로 가장 적었다.

❷ 누적 백분율을 살펴보면, 상위 3개 지역(경기, 서울, 부산)의 고객이 전체 고객의 51.72%로 과반 이상을 차지했다.

❸ 누적 백분율 정보는 유용하게 활용될 수 있다. 예를 들어, 위치나 지역에 기반한 행사를 기획한다면, 서울(18.22%), 경기(26.94%), 인천(5.36%)을 대상으로 하면 효율적일 수 있다. 이 지역들은 지리적으로 가깝고, 전체 고객의 50% 이상이 해당 지역에 거주하기 때문이다.

## 3 ················································· 결측률 분석

결측률 분석은 변수를 선정하거나 변환하기 위한 중요한 기준이다. 이번에는 결측값이 무엇인지, 결측률 분석은 어떻게 하는지, 그리고 결측치를 어떻게 처리하는지에 대해 알아본다.

### 1 | 결측값

데이터는 연구, 사회 조사, 비즈니스 등을 목적으로 기록된다. 이처럼 기록된 데이터를 관측값observed value라고 한다. 하지만 전산 오류, 응답자의 응답 거부, 연구 데이터의 유실 등의 이유로 관측값이 없는 경우가 있다. 이처럼 값이 없는 데이터를 결측값missing value 또는 결측치라고 한다. 결측값을 간혹 '0'이나 '없음'으로 오인하는 경우도 있다. 하지만 결측값은 '알 수 없음' 또는 '관측되지 않음'을 의미한다. '0'과 '알 수 없음'은 다르다. 소득이 '0'이라는 건 소득이 없다는 의미이지만, 소득이 '알 수 없음'이라건 이 사람의 소득이 10억일 수도, 0원일 수도 있다는 것을 의미한다. 이 때문에 함부로 결측값을 처리해서는 안 된다. 실무를 하다 보면 많은 이들이 결측이 포함된 개체를 분석에서 제외하거나, 결측값이 너무 많은 변수를 분석에서 제외하는 것을 볼 수 있다. 결측값이 너무 많은 변수를 분석에 포함할 경우, 변수 하나 때문에 전체 데이터의 대부분을 쓰지 못하게 되는 경우도 있기 때문이다.

## 2 | 결측률 분석

결측값은 분석에 지대한 영향을 미치는 요인 중 하나이다. 따라서 분석에 활용할 변수를 선정할 때 가장 먼저 검토하는 것이 '결측률'이다. 결측률은 전체 개체 중 결측값을 포함한 개체의 비율을 의미하며, 값이 있는 범주와 결측인 범주로 데이터를 이분하여 분석한다는 점에서 범주형 데이터 분석과 유사하다.

결측률 분석이 필요한 이유는 결측이 너무 많은 데이터는 신뢰하기 어렵기 때문이다. 예를 들어, 여론 조사 기관에서 '무상 급식 정책 찬성 여부'를 두고, 대한민국 국민 1만 명을 대상으로 여론 조사를 했다고 하자. 조사 결과, 무상 급식 정책에 찬성한 사람이 100명이고, 반대하는 사람이 50명이었다. 단순히 이 두 사실만 놓고 보면, 찬성이 반대보다 두 배 많다. 하지만 사실 이 조사에서 무응답이 9,850명이었다. 이 조사 결과만 보았을 때는 찬성이 반대보다 두 배 많다는 것은 사실이지만, 전체 조사자 중 98.5%는 무응답이기 때문에 이 조사 결과를 근거로 '국민들이 무상 급식 정책을 찬성한다'라고 말할 수 없다. 전체 조사 대상 중 고작 1.5%가 응답한 데이터로 정책 찬성 여부를 판단할 수 없기 때문이다. 같은 맥락에서 결측률이 높은 변수는 신뢰하기 어렵다. 예제를 통해 결측률을 구해보자.

### 예제 4.15 | A정책에 대한 찬반 투표 결과

| 응답자 | 1 | 2 | 3 | 4 | 5 | 6 | 7 | 8 | 9 | 10 |
| --- | --- | --- | --- | --- | --- | --- | --- | --- | --- | --- |
| 찬반 | 찬성 | 무응답 | 찬성 | 찬성 | 무응답 | 무응답 | 반대 | 찬성 | 무응답 | 반대 |

결측률을 구하기 위해 먼저, 응답자와 무응답자에 대한 빈도표를 만들어보자. 전체 대상은 10명이고, 무응답자는 4명이다. 이 사실을 빈도표로 만들면, 〈표 4.8〉과 같다.

**표 4.8 | A정책에 대한 찬반 투표 결과의 빈도표**

| 구분 | 빈도 | 비율 |
|------|------|------|
| 응답 | 6 | 0.6 |
| 무응답 | 4 | 0.4 |

응답과 무응답을 기준으로 빈도표를 만든 뒤, 빈도와 비율을 구한다. 이때 결측률은 무응답자 비율과 같기 때문에 결측률은 40%가 된다.

## 3 | 결측값 처리

결측값은 데이터 분석에 지대한 영향을 미친다. 따라서 결측값은 되도록 처리하는 것이 좋다. 데이터 과학 방법론 중 일부는 결측치에 민감하다. 예를 들어 '회귀 모형'은 한 변수가 결측이면 이 관측치를 분석에 사용하지 않는다. 만약 한 변수의 30%가 결측이라면 전체 데이터 중 30%는 분석에 사용할 수 없게 된다. 결측값으로 정보가 크게 손실되는 것이다. 이 때문에 결측치는 보통 분석에 앞서 처리해주는 것이 좋다.

결측값을 처리하는 방법은 크게 세 가지 유형으로 나눌 수 있다. 첫 번째 방법은 '제거'이다. 이는 결측률이 높은 변수나 결측값을 가지는 개체를 분석 대상에서 제외하는 방법으로, 가장 흔히 쓰는 방법이다. 하지만 이 방법은 필연적으로 정보 손실을 동반한다. 그렇기에 결측률은 높지만, 비즈니스나 연구 목적상 중요한 변수가 포함된 경우 결측치 제거 방법은 적합하지 않다.

두 번째 방법은 '값 대체'이다. 값 대체는 결측값을 다른 값으로 대체하는 방법이다. 값 대체 방법은 다시 두 가지 유형으로 나눌 수 있다. 첫 번째는 배경지식을 활용하는 방법이다. 결측의 원인을 정확히 알고 있다면, 업무나 연구 목적에 타당한 대체 값을 찾을 수가 있다. 예를 들어, 구매 이력이 없어 구매 금액이 결측으로 표시된 경우 결측을 '0'으로 대체하는 것은 자연스러운 조치가 된다. 두 번째는 데이터에 기반한 값 대체 방법이다. 이는 결측값 대신 '평균', '중앙값'과 같은 값들로 대체하는 방법이다. 이 외에도 '예측 모형'이나 '분포' 등 좀 더 어려운 값 대체 방법을 활용하여 결측값을 대체하는 경우도 있다.

세 번째 방법은 '범위 재코딩'이다. 흔히 '비닝'이라고도 한다. 이 방법은 변수의 유형에 따라 다소 차이가 있다. 먼저 수치형 변수의 경우 분포나 비즈니스 지식 등을 활용해 범주형 변수로 변환한 다음, 결측을 하나의 범주로 취급해 처리한다. 반면, 범주형 변수의 경우 결측을 또 다른 범주로 처리한다. 이 방법은 수치형 변수의 범주화로 인한 정보 손실이 발생하지만, 결측을 의미 그대로 활용할 수 있다는 장점이 있어 실무에서 많이 활용한다.

세 가지 방법 모두 우수한 결측값 처리 방법이다. 하지만 이 중 단연 으뜸은 '결측의 원인을 정확히 파악하고, 업무나 연구 목적에 타당한 값으로 대체하는 방법'이다. 데이터 분석은 데이터를 이해하고, 분석 결과를 해석하여 설명하는 것이 핵심이다. 만약 정확한 원인도 모른 채 수치에만 의존한 처리 방법을 선택할 경우, 정확한 해석이 어려워지거나 결측을 잘못된 값으로 대체하는 일이 생길 수도 있다. 예를 들어, 구매 이력이 없어 결측인 고객을 평균이나 중앙값으로 대체하는 것이다. 따라서 결측을 발견할 경우, 먼저 그 원인을 정확히 파악하는 것이 중요하다.

## 4 | 실습

실습에서는 [일원 빈도 분석] 작업을 활용해 '빈도', '백분율', '누적 백분율'을 구하는 방법을 알아본다. 실습에는 'SASODA'의 'EX_TB_CUS_MST' 데이터를 이용한다. 분석 변수는 성별 'SEX_CD'를 이용한다.

## ◘ 데이터와 작업 가져오기

실습을 위해 새로운 프로세스 플로우를 만들고, 실습 데이터와 작업을 프로세스 플로우로 가져온다.

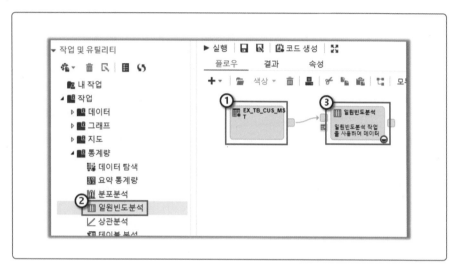

그림 4.23 | 데이터와 작업 가져오기

❶ 'SASODA' 라이브러리에서 'EX_TB_CUS_MST'를 플로우로 이동

❷ [작업 및 유틸리티]의 [통계량]에 속한 [일원 빈도 분석] 작업을 플로우로 이동

❸ 데이터와 작업을 연결한 뒤, [일원 빈도 분석] 노드를 더블 클릭

## ◙ 작업 설정

분석 변수로 'SEX_CD'을 할당하고, 빈도표에 결측값을 하나의 범주로 취급하도록 설정한 뒤, 작업을 실행한다.

❶ [역할]의 [분석 변수:]에 'SEX_CD'을 할당

❷ [옵션] 탭으로 이동

❸ [결측값]에서 [빈도 테이블에 포함]과 [백분율 및 통계량에 포함]을 선택

❹ 🏃 버튼을 눌러 [작업] 실행

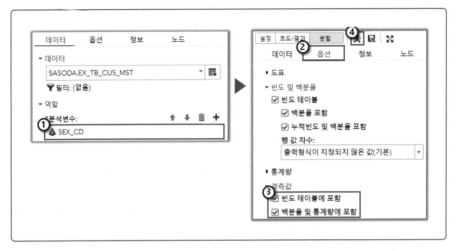

그림 4.24 | 데이터와 옵션 설정

## 3 결과

〈그림 4.25〉는 [일원 빈도 분석] 작업을 실행한 결과이다. 빈도표를 살펴보자.

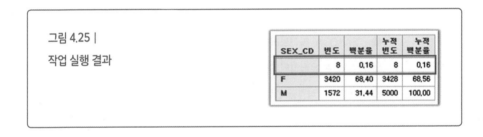

그림 4.25 |
작업 실행 결과

| SEX_CD | 빈도 | 백분율 | 누적 빈도 | 누적 백분율 |
|---|---|---|---|---|
|  | 8 | 0.16 | 8 | 0.16 |
| F | 3420 | 68.40 | 3428 | 68.56 |
| M | 1572 | 31.44 | 5000 | 100.00 |

'결측값'을 출력하도록 설정하면, 〈그림 4.25〉와 같이 결측이 하나의 범주로 출력된다. 결과를 살펴보면, 성별 'SEX_CD'가 결측인 고객이 총 8명인 것을 알 수 있다. 또한 결측률은 0.16%로 매우 낮다는 사실도 알 수 있다. 하지만 이와 같이 결측이 있는 경우 결측을 빈 값으로 두지 말고, 결측을 의미하는 다른 값으로 변경하는 것이 좋다. 결측값을 처리하는 방법은 '데이터 변환'에서 자세히 알아본다.

---

코딩 없이 배우는 데이터 과학

No Code Data Science

# 4

# 데이터 변환

수치형 데이터와 범주형 데이터는 각자가 가진 특성으로 인해 서로 다른 분석 방법을 이용한다. 하지만 수치형 변수는 필요에 따라 범주형 변수로 변환할 수 있다. 예를 들어, 수치형 변수를 구간으로 나누거나 순위로 변환하는 것이다. 또한 수치형 변수를 조작해 분포 형태를 바꾸는 방법도 있다. 이번 장에서는 수치형, 범주형 데이터를 다양한 방법으로 변환하는 방법에 대해 알아본다.

## 1    데이터 순위화

### 1 | 데이터 순위화란?

데이터 순위화는 수치형 변수를 순위형 변수로 변환하는 기능이다. 흔히 일상에서는 순위를 1등, 2등, 3등과 같이 표현한다. 하지만 [데이터 순위화]의 순위는 백분율이나 분위수 등도 포함하는 넓은 개념이다. 한편, 이 순위화에는 몇 가지 중요한 이슈가 있다. 먼저, 입력 변수값이 같은 경우(동점) 순위를 어떻게 정할지 미리 정해야 한다. 또한 순위를 큰 값에서 작은 값으로 매길지 아니면, 작은 값에서 큰 값으로 매길지를 정해야 한다. 순위화 방법과 이슈들에 대해 하나씩 살펴보자.

## 2 | 순위화 방법

순위를 만드는 방법은 다양하다. SAS ODA가 지원하는 6가지 데이터 순위화 작업 중, 실무에서 자주 사용하는 순위화 방법 네 가지를 간단히 알아보겠다.

### 1 순위

순위ranks 방법은 순위를 매길 개체가 N개 일 때, 순위화 칼럼의 순서대로 순위를 1부터 N까지 매기는 방법이다.

**표 4.9 | 순위 방법 예시**('큰 값에서 작은 값으로' 순위를 주는 경우)

| 순위화 칼럼 값 | 160 | 140 | 120 | 111 | 112 |
|---|---|---|---|---|---|
| 순위 | 1 | 2 | 3 | 5 | 4 |

### 2 분위수

데이터를 정해진 분위수 단위 그룹으로 나누고, 가장 작은 값을 0으로, 가장 큰 값은 주어진 N-1 값으로 지정한다. 분위수는 '백분위', '십분위', '사분위', 'N분위' 4가지 방법이 많이 사용된다.

**표 4.10 | '십분위'로 지정한 분위수 예시**('큰 값에서 작은 값으로' 순위를 주는 경우)

| 순위화 칼럼 값 | 160 | 140 | 120 | 111 | 112 |
|---|---|---|---|---|---|
| 분위수 | 1 | 3 | 5 | 8 | 6 |

### ③ 비율 순위와 백분율

비율 순위와 백분율은 모두 '율'을 이용해 순위를 표현한다는 공통점이 있다. 순위를 율로 표현할 경우, 수치형 변수를 순서에 기초한 상대 점수로 만들 수 있다. 이 방법들은 전체 개체와 비교했을 때, 해당 개체가 얼마나 큰 값인지를 파악할 수 있다. 이런 이유로 실무에서 자주 사용하는 순위화 방법이다. 보통 이 방법을 사용할 때는 '작은 값에서 큰 값으로'를 많이 사용한다. 비율 순위fractional ranks는 분모를 전체 개체 수 N이나 N+1로 설정한 뒤, 순위를 비율로 구하는 방법이다. 그리고 백분율percentages은 가장 마지막 순위를 100으로 두고, 순위를 비율로 산출하는 방법이다. 〈표 4.11〉에 나와 있는 비율과 백분율 순위 예시를 살펴보자.

**표 4.11 | 비율과 백분율 순위 예시('작은 값에서 큰 값으로' 순위를 주는 경우)**

| 순위화 칼럼 값 | 160 | 140 | 120 | 111 | 112 |
|---|---|---|---|---|---|
| 비율 | 1 | 0.8 | 0.6 | 0.2 | 0.4 |
| 백분율 | 100 | 80 | 60 | 20 | 40 |

기타 순위화 방법에 대한 간략한 설명은 다음 〈표 4.12〉를 참고하기 바란다.

**표 4.12 | 데이터 순위화 방법**

| 방법 | 특징 |
|---|---|
| 순위 | 순위를 매길 개체가 N개 일 때, 순위화 칼럼의 순서대로 1부터 N까지 순위를 매기는 방법 |
| 분위수 | 데이터를 정해진 분위수 단위 그룹으로 나누고, 가장 작은 값을 0으로, 가장 큰 값은 주어진 N-1 값으로 지정(분위수 방법은 백분위, 십분위, 사분위, N분위 총 4 가지를 지원) |
| 비율 순위 | 분모를 전체 개체 수 N 또는 N+1로 두고, 순위를 비율로 구하는 방법 |
| 백분율 | 가장 마지막 순위를 100으로 두고, 순위를 산출하는 방법 |
| 순위의 정규 스코어 | 순위에서 정규 스코어를 계산하며, 결과 변수는 정규 분포를 따름(정규 스코어 방법은 Blom, Tukey, Van der Waerden 총 3 가지를 지원) |
| 순위의 Savage 스코어 | 순위에서 Savage(또는 지수) 점수를 계산 |

## 3 | 동점 처리 방법

데이터 순위화 작업에서 값이 같을 때 처리하는 방법에는 '순위의 평균', '높은 순위', '낮은 순위', '밀도 순위'가 있다. 기본값은 '순위의 평균'으로 동점인 경우 동점인 순위들의 평균을 순위로 처리한다. 예를 들어 순위 대상 변수의 값이 1, 2, 2, 3이라면, 순위는 1, 2.5, 2.5, 4가 된다. 대상 변수 2, 2에 각각 2등과 3등이 부여되어야 하나 동점이기 때문에 2등과 3등의 평균인 2.5등이 된 것이다.

표 4.13 | 동점 처리 방법

| No | 방법 | 특징 |
|---|---|---|
| 1 | 순위의 평균<br>(기본값) | 동점인 경우 순위의 평균을 이용해 순위를 매김<br>예) 데이터: 1, 2, 2, 3 → 순위: 1, 2.5, 2.5, 4 |
| 2 | 높은 순위 | 순위가 같은 경우 더 큰 순위로 순위를 매김<br>예) 데이터: 1, 2, 2, 3 → 순위: 1, 3, 3, 4 |
| 3 | 낮은 순위 | 순위가 같은 경우 더 작은 순위로 순위를 매김<br>예) 데이터: 1, 2, 2, 3 → 순위: 1, 2, 2, 4 |
| 4 | 밀도 순위<br>(동점은 같은 순위) | 순위가 같은 경우 중복으로 순위를 매김<br>예) 데이터: 1, 2, 2, 3 → 순위: 1, 2, 2, 3 |

## 4 | 순위 순서

순위는 기준이 되는 값이 클수록 순위가 높을 수도 있고, 값이 작을수록 순위가 높을 수도 있다. 예를 들어, 관객 수는 많을수록 영화의 흥행 순위는 높아야 한다. 하지만 100m 달리기 기록은 작을수록 순위가 높아야 한다. 그래서 순위화 작업에서는 [순위 순서] 옵션을 통해 값이 작을수록 높은 순위를 부여할지, 아니면 값이 클수록 높은 순위를 부여할지 선택할 수 있다.

**표 4.14 | 순위 순서 부여 방법**

| 방법 | 설명 | 사용 시기 |
|------|------|-----------|
| 작은 값에서 큰 값으로 | 오름차순 | 값이 작을수록 순위가 높아야 하는 경우<br>예) 100m 달리기 기록 등 |
| 큰 값에서 작은 값으로 | 내림차순 | 값이 클수록 순위가 높아야 하는 경우<br>예) 영화 관람객 수, 점포 방문자 수 등 |

# 5 │ 실습

실습에서는 '칼럼 요약'에서 만들었던 'SASODA.AGG_TB_RFM' 데이터를 이용한다. 이 데이터는 거래 데이터를 고객 단위로 요약한 데이터이다. 데이터에는 '마지막 구매 일자', '총 구매 건수', '총 구매 금액' 등의 변수가 포함되어 있다. 이 세 변수는 서로 다른 단위를 가지고 있어 평균을 내거나 더할 수 없다. 이번 실습에서는 [순위화] 작업을 활용해, 이 값들을 점수로 만들어 본다. 순위화를 이용한 점수는 '상대 스코어'로 각 점수는 '전체 대상 중에 해당 고객의 총 구매 건수가 얼마나 큰지'를 의미한다. 실무에서도 이와 비슷한 방법으로 우량 고객을 찾기도 한다. 실습 내용은 다음과 같다.

① 'SASODA.AGG_TB_RFM'의 세 변수 'LAST_BUY_DT', 'TOT_BUY_CNT', 'TOT_BUY_AMT' 모두를 [순위화할 칼럼]으로 이용

② 결과는 'SASODA.AGG_TB_RFM_SCORE'로 저장

③ [순위화 방법:]은 '백분율'을 이용하고, [순위 순서:]는 '큰 값에서 작은 값으로'를 선택

## 1 데이터와 작업 가져오기

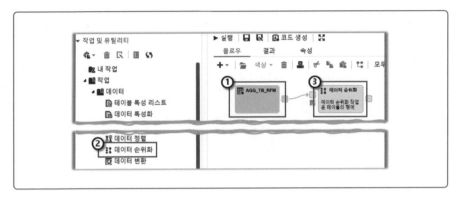

그림 4.26 | 'SASODA.AGG_TB_RFM' 데이터와 데이터 순위화 작업 가져오기

❶ 'SASODA' 라이브러리의 'AGG_TB_RFM' 데이터를 플로우로 이동

❷ [작업 및 유틸리티]의 [데이터] 밑에 [데이터 순위화] 작업을 플로우로 가져와 데이터와
연결

❸ [데이터 순위화] 노드를 더블 클릭

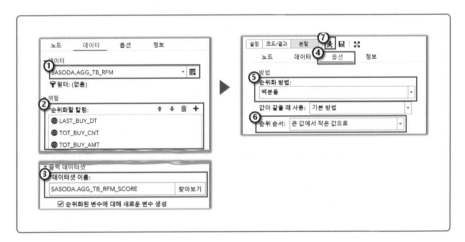

그림 4.27 | 순위화 작업에 필요한 데이터, 변수, 옵션 설정

## ② 순위화 설정

❶ [데이터] 탭의 [데이터]에 'SASODA.AGG_TB_RFM'을 선택

❷ [역할]의 [순위화할 칼럼:]에 'LAST_BUY_DT', 'TOT_BUY_CNT', 'TOT_BUY_AMT' 할당

❸ [출력 데이터셋]의 [데이터셋 이름:]에 'SASODA.AGG_TB_RFM_SCORE'를 입력

❹ [옵션] 탭으로 이동

❺ [순위화 방법:]에서 '백분율' 선택

❻ [순위 순서:] '큰 값에서 작은 값으로' 선택

❼ 🏃 버튼을 눌러 [작업] 실행

## ③ 순위화 결과

| OBS | CUST_ID | LAST_BUY_DT | TOT_BUY_CNT | TOT_BUY_AMT | 변수 LAST_BUY_DT의 순위 | 변수 TOT_BUY_CNT의 순위 | 변수 TOT_BUY_AMT의 순위 |
|---|---|---|---|---|---|---|---|
| 1 | 1 | 22430 | 6 | 196680 | 65.7212 | 52.613 | 59.6232 |
| 2 | 2 | 22461 | 226 | 10099319 | 16.4506 | 7.314 | 8.5697 |
| 3 | 3 | 22455 | 38 | 1215806 | 37.0746 | 29.660 | 29.9028 |
| 4 | 4 | 22455 | 235 | 9340768 | 37.0746 | 5.997 | 10.8995 |
| 5 | 5 | 22461 | 185 | 7453903 | 16.4506 | 13.817 | 14.2018 |
| 6 | 6 | 22457 | 60 | 2030673 | 34.5827 | 17.605 | 26.0535 |
| 7 | 7 | 22458 | 60 | 2264418 | 31.7666 | 17.605 | 23.7844 |
| 8 | 8 | 22443 | 6 | 170242 | 56.5235 | 52.613 | 64.0397 |
| 9 | 9 | 22457 | 44 | 2506117 | 34.5827 | 28.059 | 20.8671 |
| 10 | 10 | 22390 | 1 | 221974 | 89.7893 | 100.000 | 55.6321 |

그림 4.28 | 테이블 리스트 작업을 이용해 CUST_ID = 1 …… 10까지 출력한 결과

〈그림 4.28〉은 순위화 결과 데이터 'SASODA.AGG_TB_RFM_SCORE'를 [테이블 리스트] 작업을 이용해 10개 관측치만 출력한 결과이다. 결과를 살펴보면, 새로운 변수 세 개가 만들어진 것을 알 수 있다. 이 변수는 최대 100까지의 값을 가질 수 있다. 또한 세 변수가 모두 상대적으로 얼마나 큰가를 나타낸다. 따라서 이 세 변수 값의 합계나 평균으로 우량 고객을 찾을 수도 있다.

## 2 · · · · · · · · · · · · · · · · · · · · · · · · · · · · · · · · · · · · · · · · · · · 값 재코딩

### 1 | 값 재코딩이란?

값 재코딩은 변수의 특정 값을 다른 값으로 바꿔주는 작업을 말한다. 예를 들면, 남성과 여성의 성별을 1과 2로 재코딩할 수 있다. 실무에서 값 재코딩은 데이터 크기를 줄이기 위해 흔히 사용된다. 예를 들어 '서울특별시'를 그대로 사용하는 것보다 '01'과 같이 코드로 기록하는 것이 저장 공간을 훨씬 절약할 수 있다. 실제로 로그나 거래 데이터의 경우 주소나 상품명, 페이지 이름 등을 코드로 대체하여 기록하는 경우가 많다.

### 2 | 실습

실습에서는 'SASODA.JOIN_TB_CUS_TR_INFO' 데이터를 가져와 'CUST_GRD' 변수 값을 다음과 같이 재코딩한다. 그리고 재코딩 결과 데이터는 'SASODA. VRCD_TB_CUS_MST'로 저장한다.

표 4.15 | 'CUST_GRD'에 대한 값 재코딩 방법

| 이전 값 | BLACK | VVIP | VIP | GOLD | BLUE |
|---------|-------|------|-----|------|------|
| 새로운 값 | 01 | 02 | 03 | 04 | 05 |

## 1 데이터와 작업 가져오기

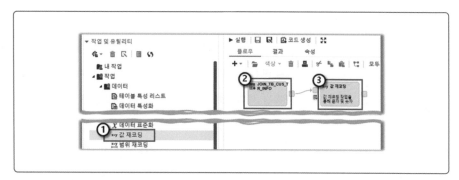

그림 4.29 | 'SASODA.JOIN_TB_CUS_TR_INFO' 데이터와 값 재코딩 작업 가져오기

❶ [작업 및 유틸리티]의 [데이터]에서 [값 재코딩] 작업을 선택해 플로우로 이동

❷ 'SASODA' 라이브러리에서 'JOIN_TB_CUS_TR_INFO' 데이터를 선택해 플로우로 이동

❸ 데이터와 작업을 연결하고, [값 재코딩] 노드를 더블 클릭


## 2 값 재코딩 설정

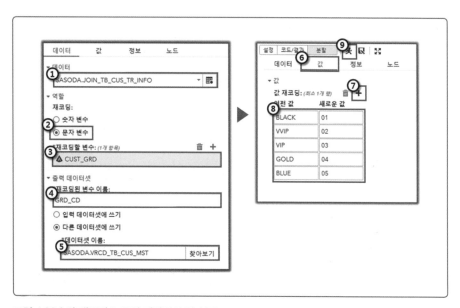

그림 4.30 | 값 재코딩 노드의 데이터와 값 설정

❶ 작업 [데이터]에 'SASODA.JOIN_TB_CUS_TR_INFO'를 할당

❷ [역할] 항목의 [재코딩:]을 [숫자 변수]에서 [문자 변수]로 변경

❸ [재코딩할 변수:]에 'CUST_GRD' 할당

❹ [출력 데이터셋] 항목의 [재코딩된 변수 이름:]에 'GRD_CD' 할당

|참고| [재코딩된 변수 이름:]은 값 재코딩 결과를 저장할 변수 이름을 의미

❺ 결과 데이터 이름을 [데이터셋 이름:]에 'SASODA.VRCD_TB_CUS_MST'로 지정

❻ [값] 탭으로 이동

❼ + 버튼을 눌러 [이전 값]과 [새로운 값] 항목을 5개까지 확장

❽ 'CUST_GRD'의 각 값 'BLACK'…, 'BLUE'를 [이전 값]에 넣고, 등급 순서에 맞게 코드 값 '01'…, '05'를 [새로운 값]에 할당

❾ 🏃 버튼을 눌러 [작업] 실행

### ③ 값 재코딩 결과

그림 4.31 |

값 재코딩 결과 데이터를
테이블 리스트 작업으로 출력한 결과

SASODA.VRCD_TB_CUS_MST에 대한 데이터 리스트

| OBS | CUST_ID | CUST_GRD | GRD_CD |
|-----|---------|----------|--------|
| 1 | 1 | BLUE | 05 |
| 2 | 2 | BLACK | 01 |
| 3 | 3 | GOLD | 04 |
| 4 | 4 | BLACK | 01 |
| 5 | 5 | BLACK | 01 |
| 6 | 6 | GOLD | 04 |
| 7 | 7 | GOLD | 04 |
| 8 | 8 | BLUE | 05 |
| 9 | 9 | GOLD | 04 |
| 10 | 10 | BLUE | 05 |

〈그림 4.31〉은 [테이블 리스트] 작업을 이용해 값 재코딩 결과 데이터 'VRCD_TB_CUS_MST'의 일부('고객 식별 번호', '고객 등급', '등급 코드'만 출력)를 출력한 결과이다. 'CUST_GRD' 변수는 영문으로 표기되어 있다. 따라서 이 값을 기준으로 정렬하면 알파벳순으로 값이 정렬된다. 그 결과, 등급 순위에 맞게 요약 결과나 그래프를 그리기 어렵다. 이 경우 [범위 재코딩]을 이용해 순서를 반영한 새 코드를 만들면 유용하다.

## 1 | 범위 재코딩이란?

범위 재코딩은 특정 범위에 속하는 변수 값을 새로운 값으로 정의하는 방법이다. 예를 들어 나이 변수를 구간에 맞게 10대, 20대, 30대로 변환하는 경우 범위 재코딩을 이용한다. 범위 재코딩은 수치형 변수에 한하여 사용할 수 있다. 이처럼 수치형 변수를 묶어 순위형이나 범주형 변수처럼 변환하는 방법을 비닝binning이라고 한다.

## 2 | 실습

실습에서는 'SASODA.VRCD_TB_CUS_MST' 데이터를 이용해 연령 'AGE'를 재코딩한 뒤, 변수 'AGE_GRP'에 저장하고, 결과 데이터는 'SASODA.RRCD_TB_CUS_MST'에 저장한다.

표 4.16 | 연령 구간 정의

| 재코딩된 값 | 청소년 이하 | 청년 | 중년 | 장년 | 노년 |
|---|---|---|---|---|---|
| 범위<br>(하한~상한) | 0~18세 | 19~29세 | 30~49세 | 50~64세 | 65세 이상 |

## ■ 데이터와 작업 가져오기

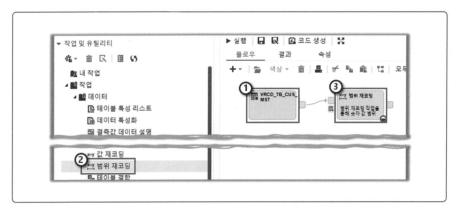

그림 4.32 | 'SASODA.VRCD_TB_CUS_MST' 데이터와 범위 재코딩 작업 가져오기

❶ 'SASODA' 라이브러리에서 'VRCD_TB_CUS_MST' 데이터를 플로우로 이동

❷ [작업 및 유틸리티]의 [데이터]에 있는 [범위 재코딩] 작업을 플로우로 가져와 작업 대상 데이터와 연결

❸ [범위 재코딩] 노드를 더블 클릭

## ② 범위 재코딩 설정

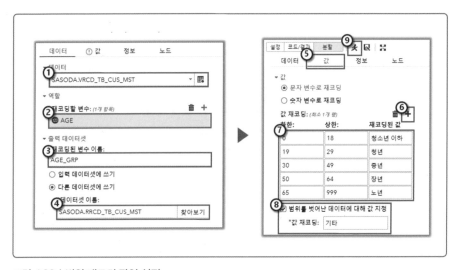

그림 4.33 | 범위 재코딩 작업 설정

❶ 작업 [데이터]에 'SASODA.VRCD_TB_CUS_MST'를 할당

❷ [역할] 항목의 [재코딩할 변수:]에 'AGE' 할당

❸ [출력 데이터셋] 항목의 [재코딩된 변수 이름:]에 'AGE_GRP' 할당

❹ 결과 데이터 이름을 [데이터셋 이름:]에 'SASODA.RRCD_TB_CUS_MST'로 지정

❺ [값] 탭으로 이동

❻ ➕ 버튼을 눌러 [상한:], [하한:], [재코딩된 값] 항목을 5개까지 확장

❼ 〈표 4.16〉 연령 구간 정의'와 같이 각 항목을 입력

|참고| 상한은 무조건 정해야 하기 때문에, '노년' 그룹의 상한을 '999'로 지정함

❽ [범위를 벗어난 데이터에 대해 값 지정]을 체크하고, [값 재코딩:]을 '기타'로 설정

|참고| 연령 변수의 값이 없거나 하한이 0보다 작은 경우, '기타'로 분류됨(예외 처리)

❾ 🏃 버튼을 눌러 [작업] 실행

## ③ 범위 재코딩 결과

그림 4.34 |

범위 재코딩 결과를
테이블 리스트로 출력한 결과

| OBS | CUST_ID | AGE | AGE_GRP |
|---|---|---|---|
| 1 | 1 | 31 | 중년 |
| 2 | 2 | 30 | 중년 |
| 3 | 3 | 28 | 청년 |
| 4 | 4 | 38 | 중년 |
| 5 | 5 | 43 | 중년 |
| 6 | 6 | 20 | 청년 |
| 7 | 7 | 43 | 중년 |
| 8 | 8 | 40 | 중년 |
| 9 | 9 | 37 | 중년 |
| 10 | 10 | 36 | 중년 |

SASODA.RRCD_TB_CUS_MST에 대한 데이터 리스트

〈그림 4.34〉는 [테이블 리스트] 작업을 이용해 범위 재코딩 결과 데이터 'RRCD_TB_CUST_MST'의 일부(고객 10명의 '고객 식별 번호', '연령', '연령 그룹'만 출력)를 출력한 데이터이다. 그리고 'AGE_GRP' 변수는 수치형 변수 'AGE'를 범주형 변수로 변환한 결과이다. 수치형 변수를 범주형으로 변환할 경우 정보 손실이 생긴다. 하지만 연령 그룹이 가진 특성을 보다 면밀하게 관찰할 수 있다는 장점이 있으며, 데이터

수집 과정에서 발생한 오류(예를 들면, 연령이 음수이거나 1,000살과 같은 경우)의 영향을 완화해 준다는 장점이 있다. 또한 범위 재코딩은 값이 없는 경우 '기타'나 '값 없음'으로 처리할 수 있기에, 연령 정보가 없는 고객이 가진 특성을 분석할 수 있다는 장점도 있다.

## 4 ............................................................ 데이터 변환

### 1 | 데이터 변환이란?

데이터 변환은 가정 만족, 해석 편의 등을 목적으로 변수를 변환하는 방법이다. 변수 변환 방법에는 제곱, 제곱근, 역수, 로그 변환 등이 있다. [데이터 변환] 작업에서 지원하는 변환 방법은 〈표 4.17〉과 같다.

표 4.17 | 데이터 변환 작업에서 지원하는 변환 방법

| No | 변환 방법 | 변환 공식 |
|----|-----------|-----------|
| 1 | 역 제곱 | $x' = 1/x^2$ |
| 2 | 역 | $x' = 1/x$ |
| 3 | 역 제곱근 | $x' = 1/\sqrt{x}$ |
| 4 | 자연 로그 | $x' = 1/log(x)$ |
| 5 | 제곱근 | $x' = \sqrt{x}$ |
| 6 | 제곱 | $x' = x^2$ |
| 7 | 사용자 정의 변환 | 사용자가 정한 수식에 맞춰 변수를 변환 |

데이터 변환은 데이터 시각화, 이상치 완화, 분석 모형의 가정 만족 등을 목적으로 사용된다. 이때 데이터의 시간에 따른 변화 폭이 큰 경우, 로그 변환을 이용해 작은 값이 그래프에서 사라지는 문제를 완화할 수 있으며, 극단적으로 큰 값이나 작은 값이 있는 경우, 변수 변환으로 영향을 완화할 수 있다. 또한 선형성, 등분산성, 독립성 등과 같은 복잡한 가정을 가지고 있는 회귀 모형의 경우, 현실 데이터가 이 가정을 모두 만족하는 경우는 드물다. 이때 변수 변환을 통해 가정을 어느 정도 충족할 수 있도록 만들 수도 있다.

## 2 | 실습

실습에서는 '범위 재코딩'에서 만든 'SASODA.RRCD_TB_CUS_MST' 데이터를 이용한다. 이 데이터에는 총 구매 금액을 의미하는 'TOT_BUY_AMT' 변수가 있다. 구매 금액, 소득, 자산 등의 변수는 일반적으로 한쪽으로 쏠려 있는 분포 형태를 나타내는 경우가 많다. 극단적으로 구매 금액이 많은 고객이 있지만, 대다수 고객은 구매 금액이 작기 때문이다. '총 구매 금액'의 분포를 살펴보면 〈그림 4.35〉의 왼쪽과 같다. 실습에서는 '총 구매 금액' 변수에 로그를 취해 〈그림 4.35〉의 오른쪽과 같이, 극단 값의 영향을 완화하는 방법을 사용한다.

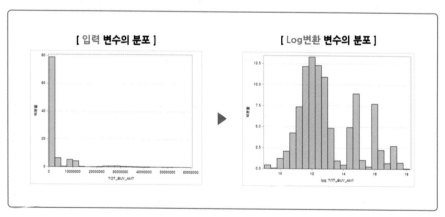

그림 4.35 | 총 구매 금액의 로그 변환 결과

## 1 데이터와 작업 가져오기

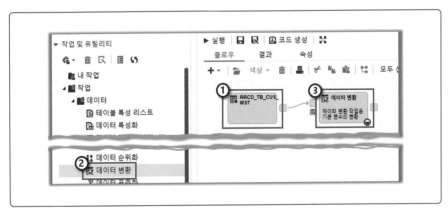

그림 4.36 | 'SASODA.RRCD_TB_CUS_MST' 데이터와 데이터 변환 작업 가져오기

❶ 'SASODA' 라이브러리에서 'RRCD_TB_CUS_MST' 데이터를 플로우로 이동

❷ [작업 및 유틸리티]의 [데이터]에 있는 [데이터 변환] 작업을 플로우로 가져와 작업 대상 데이터와 연결

❸ [데이터 변환] 노드를 더블 클릭


## 2 데이터 변환 작업 설정

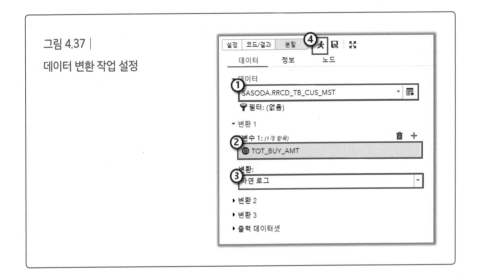

그림 4.37 |

데이터 변환 작업 설정

❶ 작업 [데이터]에 'SASODA.RRCD_TB_CUS_MST'를 할당

❷ [변환1]의 [변수1:]에 'TOT_BUY_AMT' 할당

❸ [변환:]에 '자연 로그' 선택

❹ 🏃 버튼을 눌러 [작업] 실행

[데이터 변환] 작업은 한 번에 최대 변수 세 개까지 변환할 수 있다. 만약 이 이상 변환이 필요하다면, 한 번 더 작업을 수행하면 된다.

### ③ 데이터 변환 결과 확인

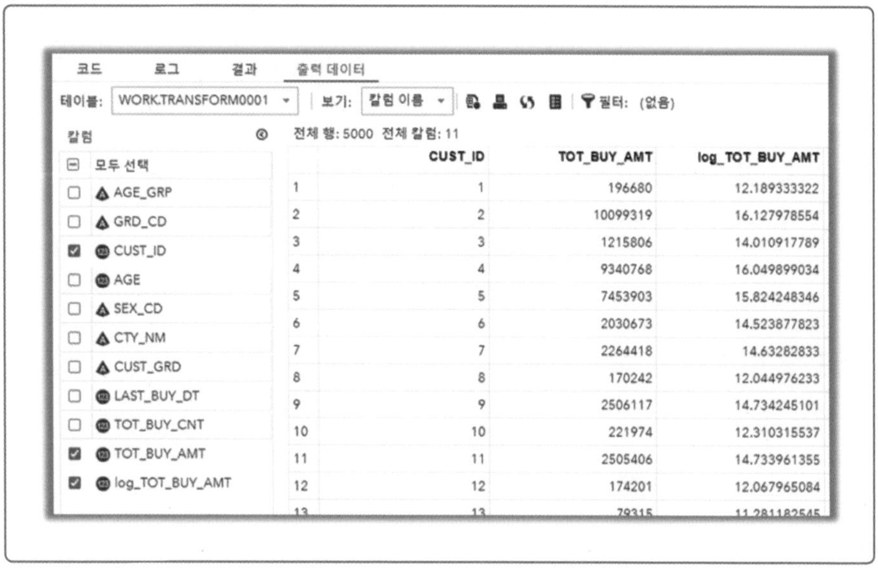

| | | CUST_ID | TOT_BUY_AMT | log_TOT_BUY_AMT |
|---|---|---|---|---|
| 1 | | 1 | 196680 | 12.189333322 |
| 2 | | 2 | 10099319 | 16.127978554 |
| 3 | | 3 | 1215806 | 14.010917789 |
| 4 | | 4 | 9340768 | 16.049899034 |
| 5 | | 5 | 7453903 | 15.824248346 |
| 6 | | 6 | 2030673 | 14.523877823 |
| 7 | | 7 | 2264418 | 14.63282833 |
| 8 | | 8 | 170242 | 12.044976233 |
| 9 | | 9 | 2506117 | 14.734245101 |
| 10 | | 10 | 221974 | 12.310315537 |
| 11 | | 11 | 2505406 | 14.733961355 |
| 12 | | 12 | 174201 | 12.067965084 |
| 13 | | 13 | 79315 | 11.281182545 |

그림 4.38 | 데이터 변환 작업의 출력 데이터

〈그림 4.38〉은 [데이터 변환] 작업을 실행해 얻은 결과이다. 결과를 살펴보면, 'log_TOT_BUY_AMT' 변수는 'TOT_BUY_AMT'에 로그를 취한 값을 가진다. 또 'CUST_ID = 1'번 개체의 총 구매 금액은 196,680원이고, 'CUST_ID = 2'번 개체의 총 구매 금액은 10,099,319원으로, 금액만 보았을 때 이 둘은 약 50배나 차이가 난다. 하지만 로그 변환 값은 각각 12.18과 16.12로 차이가 훨씬 줄게 된다. 한편 결

과 데이터를 살펴보면, 전체 변수 중 일부만 [출력 데이터]에 나타나 있다. 그 이유는 [출력 데이터]의 [칼럼]에서 표시하고 싶은 변수만 체크했기 때문이다.

## 5 ......................................................... 데이터 표준화

### 1 | 표준화란?

표준화Standardization는 서로 다른 단위를 가진 변수들을 비교할 수 있도록 바꾸는 방법이다. 대표적인 예가 평균과 표준 편차를 이용한 표준화이다. 일반적으로 평균을 위치 모수location parameter로 표준화하고, 표준 편차를 척도 모수scale parameter로 표준화하는 방법을 사용한다. 표준화 방법은 위치 모수와 척도 모수의 유형에 따라 달라진다. 일반적인 표준화 식은 다음과 같다.

$$Std\ Value = \frac{Value - Location}{Scales}$$

식 4.16 | 표준화 일반식

표준화에서 위치 모수를 빼 주는 이유는 데이터를 0을 중심으로 분포하도록 바꾸기 위해서이다. 그리고 이 값을 척도 모수로 나눠 주면, 데이터는 단위가 없어진다. 보통 키는 cm, 몸무게는 kg이란 단위를 사용하기 때문에 이 둘을 함께 비교할 수 없지만, 두 변수를 표준화한 경우에는 쉽게 비교할 수 있다.

## 2 | 데이터 표준화 방법

**표 4.18 | 표준화 방법**

| No | 표준화 방법 | 위치 | 척도 |
|----|----------|-----|-----|
| 1 | 표준 편차 | 평균 | 표준 편차 |
| 2 | 범위 | 최솟값 | 범위 |
| 3 | 사분위 범위 | 중위수 | 사분위수 범위 |
| 4 | Andrew's wave 추정 | Wave one-step M-estimate | Wave A-estimate |
| 5 | 유클리드 길이 | 0 | 유클리드 길이 |
| 6 | Huber 추정 | Huber one-step M-estimate | Huber A-estimate |
| 7 | 최대 절댓값 | 0 | 최소 절댓값 |
| 8 | 중위수 절대 편차 | 중위수 | 중위수 절대 편차 |
| 9 | Minkowski | L(p) | L(p) |
| 10 | 합계 | 0 | 합계 |
| 11 | Tukey's biweight 추정 | Biweight one-step M-estimate | Biweight A-estimate |
| 12 | Art, Gnanadesikan 및 Kettenring 추정 | 평균 | AGK estimate(ACECLUS) |
| 13 | 최소 간격 | 중앙 최소 간격 | 최소 간격 |

데이터 표준화 작업에서 지원하는 표준화 방법은 〈표 4.18〉과 같이 다양하다. 하지만 이 표준화 방법을 다 알 필요는 없다. 13가지 표준화 방법 중, 처음 세 가지를 제외한 나머지는 자주 사용하지 않기 때문이다. 이번에는 '표준 편차'와 '범위', '사분위수 범위'를 활용한 표준화 방법을 알아보자.

## 1 표준 편차를 이용한 표준화

원래 변수에서 평균을 뺀 다음 표준 편차로 나눠주는 표준화 방법이다. 일반적으로 변수 표준화라고 하면 이 표준 편차를 이용한 표준화를 의미한다. 이 방법은 표준 정규 분포를 이용한 검정을 위해 사용하는 표준화 방법이다. 한편, 표준화를 통해 얻은 값을 z-점수z-score라고도 한다. z-점수는 평균을 중심으로 표준 편차의 몇 배만큼 떨어져 있는가를 의미한다. 예를 들어, z-점수가 8이라면 해당 값은 평균을 중심으로 표준 편차의 8배만큼 떨어져 있음을 의미한다.

## 2 범위를 이용한 표준화

정규화normalization라고도 하며, 이런 변환 방법을 min-max 변환이라고 부르기도 한다. 범위 표준화는 원래 변수에서 최솟값을 뺀 다음, 범위(최댓값-최솟값)로 나눠준다. 정규화된 변수는 최댓값일 때 1이 되고, 최솟값일 때 0이 된다. 따라서 모든 값은 0과 1사이의 값을 가진다.

## 3 사분위수 범위를 이용한 표준화

'표준 편차'와 '범위'를 활용한 표준화 방법은 모두 이상치에 취약하다는 단점이 있다. 데이터에 이상치가 포함된 경우 표준화 값이 한쪽으로 쏠리는 문제가 생기기 때문이다. 반면, 사분위수 범위를 이용한 표준화는 순서에 기초한 사분위수 범위와 중위수를 이용한 표준화 방법이기 때문에 데이터에 이상치가 포함되어 있어도 값이 쏠리는 문제가 생기지 않는다.

# 3 | 표준화의 활용

실무에서 표준화는 값을 점수로 만들 때 활용한다. 예를 들면, 평균 구매 금액을 집계한 다음, 평균 구매 금액을 표준화하면 상대적인 크기를 알 수 있다. 쉽게 말해 전체 고객 중, 이 고객의 구매 금액이 얼마나 큰지 알 수 있는 것이다. 이 외에도 표준화는 이상하게 튀는 값을 발견하기 위해 사용한다. 그리고 이때 이런 이상한 값을 이상치outlier라고 한다. 이상치는 전산 오류나 기록 오류 등의 원인으로 발생한다. 만약 전산 오류나 기록 오류로 이상치가 발생했다면 원래 값으로 수정하는 방법이 바람직하다. 하지만 그럴 수 없다면, 이상치를 제거하는 방법을 사용하는 것이 좋다.

자료를 z값으로 변환시켜 주는 것을 표준화라고 한다. 표준화된 자료는 평균이 0이 되고, 분산은 1이 된다. 또한 자료를 표준화하면 단위의 영향을 받지 않는다. 예를 들면, 미터(m) 단위로 측정된 변수와 킬로미터(km) 단위로 측정된 변수를 표준화할 경우 함께 비교할 수 있다. 이런 특징 때문에 단위의 영향을 많이 받는 주성분 분석이나 군집 분석에서 사전에 표준화를 통해 단위로 인한 편향을 제거한다.

$$z_i = \frac{x_i - \bar{x}}{S}$$

식 4.17 | 표준화 식

10, 25, 30, 42, 44, 47, 1.230

예제 4.16 | z-값을 이용한 이상치 탐색

먼저 〈예제 4.16〉 데이터의 평균과 표준 편차가 각각 $\bar{x}$=204, $S^2$=452.6일 때, 각 데이터에 대한 z-값을 계산하면 다음과 같다.

$$-0.429, -0.395, -0.384, -0.358, -0.354, -0.347, 2.267$$

식 4.18 | z-값 계산식

〈식 4.18〉의 계산 결과를 보면, 〈예제 4.16〉에서 이상치로 의심되었던 1,230의 z-값이 2.267로 나온다. 따라서 수치상 이상치에 해당한다는 것을 알 수 있다.

## 4 | 실습

실습에서는 가장 많이 쓰이는 표준화 방법인 표준 편차를 이용한 표준화에 대해 알아본다. 흔히 표준화라고 말하면 대부분 평균을 0, 표준 편차가 1이 되도록 변환하는 방법을 말한다. 예제에 활용할 데이터는 'SASODA' 'JOIN_TB_CUS_TR_INFO' 데이터이다. 이 데이터에 포함된 구매 빈도, 금액 변수를 표준화하고, 결과를 'SASODA.AGG_TB_RFM_STD'에 저장하여 분석해보자.

### ▌ 데이터와 작업 가져오기

활용할 데이터 'JOIN_TB_CUST_TR_INFO'와 [데이터 표준화] 작업을 가져와 연결한다.

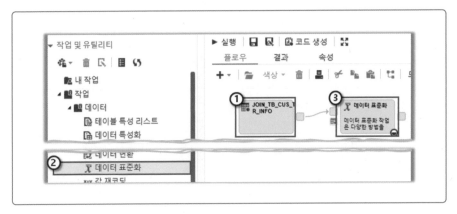

그림 4.39 | 'JOIN_TB_CUST_TR_INFO' 데이터와 데이터 표준화 작업 가져오기

❶ 'SASODA' 라이브러리에 있는 'JOIN_TB_CUS_TR_INFO'를 플로우로 이동

❷ [작업 및 유틸리티]의 [데이터] 밑에 있는 [데이터 표준화] 작업을 플로우로 이동

❸ [데이터 표준화] 작업과 데이터를 연결한 뒤, [데이터 표준화] 노드를 더블 클릭


## ② 작업 설정

표준화할 변수를 선택하고, 표준화 결과 확인을 위해 위치와 척도값을 결과에 출력하도록 설정한다. 그리고 출력 데이터는 'SASODA.AGG_TB_RFM_STD'로 저장하도록 지정한다. 마지막으로 표준화 변수의 접두어를 'STD_'로 변경한 뒤, 작업을 실행한다.

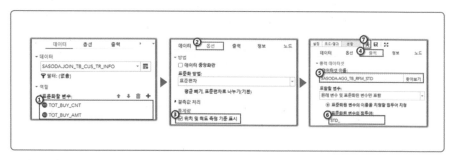

그림 4.40 | 데이터와 옵션 설정


❶ 대상 변수 'TOT_BUY_CNT', 'TOT_BUY_AMT'를 [표준화할 변수:]에 추가

❷ [옵션] 탭으로 이동

❸ [통계량]의 [위치 및 척도 측정 기준 표시] 선택

> |참고| [위치 및 척도 측정 기준 표시]를 선택하면, 표준화에 사용한 위치 모수와 척도 모수가 무엇인지 결과에 표시함

❹ [출력] 탭으로 이동

❺ [데이터셋 이름]을 'SASODA.AGG_TB_RFM_STD'로 변경

❻ [포함할 변수:]에서 [표준화된 변수의 접두어]를 'STD_'로 변경

> |참고| 접두어 기본값 'Standardized_'는 길이가 너무 길어 결과에 변수 이름이 잘릴 위험이 있어 변경함

❼ 🏃 버튼을 눌러 [작업] 실행

표준화 방법은 [옵션] 탭의 [표준화 방법] 옵션을 통해 변경할 수 있다. [표준화 방법:] 바로 위에 있는 [데이터 중앙화만]이란 체크 박스는 위치 모수만을 빼고 싶은 경우에 사용하는 옵션이다. 결측값 처리 옵션은 변수에 결측이 포함된 경우 사용한다.

### ③ 결과

〈그림 4.41〉은 [데이터 표준화] 작업을 실행한 결과이다. 결과를 살펴보자

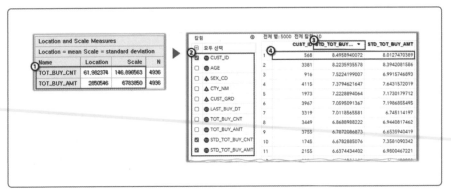

그림 4.41 | 작업 실행 결과

❶ 변수 'TOT_BUY_CNT'의 위치 모수 Location은 약 61.9인 것을 알 수 있다. 그리고 표준 편차 Scale은 146.98로 상당히 큰 것을 알 수 있다 (위치 모수와 척도 모수 유형은 표의 위에서 두 번째 줄에 표시되어 있음). 변수 'TOT_BUY_AMT'의 평균은 2,850,546 원이고, 표준 편차는 6,783,850원으로 구매 금액 역시 표준 편차가 평균보다 큰 것을 알 수 있다.

❷ 표준화 결과 확인을 위해 [출력 데이터] 탭으로 이동한 뒤, 〈그림 4.41〉과 같이 [칼럼] 영역에서 결과 확인에 필요 없는 AGE, SEX_CD, CTY_NM, LAST_TR_DT 변수를 체크 해제한다.

❸ 표준화 결과 확인을 위해 데이터에서 'TOT_BUY_CNT'를 클릭해 정렬한다 (변수 이름 뒤에 '▼'표가 나올 때까지 변수 이름을 클릭).

❹ 568번 고객은 구매 빈도에 대한 z-점수가 약 8.5임을 알 수 있다. 즉, 586번 고객의 구매 빈도는 평균으로부터 '표준 편차×8.5' 만큼 큰 값이란 걸 알 수 있다. 보통 2표준 편차 떨어져 있는 경우 상위 30%에 해당한다. z-점수로 미뤄 보았을 때, 이 고객은 구매 빈도가 매우 높은 고객임을 알 수 있다.

# 5

**No Code Data Science**

# 시각적
# 데이터
# 분석 I

**No Code Data Science**

# 1

# 시각적 데이터 분석

## 1 ......................... 시각적 데이터 분석이란?

'백문이 불여일견'百聞不如一見이란 말이 있다. 백 번 듣는 것이 한 번 보는 것보다 못하다는 의미로, 중국 전한前漢의 역사서인 〈한서漢書〉의 조충국전趙充國傳에 나오는 고사성어이다. 이는 데이터 과학에도 동일하게 적용된다. 데이터 역시 숫자나 글로 백 번 설명하는 것보다 시각화하여 한 번 보여주는 것이 낫다. 즉 그래프나 지도와 같은 시각화 도구를 활용해 데이터를 보여주고 설득하는 것이 가장 강력한 무기라는 의미이다. 시각적 데이터 분석은 그래프를 활용해 데이터의 특성, 패턴, 관계 등을 파악하기 위한 분석 방법이다. 이 시각적 데이터 분석은 분석 대상이 되는 변수의 개수에 따라 '1차원 그래프', '2차원 그래프', '다차원 그래프'로 나눌 수 있다.

이번 장에서는 1차원, 2차원, 다차원 그래프를 이용한 데이터 분석을 살펴본다. 1차원 그래프는 주로 한 변수의 분포 특성을 시각화하여 범주별 비율이나 빈도를 분석하거나 대푯값 또는 이상치를 발견하기 위해 활용한다. 반면 2차원과 다차원 그래프는 변수 간의 관계 분석을 주목적으로 한다.

앞서 살펴본 기술적 데이터 분석은 방대한 데이터를 통계량을 중심으로 요약하고 분석한다. 기술적 데이터 분석에서 배운 '평균', '분산', '비율' 같은 통계량은 고교 과정에서 다루기 때문에 대중적이고 이해하기 쉽다는 장점이 있다. 하지만 이 쉬운 통계량도 어느 정도의 수학적 배경지식이 필요하다. 반면, 시각적 데이터 분석은 기술적 데이터 분석보다 직관적이기 때문에 일반인 즉, 데이터 비전문가들을 설득할 때 유용하게 사용된다. 또한 시각적 데이터 분석은 인지 부하를 낮추기 때문에 같은 시간에 보다 많은 정보를 쉽게 전달할 수 있다. 게다가 시각적 데이터 분석은 종합적이다. 통계량은 위치, 변동성, 모양 등에 대한 정보를 파편적으로 전달하는 반면, 시각적 데이터 분석은 한 그래프로 데이터의 여러 특성을 담아 표현할 수 있다.

우리가 시각적 데이터 분석을 본격적으로 알아보기 전에 꼭 기억해야 할 한 가지가 있다. 바로 데이터를 시각적으로 나타내는 목적은 '보는 사람의 이해를 돕기 위함'이라는 점이다. 이 사실만 기억해도 이번 장에서 학습할 내용의 절반을 학습했다고 생각해도 무방하다. 시각적 데이터 분석의 개별 방법에서 설명하는 '주의 사항'은 그래프의 가독성을 망치기 않기 위한 것이다. 따라서 우리가 주의 사항 모두를 기억하지 못하더라도, 그래프를 내놓기 전에 '보는 사람이 이해하기 쉬운가?'만 되물어 본다면 보다 좋은 결과를 얻을 수 있다.

## 1 │ 시각화 작업이란?

SAS Studio는 [그래프]와 [지도] 두 가지 유형의 데이터 시각화 분석을 지원한다. [그래프]에는 '막대 그래프', '원 그래프', '히스토그램' 등과 같은 흔히 사용하는 그래프가 모여 있고, [지도]에는 지도를 이용한 시각화 작업이 모여 있다.

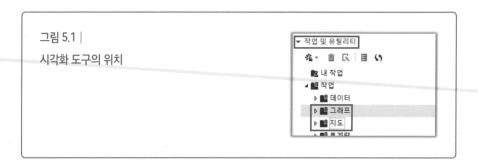

그림 5.1 │
시각화 도구의 위치

[그래프]와 [지도]는 〈그림 5.1〉과 같이 [작업 및 유틸리티] 아래에 있는 [작업]에 위치해 있다. [그래프]는 총 11개 작업을 가지고 있고, [지도]는 총 5개 작업을 가지고 있다.

**표 5.1 │ 시각화의 유형별 작업**

| 유형 | 구성 |
|---|---|
| 그래프(11가지) | 막대 그래프, 막대-선 그래프, 상자 도표, 버블 도표, 열지도, 히스토그램, 선 그래프, 모자이크 도표, 원 그래프, 산점도, 시계열 도표 |
| 지도(5가지) | 버블 지도, 등치 지역도, 산점 지도, 시계열 지도, 텍스트 지도 |

## 2 | 그래프 공통 영역

[그래프]와 [지도] 작업은 영역이 따로 나뉘어져 있다. 하지만 데이터를 시각적으로 분석한다는 공통점이 있다. 이 때문에 두 작업 유형 모두 [모양] 탭을 가지고 있다. [모양] 탭에서는 그래프 모양에 관한 선택 사항을 변경하여 그래프 크기, 제목 및 각주, 기타 그래프 세부 옵션을 설정할 수 있다. 이때 그래프의 세부 옵션은 그래프의 유형에 따라 다르게 적용되지만, 그래프 크기, 제목 및 각주는 모든 그래프 작업에서 동일하게 적용된다.

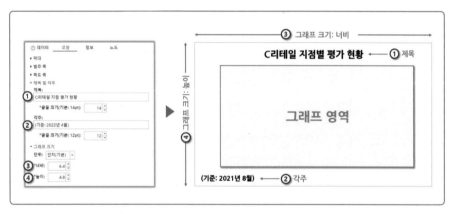

그림 5.2 | 모양 탭의 공통 영역

그래프에 제목이나 각주를 넣고 싶은 경우가 있다. '① 제목'은 그래프의 핵심 주제를 표현하기 위해 사용하고, '② 각주'는 출처나 기준을 밝히거나 산식을 나타내기 위해 사용한다. 제목과 각주는 그래프를 처음 보는 사람도 그래프를 쉽게 이해할 수 있도록 정보를 제공한다. 제목과 각주는 [모양] 탭의 [제목 및 각주] 영역에서 설정할 수 있다. 한편, 그래프 크기는 [모양] 탭의 [그래프 크기] 옵션에서 변경할 수 있다. 이 옵션에서는 '③ 너비'와 '④ 높이' 두 가지를 지정할 수 있으며, 너비와 높이는 '인치(기본값), 센티미터, 픽셀'의 세 가지 단위로 설정할 수 있다.

# 2

# 1차원 그래프

1차원 그래프 분석은 한 변수 중심의 시각화를 통해 데이터의 분포, 특징, 패턴 등을 발견하기 위한 시각적 데이터 분석 방법이다. 1차원 그래프에는 막대 그래프, 원 그래프, 히스토그램, 상자 도표 등이 있으며, 데이터 유형에 따라 적합한 시각적 데이터 분석 방법이 다르다. 범주형 데이터의 경우 막대 그래프 또는 원 그래프가 적합한 반면, 수치형 데이터의 경우 히스토그램과 상자 도표가 유용하다.

**표 5.2 | 1차원 그래프의 종류와 용도**

| 그래프의 종류 | 주요 용도 |
| --- | --- |
| 막대 그래프 Bar chart | 한 범주형 변수의 그룹별 분포(비율, 빈도) 분석 |
| 원 그래프 Pie chart | 한 범주형 변수의 그룹별 분포(주로 비율) 분석 |
| 히스토그램 Histogram | 한 수치형 변수의 구간별 분포(비율, 빈도) 분석 |
| 상자 도표 Box plot | 통계량을 활용한 연속형 변수의 분포 탐색 |

1차원 그래프를 활용한 시각적 데이터 분석은 시각화를 통해 데이터의 분포와 특징을 보다 종합적이고, 정확히 이해하는 것을 목적으로 한다. 또한 분석을 통해 주장하고 싶은 메시지가 있다면, 시각화 방법은 직관적인 근거 자료로도 유용하다. 1차원 그래프는 범주형 변수의 범주별 차이, 시간에 따른 변화 등의 분석에 자주 사용되며, 시각화를 통해 적당한 대푯값을 선정하거나 이상치 또는 변수에 영향을 미치는 다른 요인을 발견하는 데에 활용할 수 있다.

## 1 ......................................................... 막대 그래프

### 1 | 막대 그래프란?

막대 그래프bar chart는 범주형 변수의 각 범주에 대한 요약 결과를 표현한다. 막대를 이용하여 각 범주의 빈도, 비율, 합계 등과 같은 요약 값을 나타내는 것이다. 한 변수를 이용한 막대 그래프는 보통 범주형 변수의 분포를 살피고 싶을 때 사용한다. 그렇기에 '지역별 고객 수 차이' 등을 분석하는 경우 막대 그래프가 유용하다. 또한 막대의 높이를 합계, 평균 등과 같은 요약 값으로 나타내는 경우, 요약할 변수와 범주 변수 두 가지를 선택해야 한다. 그리고 이때, 오차 막대를 이용해 요약 값의 신뢰도를 나타낼 수도 있다.

### 2 | 사용 목적

막대 그래프는 주로 세 가지 목적으로 사용한다. 첫째, 그룹별 차이를 분석하고 싶은 경우이다. 예를 들어, 연령대별 소득 차를 막대 그래프로 나타낼 수 있다. 둘째, 순위를 강조하고 싶은 경우이다. 한 반의 중간고사 평균 점수를 크기순으로 나열하면, 순위와 점수 차를 한눈에 볼 수 있다. 마지막으로 시간에 따른 변화를 관찰할 때 막대 그래프는 유용하다. 예를 들어, 연간 경제 성장률 추이를 막대 그래프로 표현하면 경제 성장률의 변화를 한눈에 살펴볼 수 있다.

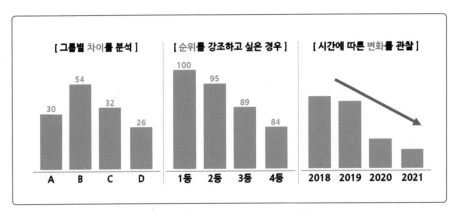

그림 5.3 | 막대 그래프의 사용 목적 세 가지

## 3 | 종류

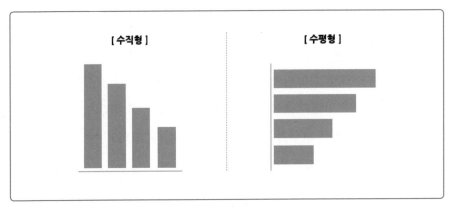

그림 5.4 | 막대 그래프의 종류

막대 그래프의 종류는 막대를 수직으로 세워 그리는 수직형vertical과 막대를 수평으로 눕혀 그리는 수평형horizontal 두 가지가 있다. 수평형과 수직형 모두 양이나 구성비를 나타낼 때 사용한다. 다만, 시간에 따른 변화를 나타내고 싶은 경우, 수직형 막대 그래프가 더 적합하다. 왼쪽에서 오른쪽으로 변하는 변화를 표현하기

좋기 때문이다. 반면, 순서나 순위를 강조하고 싶은 경우, 수평형 막대 그래프가 더 적합하다. 또한 범주 이름이 긴 경우에도 수평형 막대 그래프가 수직형보다 보다 편리하다. 수직형 막대 그래프는 그룹 이름의 길이가 막대 폭보다 길면, 가독성이 떨어질 수 있기 때문이다.

**표 5.3 | 수직형 막대 그래프와 수평형 막대 그래프 비교**

| 구분 | 수직형 | 수평형 |
|---|---|---|
| 시각화 방법 | 막대를 세워서 그림 | 막대를 옆으로 눕혀 그림 |
| 사용 시기 | 양, 비율 비교<br>추이 비교 | 양, 비율 비교<br>순위 비교 |

# 4 | 구조

## 1 기본 구조

막대 그래프는 〈그림 5.5〉와 같이 측도축, 범주축, 막대로 구성되어 있다.

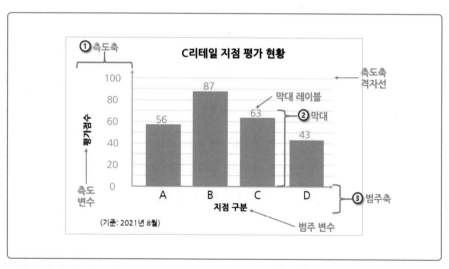

그림 5.5 | 막대 그래프의 구성 요소

❶ '측도축'은 범주형 변수의 범주별 요약(빈도, 합계, 평균, 비율) 정보를 나타내기 위한 축이다. 참고로 측도 변수를 따로 선택하지 않으면, 범주 변수의 범주별 빈도를 사용한다.

❷ '막대'는 범주형 변수의 범주별 측도 값을 높이로 표현한다.

❸ '범주축'은 가로축으로 비교하고 싶은 대상이 되는 '범주 변수'에 대한 정보를 표현한다.

## 2 하위 범주

막대 그래프의 하위 범주는 또 다른 범주형 변수를 기준으로 막대 그래프를 비교하고 싶은 경우에 사용한다. 예를 들어, 고객 등급과 성별에 따른 고객 수 차이를 살펴보고 싶은 경우 〈그림 5.6〉과 같이 하위 범주에 성별을 할당해 그릴 수 있다.

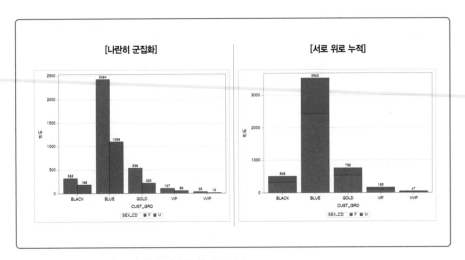

그림 5.6 │ 하위 범주에 성별 'SEX_CD'를 할당한 경우

하위 범주를 이용한 막대 그래프는 〈그림 5.6〉과 같이 두 가지 방법으로 그릴 수 있다. '나란히 군집화' 방법은 하위 범주 변수의 각 범주별로 막대 그래프를 추가해 그린다. 이 방법은 하위 범주가 많은 경우, 그래프가 옆으로 길어지는 단점이 있다. '서로 위로 누적' 방법은 하위 범주를 막대 그래프 하나에 누적해 그리는 방법이다. 이를 사용하면 범주가 많아져도 그래프가 옆으로 넓어지지 않는다. 다만 두 방법 모두 하위 범주가 많아질 경우 그래프의 가독성이 떨어지는 단점이 있다.

## 5 | 주의할 점

### ① 막대 그래프에 많은 정보를 담기 위해선 기축선<sup>base line</sup>을 0으로 두는 것이 좋다

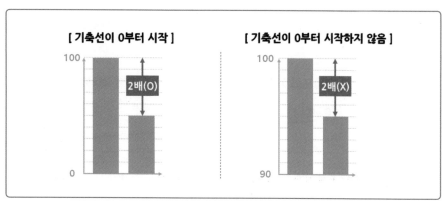

그림 5.7 | 기축선에 따른 막대 그래프 차이

기축선은 그래프가 시작하는 기준선을 말한다. 이 기준선을 0으로 두면, 그래프 크기를 이용해 '배'를 표현할 수 있다. 하지만 배율을 굳이 표현하지 않아도 되거나, 차이를 보다 강조하고 싶은 경우, 〈그림 5.7〉의 오른쪽과 같이 기축선을 조정해 표현하는 경우도 많다. 시각화 목적에 따라 알맞는 방법을 선택하도록 하자.

### ② 막대 그래프로 비율을 나타낼 때는 상한선을 표시해 주는 것이 좋다

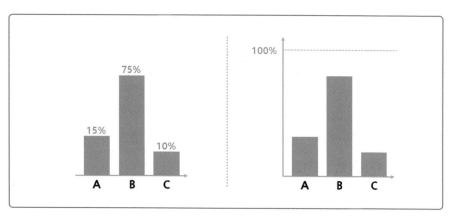

그림 5.8 | 상한선 유무에 따른 막대 그래프 차이

막대 그래프로 비율을 나타낼 때, 상한을 표시하는 것을 권장한다. 상한선을 표시하는 이유는 단순히 비율만 보여주면 비율이 얼마나 큰지 알기 어렵기 때문이다. 상한을 표시하면 상한선과 막대 간의 거리를 통해, 각 범주가 차지하는 비율을 눈으로 체감할 수 있다. 또한 상한선은 항상 100%여야만 하는 건 아니다. 범주가 너무 많아 비율이 대체로 낮다면, 50%나 25%를 기준선으로 사용하기도 한다.

**3 막대 그래프의 가독성을 높이고 싶다면, 측도축 격자선은 생략하거나 흐리게 표시하는 것이 좋다**

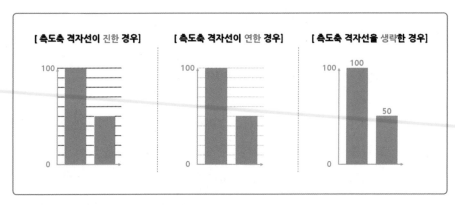

그림 5.9 | 격자선에 따른 막대 그래프 차이

격자선이 너무 진하면, 시선이 분산되어 가독성이 떨어진다. 보통은 측도축 격자선은 생략하고, 막대 레이블을 표시해준다.

## 6 | 실습

실습에서는 SAS Studio의 [막대 그래프] 작업을 이용해 막대 그래프를 그린다. 이번 실습에서는 〈그림 5.10〉과 같이 지역별 고객 분포를 시각화한다. 실습에는 'SASODA.EX_TB_CUS_MST' 데이터를 이용한다.

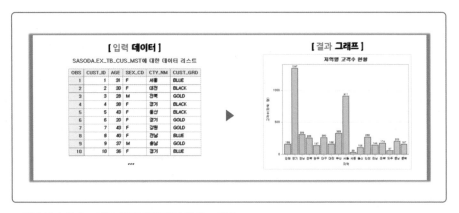

그림 5.10 | 막대 그래프 입력 데이터와 결과 그래프

## 🔳 데이터와 '막대 그래프' 작업 가져오기

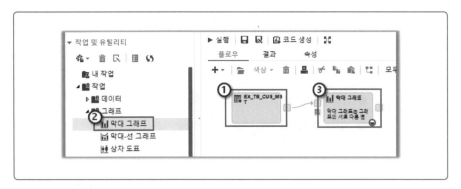

그림 5.11 | 데이터와 작업 가져오기

❶  'SASODA' 라이브러리에 저장되어 있는 'EX_TB_CUS_MST'를 이동

❷  [막대 그래프] 작업을 선택해, 프로세스 플로우로 이동

❸  데이터와 작업을 연결하고, 막대 그래프 노드를 더블 클릭

## ② 데이터 설정

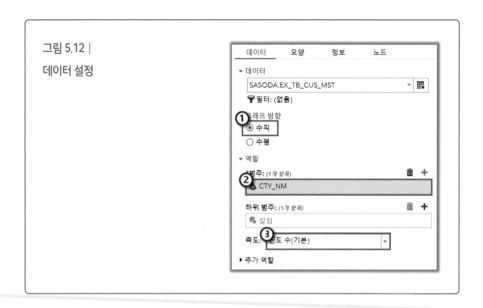

그림 5.12 |
데이터 설정

❶ [그래프 방향]은 '수직'을 선택

❷ [범주:] 변수를 'CTY_NM'으로 선택

❸ 고객 수 비교를 위해 [측도:]는 '빈도 수(기본)'를 선택

〈그림 5.12〉와 같이 막대 그래프의 종류(수직 또는 수평)는 [그래프 방향]에서 선택할 수 있으며, [역할]에서는 범주축과 측도축에 사용할 변수를 할당할 수 있다. 또한 [측도:]에서 [변수]를 선택하면, 선택 변수의 범주별 요약 값을 막대 높이로 사용할 수도 있다. 이 외에 [추가 역할] 영역은 범주 변수의 분포를 특정 그룹으로 나누어 보고 싶은 경우나 가중 변수가 있는 경우 사용한다.

## ③ 모양 설정

[모양] 탭에서는 [레이블]을 이용해 막대 그래프의 값이 그래프에 나타나도록 설정한다. 그리고 범주축과 측도축에 각각 '지역', '고객 수(단위: 명)'를 입력해 각 축이 가진 의미를 나타낸다. 마지막으로 그래프의 제목을 '지역별 고객 수 현황'으로 입력한다.

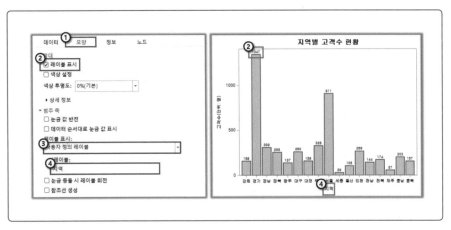

그림 5.13 | 데이터 레이블과 범주축 레이블

❶ [모양] 탭으로 이동

❷ [막대] 항목에서 [레이블 표시]를 체크

❸ [범주축]에서는 [레이블 표시]를 '사용자 정의 레이블'로 설정

❹ [레이블:]에 '지역'을 입력

[막대]에서는 막대 그래프의 색상, 투명도 등을 바꿀 수 있다. [레이블 표시] 옵션
은 〈그림 5.13〉의 오른쪽과 같이 막대 그래프 위에 데이터 값을 표시할지 정하는
옵션이다. 데이터 값을 표시할 경우, 그래프가 나타내는 값을 정확히 알 수 있다
는 장점이 있어 종종 사용하는 옵션이다.

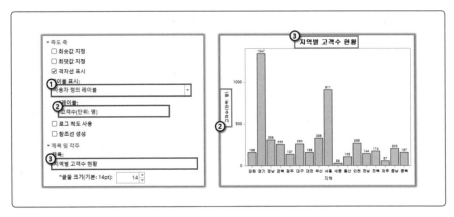

그림 5.14 | 측도축 레이블과 그래프 제목 설정

❶ [측도축]의 [레이블 표시]를 '사용자 정의 레이블'로 변경

❷ [레이블:] 항목에 '고객 수(단위: 명)'을 입력

❸ [제목 및 각주]에서 [제목]을 '지역별 고객 수 현황'으로 설정

작업 설정이 모두 끝났다. 🏃 버튼을 눌러 [막대 그래프] 작업을 실행한다.

### 4 실행 결과

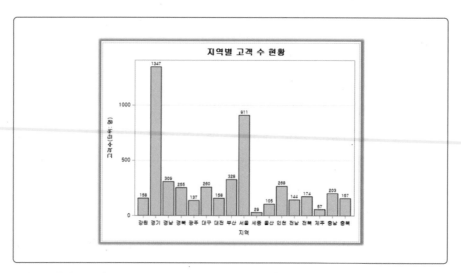

그림 5.15 | 막대 그래프 실행 결과

[막대 그래프] 작업을 실행하면, 〈그림 5.15〉와 같은 결과를 확인할 수 있다. 그래프를 살펴보면, 경기와 서울 지역의 고객이 두드러지게 많은 걸 알 수 있다.

## 1 | 원 그래프란?

원 그래프pie chart는 범주형 변수를 원과 부채꼴 형태로 시각화하는 방법이다. 원 그래프의 원은 전체를 의미하고, 원을 구성하는 부채꼴들은 범주를 의미한다. 이때 부채꼴의 크기는 각 범주가 차지하는 비율이나 크기를 의미한다. 원 그래프는 상한을 따로 표시하지 않아도 원이 상한을 의미하기 때문에 비율 시각화에 자주 사용된다. 하지만 원 그래프는 각 범주가 차지하는 '비율'이나 '값'을 그래프에 직접 표시하지 않으면 정확한 비교가 어렵다는 단점도 있다.

## 2 | 구조

### ■1 범주, 측도, 하위 범주

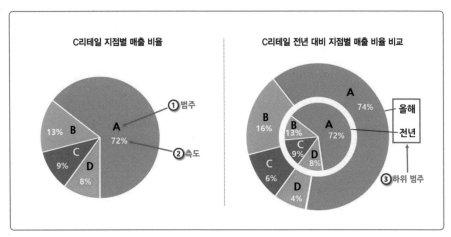

그림 5.16 | 범주, 측도, 하위 범주

❶ '범주'는 원 그래프의 부채꼴에 할당한 범주형 변수의 범주 값이다. 예를 들어 'C 지점'을 범주로 할당하면 〈그림 5.16〉과 같이 'A', 'B', 'C', 'D'가 부채꼴의 이름으로 할당된다.

❷ '측도'는 부채꼴의 크기를 정하기 위한 값을 말한다. 측도에서는 '빈도 수(기본)', '빈도 백분율', '변수'를 할당할 수 있다. '변수'를 선택할 경우 부채꼴의 크기를 특정 변수의 '합계(기본)'나 '평균'으로 지정할 수 있다.

❸ 내·외부 원 그래프를 그리기 위한 또 다른 범주형 변수를 '하위 범주'라고 한다. 하위 범주 변수를 선택하면 〈그림 5.16〉의 오른쪽 그래프와 같이 원 그래프가 그려진다. 만약 하위 범주로 선택된 변수의 범주가 많은 경우, 범주의 개수만큼 내부 원 그래프가 늘어난다.

## ② 시작점

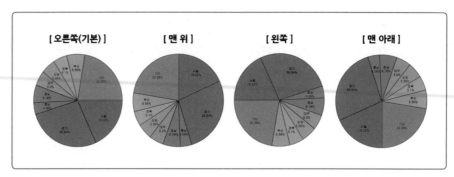

그림 5.17 | 시작점 설정에 따른 원 그래프 비교

원 그래프는 입력 데이터에 기록된 범주의 순서대로 그래프를 그린다. 원 그래프는 보통 오른쪽에서 시작하지만 경우에 따라 위나 아래, 왼쪽에서 시작할 수도 있다. 시작점에 따른 원 그래프는 〈그림 5.17〉과 같은 차이를 가진다 (데이터 순서: 서울 → 경기 → 충남 → 경남 → 대구 → 인천 → 경북 → 부산 → 기타).

### 데이터에 기록된 순서란?

데이터에 기록된 순서는 데이터에 각 범주가 최초로 등장하는 순서를 말한다. 예를 들면, 다음과 같
은 순서로 점포 이름이 기록되어 있는 경우 데이터 순서는 'B', 'A', 'C', 'D'가 된다.

| 순서 | 1 | 2 | 3 | 4 | 5 | 6 | 7 |
|------|---|---|---|---|---|---|---|
| 점포 이름 | B | A | B | C | C | A | D |

데이터 순서: B → A → C → D

## ③ 방향

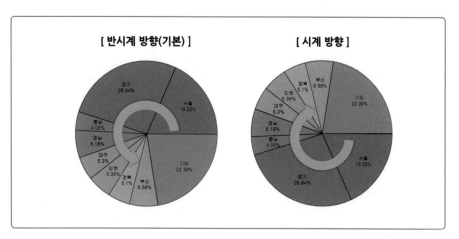

그림 5.18 | 그래프 방향에 따른 원 그래프 비교

원 그래프의 방향은 데이터가 기록된 순서를 '시계 방향'으로 그릴지, 아니면 '반
시계 방향'으로 그릴지를 말한다. 데이터 순서(데이터 순서: 서울 → 경기 → 충남 → 경남
→ 대구 → 인천 → 경북 → 부산 → 기타)에 따른 원 그래프의 방향은 〈그림 5.18〉과 같이
다르게 표현된다.

## ❹ 레이블 위치

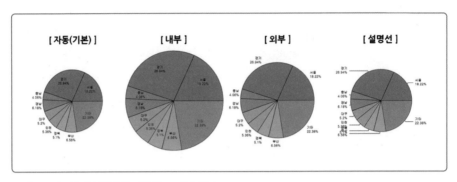

그림 5.19 | 레이블 위치에 따른 원 그래프 비교

레이블 위치는 그래프에서 범주와 측도의 위치를 말한다. 보통 레이블은 각 범주가 차지하는 비율이 작은 경우(부채꼴의 면적이 작은 경우) 그래프 외부에 표시되고, 비율이 큰 경우 그래프 내부에 표시된다. 하지만 강제로 설정할 수도 있다. 레이블 위치에 따른 원 그래프 형태는 〈그림 5.19〉와 같이 다르다.

## 3 | 주의할 점

## ❶ 원 그래프는 범주가 많은 경우 사용하지 않는 것이 좋다

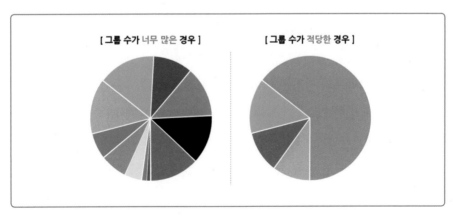

그림 5.20 | 그룹 수에 따른 원 그래프 비교

원 그래프는 색상으로 범주를 구분한다. 하지만 범주가 너무 많으면, 〈그림 5.20〉의 왼쪽과 같이 가독성이 떨어진다. 따라서 비율이 작은 범주들은 이들을 묶어 '기타'로 처리하는 것이 바람직하다. 또한 원 그래프의 그룹이 너무 많으면, 그룹의 비율 순서를 파악하기 어렵다는 단점도 있다.

### ② 두 원 그래프를 비교하는 경우, '하위 범주'를 이용해 내/외부 원 그래프로 그린다

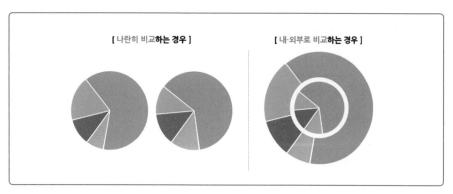

그림 5.21 │ 두 원 그래프를 비교하는 경우

두 시점 간의 비율 변화를 비교하는 경우, 두 원 그래프를 나란히 비교하면 비율 차이를 직관적으로 이해하기 어렵다. 반면에 그래프를 내/외부로 그리면, 각 범주의 비율이 어떻게 변했는지 바로 이해하기 쉬워진다.

### ③ 범주별 비율 차가 작은 경우에는 원 그래프를 사용하지 않는다

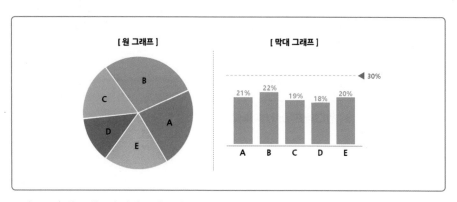

그림 5.22 │ 원 그래프와 막대 그래프 비교

각 범주 간의 비율 차이가 적은 경우 원 그래프를 사용하지 않는 것이 좋다. 예를 들어, 한 그룹이 35%이고, 다른 그룹이 32%라면 원 그래프로는 그 차이를 알기 어렵다. 이 경우 원 그래프 대신 막대 그래프를 사용하면 범주 간의 차이를 더 쉽게 파악할 수 있다.

### ④ '비율'은 '비중'이 아니다

비율을 시각화하거나 비교할 때, 가장 많이 틀리는 표현이 있다. 바로 비율을 비중으로 표현하는 실수이다. 표준국어대사전에 따르면 '비율'은 다른 수나 양에 대한 어떤 수나 양의 비를 의미하고, '비중'은 어떤 물질의 질량과 그것과 같은 체적의 표준 물질의 질량과의 비율을 뜻한다. 즉, 비율을 비중이라고 말하는 것은 틀린 표현이다.

## 4 | 실습

실습에서는 'SASODA.JOIN_TB_CUS_TR_INFO' 데이터를 이용해 지역별 분포(백분율)를 원 그래프로 〈그림 5.23〉과 같이 나타내는 방법을 알아본다.

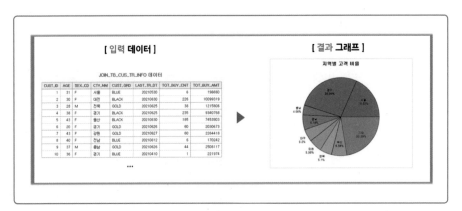

그림 5.23 | 원 그래프 입력 데이터와 결과 그래프

## ◼ 데이터와 '원 그래프' 작업 가져오기

SAS Studio는 [원 그래프] 작업을 이용해 원 그래프를 그릴 수 있다. 이 작업은 선택한 범주형 변수에 대한 비율, 빈도, 특정 변수의 집계 값 등을 원 그래프로 나타낸다. 작업을 위한 프로세스 플로우를 구성하고, 데이터와 작업을 가져오자.

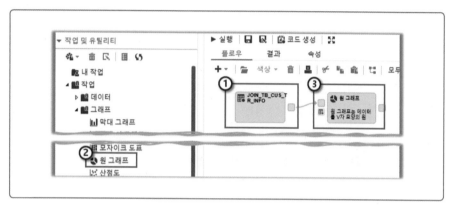

그림 5.24 | 데이터와 작업 가져오기

❶ 'SASODA' 라이브러리의 'JOIN_TB_CUS_TR_INFO' 데이터를 프로세스 플로우로 이동

❷ [그래프]에서 [원 그래프] 작업을 프로세스 플로우로 가져와 데이터와 연결

❸ 옵션 선택을 위해 [원 그래프] 노드를 더블 클릭

[원 그래프] 작업은 최대 10개 범주까지 나타낼 수 있다. 또한 비율이 4% 미만인 그룹은 '기타'로 자동 분류된다. 이런 자동 옵션은 원 그래프를 보다 적절하게 사용하도록 지원하기 위한 것이다.

## ◼ 작업 설정

[데이터] 탭에서는 범주 변수와 측도를 설정한다. 먼저 [범주:] 변수는 지역 'CTY_NM'으로 설정한다. 측도의 경우 지역별 고객 수 비율을 시각화하는 것이 목적이기 때문에 '빈도 백분율'로 지정한다. [원 옵션]은 기본값을 사용하고, 그래프 제목만 '고객 등급별 비율'로 변경한다.

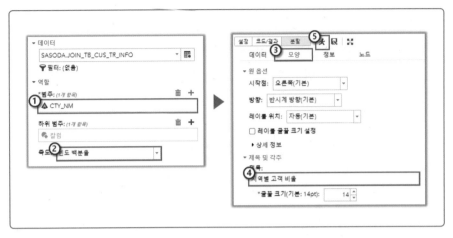

그림 5.25 | 원 그래프 작업 설정

❶ [범주:] 변수를 'CTY_NM'으로 선택

❷ [측도:]는 [빈도 백분율]로 변경

❸ [모양] 탭으로 이동

❹ [제목:]에 '지역별 고객 비율' 입력

❺ 🏃 버튼을 눌러 [원 그래프] 작업을 실행

### 3 실행 결과

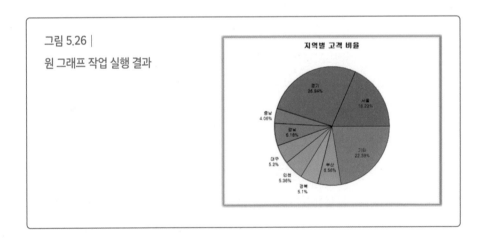

그림 5.26 |
원 그래프 작업 실행 결과

지역별 고객 비율

[원 그래프] 작업을 실행하면, 〈그림 5.26〉과 같은 결과를 확인할 수 있다. 결과를 살펴보면 지역별 고객 비율은 '경기'가 26.9%, '서울'이 18.22%, '인천'이 5.36%로 나타난다. 따라서 이 세 지역의 고객이 전체의 약 50.48%를 차지한다. 즉, 절반이 넘는 고객이 이 세 지역에 거주하고 있는 것이다. 이 사실은 지역 기반 마케팅 캠페인이 필요한 경우 유용한 정보가 될 수 있다. 거리가 가까운 이 세 지역을 중심으로 효율적인 마케팅 캠페인을 실행할 수 있기 때문이다.

## 3 ······································· 히스토그램

### 1 | 히스토그램이란?

히스토그램histogram은 수치형 변수를 일정 구간으로 나누고, 각 구간별 빈도, 백분율 등을 시각화하여 표현한다(보통 백분율을 이용). 히스토그램은 수치형 변수의 분포가 좌우 대칭인지, 정규 분포와 유사한지, 이상치는 없는지 등을 관찰하기 위해 사용된다.

### 2 | 사용 목적

히스토그램은 수치형 변수의 분포를 관찰하기 위해 사용한다. 분포를 관찰하는 이유는 크게 세 가지가 있다.

첫째, 데이터에 적당한 대푯값(평균, 중위수 등)을 선택하기 위해 히스토그램을 사용한다. 만약 분포가 한쪽으로 치우친 경우라면, 평균 대신 중위수로 대푯값을 대체할 수 있다.

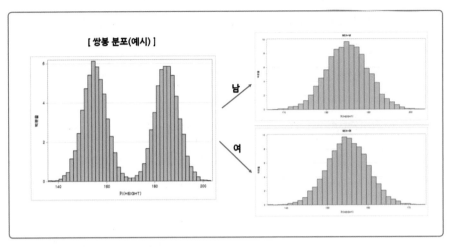

그림 5.27 | 쌍봉 분포 예시

둘째, 변수에 영향을 미치는 다른 요인을 발견하기 위해 히스토그램을 사용한다. 예를 들어, 성별에 따른 키의 분포를 히스토그램으로 나타내면, 〈그림 5.27〉과 같이 봉우리가 두 개인 '쌍봉 분포'가 만들어진다. 이 경우 성별을 나눠 분석하는 것이 바람직하다.

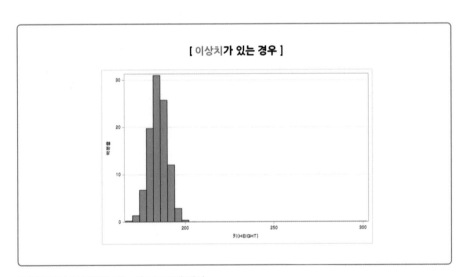

그림 5.28 | 이상치가 있는 히스토그램 예시

셋째, 이상치나 오류를 발견하기 위해 히스토그램을 사용한다. 히스토그램을 사용하면, 간혹 분포 양 끝단에 놓여있는 데이터를 발견할 수 있다. 이런 데이터를 이상치라고 한다. 많은 분석 방법은 이상치에 민감하기 때문에, 조기에 발견해 처리하는 것이 중요하다. 〈그림 5.28〉은 평균이 185인 데이터에 일부러 값이 '300'인 이상치를 포함시킨 뒤, 히스토그램을 그린 결과이다. 데이터에 이상치가 포함될 경우, 〈그림 5.28〉과 같이 이상치가 있는 방향으로 '꼬리가 길어지는' 현상이 나타난다. 만약, 어떤 연속형 변수에 대해 히스토그램을 그렸는데 오른쪽, 왼쪽 어느 방향이든 '긴 꼬리'가 나타난다면, 이상치를 의심해 보아야 한다.

## 3 | 구조

히스토그램은 크게 밀도 곡선, 막대, X축, Y축의 네 가지 요소로 구성되어 있다. 각각을 살펴보자.

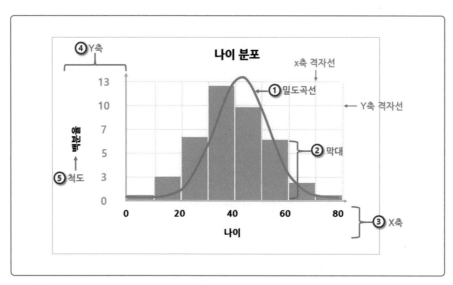

<그림 5.29> 히스토그램의 구성 요소

❶ '밀도 곡선'은 주어진 데이터의 분포가 특정 분포와 얼마나 유사한지를 판단할 때 주로 사용한다. 데이터가 정규 분포를 따르는지 확인하기 위해서는 주로 '정규 밀도 함수 곡선'을

사용한다. 반면, 주어진 데이터를 이용해 모집단의 확률 밀도 함수를 추정하고 싶은 경우 밀도 곡선을 '커널 밀도 함수 추정값'으로 선택한다.

❷ '막대'는 막대 그래프의 막대와 비슷하다. 차이가 있다면, 히스토그램은 '연속형' 변수를 시각화하기 때문에, 막대가 특정 그룹이나 상수가 아닌 '구간'을 의미한다. 따라서 히스토그램의 막대들은 서로 붙어 있고, 막대 그래프의 막대들은 서로 떨어져 있다. 막대 그래프의 막대가 해당 범주에 속한 개체의 빈도나 비율을 나타낸다면, 히스토그램 막대는 해당 구간에 속하는 관측치의 빈도나 비율을 나타낸다.

❸ 'X축'은 분포를 확인하고 싶은 '연속형 변수'의 구간을 나타낸다. 〈그림 5.29〉의 경우 나이 변수를 구간으로 나눠 비율을 확인한 것이다.

❹ 'Y축'은 백분율이나 빈도를 나타내기 위해 사용한다. 히스토그램은 X축과 Y축 모두 구간을 나누어 표현하기 때문에 X축과 Y축 모두 격자선을 지정할 수 있다.

❺ '척도'는 히스토그램의 Y축에 있는 표현 단위를 의미하며, '백분율(기본)', '개수', '비율' 세 가지를 설정할 수 있다. 각 척도의 상세한 의미는 다음 〈표 5.4〉와 같다.

표 5.4 | 척도 유형과 의미

| 척도 | 의미 |
| --- | --- |
| 백분율Percent | Y축을 구간 내 개체의 백분율(0~100%)로 표시(기본값) |
| 개수Count | Y축을 구간 내 개체의 빈도로 표시 |
| 비율Proportion | Y축을 구간 내 개체의 비율(0.0 ~ 1.0)로 표시 |

## 4 | 주의할 점

히스토그램 시각화에서 신경써야 하는 부분은 연속형 변수를 몇 개의 구간으로 나눌지이다. 히스토그램은 같은 간격으로 미리 정한 막대 수만큼 구간을 나눈다. 이때 〈그림 5.30〉의 왼쪽과 같이 데이터 수가 적은데, 구간을 촘촘하게 나눈다면 (데이터는 적고, 막대 수가 많은 경우), 분포를 파악하기 어려워진다. 한편, 이와 반대인 경우 역시 〈그림 5.30〉의 오른쪽과 같이 분포를 정확히 파악하기가 어렵다. 따라서 데이터 수에 따라 적당한 막대 수를 결정하는 것이 중요하다.

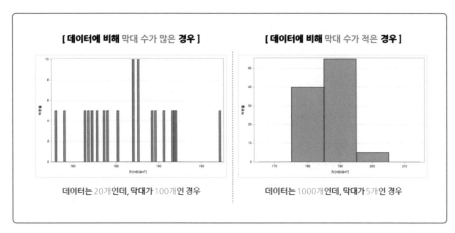

그림 5.30 | 데이터와 막대 수에 따른 히스토그램 형태 비교

하지만 SAS Studio의 '히스토그램' 작업은 데이터 개수에 맞춰 막대 수를 자동으로 설정한다. 데이터가 많을 때는 촘촘하게, 데이터가 적은 경우 더 적은 막대 수를 선택하는 것이다. 만약, 자동 설정된 결과를 수정하고 싶을 경우 [모양] 탭에서 막대 수를 변경할 수 있다.

## 5 | 실습

실습에서는 'JOIN_TB_CUS_TR_INFO' 데이터를 이용해 '히스토그램'을 그리는 방법을 알아본다. 분석 변수로는 연령 'AGE'를 이용한다. 입력 데이터와 결과 그래프는 〈그림 5.31〉과 같다.

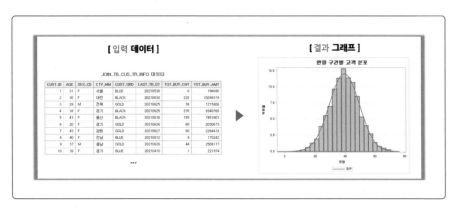

그림 5.31 | 히스토그램 입력 데이터와 결과 그래프

## ▮ 데이터와 '히스토그램' 작업 가져오기

실습을 위해 먼저 새로운 프로세스 플로우를 만들고, 실습 데이터와 작업을 프로세스 플로우로 가져온다.

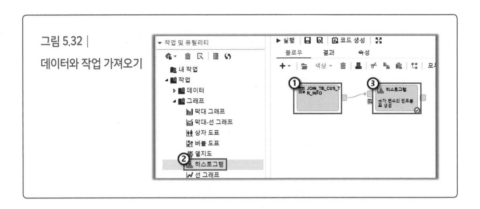

그림 5.32 |

데이터와 작업 가져오기

❶ 실습 데이터 'JOIN_TB_CUST_TR_INFO'를 'SASODA' 라이브러리에서 플로우로 이동

❷ [작업 및 유틸리티]의 [그래프]에 있는 [히스토그램] 작업을 플로우로 이동

❸ 두 노드를 연결하고, [히스토그램] 작업을 더블 클릭


## ▮ 작업 설정

분석 변수로 'AGE'를 할당하고, 모양에서는 '밀도 곡선'과 X축 레이블 및 제목을 변경한 뒤 작업을 실행한다.

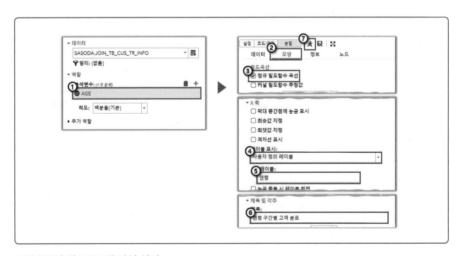

그림 5.33 | 히스토그램 작업 설정

❶ 'AGE'를 [분석 변수:]에 할당

❷ [모양] 탭으로 이동

❸ [정규 밀도 함수 곡선]만 선택

❹ [X축]의 [레이블 표시:]를 [사용자 정의 레이블]로 변경

❺ [레이블:]에 '연령' 입력

❻ [제목 및 각주]의 [제목]을 '연령 구간별 고객 분포'로 변경

❼ ⚡ 버튼을 눌러 [작업] 실행

## 3 실행 결과

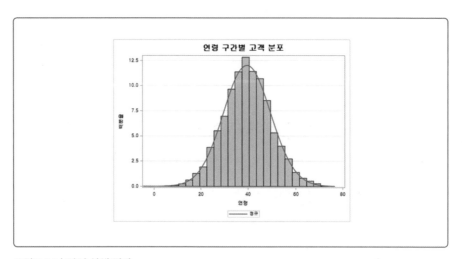

그림 5.34 | 작업 실행 결과

[데이터]와 [모양] 옵션 설정이 끝났다면, 작업을 [실행]한다. 실행 결과는 〈그림 5.34〉와 같다.

## 1 │ 상자 도표란?

상자 도표boxplot는 수치형 데이터의 분포를 여러 가지 통계량을 이용해 시각화한 그래프이다. 이 상자 도표는 '상자 그림'이라고도 부른다. 상자 도표는 〈그림 5.35〉와 같이 '최댓값', '최솟값', '평균', '중위수', '제1사분위수', '제3사분위수'를 하나의 그림 안에 담아낸다.

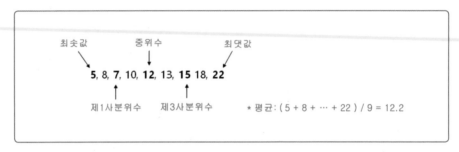

그림 5.35 │ 상자 도표를 구성하는 통계량

상자 도표는 [그래프]의 [상자 도표] 작업으로 그릴 수 있다. 상자 도표는 〈그림 5.36〉과 같은 방법으로 통계량을 시각화한다. 〈그림 5.36〉 가운데에 위치한 네모박스는 제1사분위수와 제3사분위수를 이용해 틀을 잡는다. 그리고 상자 도표의 가운데 선은 중위수의 위치를 나타내고, 마름모는 평균의 위치를 나타낸다.

'상자 크기'는 제1사분위수부터 제3사분위수까지 이르는 상자의 길이를 말하며, '사분위수 범위'라고 표현한다. 이때 상자 크기의 시작과 끝을 기준으로 사분위수 범위의 1.5배 이상 떨어진 데이터를 이상치outlier로 취급한다. 또한 이상치는 표

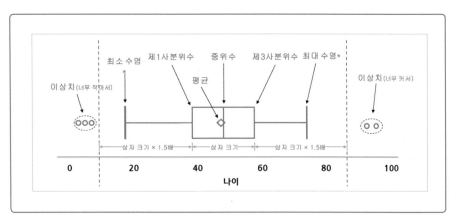

그림 5.36 | 상자 도표의 시각화 방법

준 편차에 기초해 찾기도 하지만, '사분위수 범위'를 이용해 판단하기도 한다. 〈그림 5.36〉을 살펴보면 이상치가 총 5개인 것을 알 수 있다. 한편, 상자 도표에는 최대 수염과 최소 수염이 있다. 최대 수염과 최소 수염은 이상치를 제외한 나머지 값 중, 가장 큰 값과 작은 값을 의미한다.

## 2 | 사용 목적

상자 도표는 수치형 데이터의 분포를 살펴보는 것을 주목적으로 한다. 다만, 히스토그램과 달리, 다양한 통계량을 그림에 나타낸다. 그 결과, 통계량에 대한 이해가 있는 사람의 경우, 상자 도표를 통해 보다 많은 정보를 얻을 수 있다. 상자 도표를 사용하는 목적은 크게 세 가지가 있다.

① **수치형 변수의 분포를 확인한다.** 상자 도표는 수치형 변수의 분포를 통계량을 이용해 효과적으로 나타낸다. 그 결과, 그래프 하나로 평균, 중위수, 사분위수 범위, 1·3사분위수, 이상치 등의 다양한 정보를 한눈에 파악할 수 있다. 또한 각 통계치가 데이터상 어디에 '위치'해 있는지도 알 수 있다. 위치 정보는 평균이 데이터를 잘 대표하는지, 분포는 대칭인지, 얼마나 퍼져 있는지 등을 알려준다.

② 이상치 탐색을 위해 사용한다. 일반적으로 상자 도표의 최대 수염과 최소 수염 밖에 있는 값들을 이상치로 간주한다. 즉, 상자 도표를 통해 이상치가 있는지, 있다면 얼마나 있는지 그리고 다른 데이터와 얼마나 많이 떨어져 있는지를 한눈에 파악할 수 있다.

③ 집단 간 분포 비교를 위해 사용한다. 상자 도표는 그룹 간 분포 비교에도 많이 사용한다. 특히, 분산 분석analysis of variance이나 t−검정t-test같은 평균 비교 방법에서 평균의 차이를 확인하기 위해 사용한다. 예를 들어, 서로 다른 매장의 평균 매출을 비교할 때, 상자 도표는 요긴하게 사용될 수 있다. 단순히 평균을 비교하는 것도 좋은 방법이지만, 상자 도표는 각 매장의 매출 '기복'까지 한눈에 표현할 수 있기 때문에 보다 정밀한 비교가 가능하다.

## 3 | 구조

### 1 기본 구조

상자 도표는 수치형 변수 하나만으로 그릴 수 있다. 하지만 보통 범주형 변수의 그룹별로 수치형 변수의 분포를 비교하기 위해 사용한다.

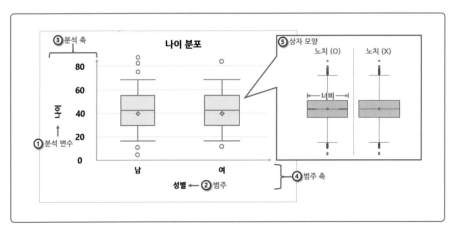

그림 5.37 | 상자 도표의 기본 구조

❶ 분석 변수: 분포를 살펴볼 수치형 변수를 의미

❷ 범주: 특정 범주형 변수의 각 범주별로 분석 변수의 분포를 관찰하고 싶은 경우 지정

|참고| 범주 변수를 지정하지 않는 경우, 상자 도표는 하나만 그림

❸ 분석축: 분석 변수의 척도, 범위, 격자선 표시 여부, 레이블 등을 표시

❹ 범주축: 범주 변수의 범주 표시 순서(예: 남, 여로 할지 여, 남으로 할지), 레이블 등 표시

❺ 상자 모양: '너비'는 상자의 폭을 의미하고, 노치를 설정할 경우, 상자 중앙값 부근이 안으로 좁아진다.

## ② 도표 방향

상자 도표는 〈그림 5.38〉과 같이 수직과 수평 두 가지로 표현할 수 있다.

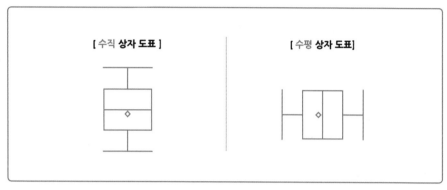

그림 5.38 | 수직과 수평 상자 도표

## 4 | 실습

실습에서는 'JOIN_TB_CUS_TR_INFO' 데이터와 구매 빈도 'TOT_BUY_CNT', 고객 등급 'CUST_GRD' 변수를 이용해 상자 도표를 〈그림 5.39〉와 같이 그린다.

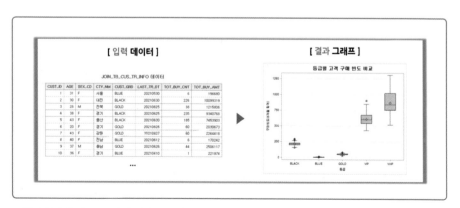

그림 5.39 | 상자 도표 입력 데이터와 결과 그래프

## ☑ 데이터와 '상자 도표' 작업 가져오기

생성해 둔 플로우로 실습 데이터와 [상자 도표] 작업을 가져와 연결하고, 상자 도표 노드를 선택한다.

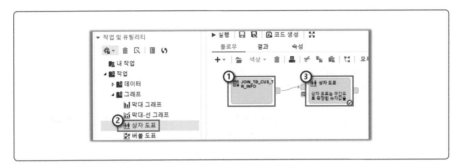

그림 5.40 | 데이터와 작업 가져오기

❶ 'SASODA.JOIN_TB_CUS_TR_INFO' 데이터를 프로세스 플로우로 이동

❷ [그래프]에 있는 [상자 도표] 작업을 플로우로 이동한 뒤, 데이터와 연결

❸ [상자 도표] 노드를 더블 클릭

## ☑ 작업 설정

[상자 도표]를 그릴 분석 변수와 범주를 선택하고, [모양]에서 각 축의 레이블과 제목을 수정한 뒤, 작업을 실행한다.

❶ [분석 변수:]에 6개월간 구매 빈도인 'TOT_BUY_CNT'를 할당

❷ [범주:]에 고객 등급 'CUST_GRD'를 할당

❸ [모양] 탭으로 이동

❹ [범주축]을 확장한 뒤, [레이블 표시:]를 [사용자 정의 레이블]로 변경하고, [레이블:]에 '고객 등급'을 입력

❺ [분석축]을 확장 후, [레이블 표시:]를 [사용자 정의 레이블]로 변경하고, [레이블]에 '구매 빈도(6개월 합계)'를 입력

> |참고| [레이블:] 밑에 [로그 척도]는 수치형 변수에 로그를 입혀 그래프를 그리기 위한 옵션임. 만약 로그를 입힐 경우, 차이가 큰 값을 보정하는 기능이 있어 그래프가 한

쪽으로 쏠리는 것을 완화시킬 수 있음

❻ [제목 및 각주]에서 [제목]을 '등급별 고객 구매 빈도 비교'로 변경

❼ 버튼을 눌러 [작업] 실행

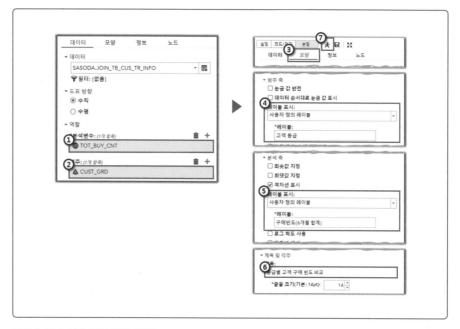

그림 5.41 | 상자 도표 작업 설정

## 3 실행 결과

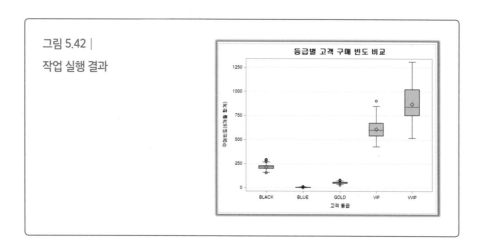

그림 5.42 |
작업 실행 결과

설정을 끝낸 뒤 작업을 실행하면, 〈그림 5.42〉와 같은 그래프가 나타난다. 이 그래프는 고객 등급별로 구매 빈도의 차이를 확인하기 위한 그래프이다. 고객 등급은 VVIP, VIP, BLACK, GOLD, BLUE 순이다. 그래프를 통해 알 수 있는 사실은 VVIP 고객의 경우, 구매 빈도 편차가 VIP보다 크다는 것이다. 이 의미는 VVIP 고객 내에서도 구매 빈도가 매우 많은 고객과 비교적 낮은 고객이 있다는 것이다.

# 2차원 그래프

2차원 그래프는 두 변수를 중심으로 이들의 '관계 파악'을 주목적으로 하는 시각적 데이터 분석 방법이다. 2차원 그래프에는 산점도, 열지도, 시계열 도표, 모자이크 도표 등이 있다. 두 변수가 모두 수치형 데이터인 경우, 산점도나 열지도를 주로 사용하는 반면, 두 변수가 모두 범주형인 경우에는 모자이크 도표가 보다 적합하다. 또한 시간과 수치형 변수의 관계를 분석할 때는 시계열 도표가 적합하다. 마지막으로 범주형과 수치형 변수의 관계를 분석할 때는 주로 열지도를 활용한다.

**표 5.5 │ 2차원 그래프의 종류와 용도**

| 그래프의 종류 | 주요 용도 |
|---|---|
| 산점도 scatter plot | 두 변수 간의 관계를 파악하기 위해 수치형 변수의 각 관측치를 하나의 점으로 표현 |
| 열지도 heatmap | 두 변수를 X와 Y축으로, 각 범주(또는 구간) 내 강도를 색의 진하기로 표현 |
| 시계열 도표 series plot | 시간에 따라 관측된 '시계열 데이터'를 시각적으로 나타내기 위한 도표 |
| 모자이크 도표 mosaic plot | 주로 두 범주형 변수를 시각화할 때 사용 |

2차원 그래프를 이용한 시각적 데이터 분석은 시각화를 통해, 변수 간의 관계를 분석하는 것을 주목적으로 한다. 2차원 그래프는 두 변수가 서로 비례하는 양의 상관관계인지 아니면, 반비례하는 음의 상관관계인지 등을 분석하는 데에 유용하다. 또한 그래프를 통해 데이터에 존재하는 이상치나 오류를 발견할 수 있다.

# 1 ......................................................... 산점도

## 1 | 산점도란?

산점도scatter plot는 두 수치형 변수의 각 관측치를 하나의 점으로 표현하며, 이를 통해 두 변수의 관계를 나타낸다. 책에 따라 산점도를 '점 그래프', '산포도'라고 표현하기도 한다. 산점도는 두 변수의 관계를 살피거나 이상치 탐색, 두 변수 사이에 영향을 주는 다른 변수를 찾는 데에 유용하다. 하지만 데이터가 너무 많거나 수치형 변수가 이산형인 경우, 점들이 겹쳐 정확한 시각화가 어렵다는 단점이 있다.

## 2 | 구조

산점도는 두 수치형 변수를 X축과 Y축으로 하고, 각 관측치를 점으로 하여 〈그림 5.43〉과 같이 시각화한다. 이때 산점도의 각 점은 개체 하나를 의미하며, '표식'이라고 한다. 산점도는 경우에 따라 '그룹'을 지정해, 서로 다른 색으로 산점도를 그릴 수 있다. 또한 각 관측치로부터 추정된 두 변수의 관계를 '적합 곡선'으로 나타낼 수도 있다.

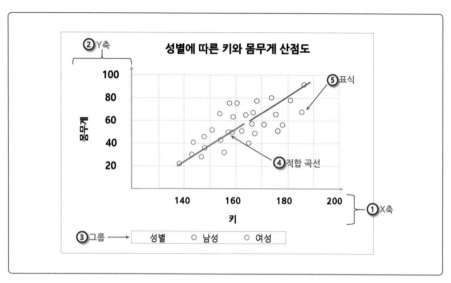

그림 5.43 | 산점도의 구조

❶ 'X축'은 산점도를 그리기 위해 꼭 할당해야 하는 필수 요소이다. 두 변수의 관계를 분석하는 경우, X축에는 보통 영향을 주는 수치형 독립 변수를 설정한다. 단, 단순히 상관관계를 살펴보는 것이 목적이라면, 어떤 변수를 X축에 두어도 상관없다.

❷ 'Y축' 역시 산점도의 필수 요소이다. Y축에는 주로 영향을 받는 수치형 종속 변수를 할당한다.

❸ '그룹'은 필수 할당 요소는 아니며, 범주형 변수의 각 범주별로 관계를 분석하고 싶은 경우 할당한다. 〈그림 5.43〉과 같이 그룹에 '성별'을 할당할 경우, 성별의 각 범주인 '남성'과 '여성'은 서로 다른 색으로 표현된다. 그리고 이때 그룹 유형은 '범례'로 나타낸다.

❹ '적합 곡선'은 산점도를 이용해 추세선을 그리고 싶을 때 사용한다. 적합 곡선에는 회귀, Loess, 벌점 B – 스플라인 세 가지가 있으며, 이 중 '회귀'를 가장 자주 사용한다. 회귀는 Y축 변수를 종속 변수로, X축 변수를 독립 변수로 했을 때, 추정되는 회귀 모형을 선으로 그린다. 보통은 X축 변수가 증가할 때 Y축 변수가 얼마나 변화하는지 살펴보는 용도로 활용한다.

❺ '표식'은 산점도의 각 점을 의미한다. 표식은 형태나 크기, 색상, 투명도 등을 변경할 수 있다. 산점도로 표현할 데이터가 많은 경우 투명도를 활용하면 보다 정확한 시각화가 가능하다. 또한 데이터에 각 관측치와 관련된 레이블이 있는 경우 레이블 변수를 지정해 레이블을 할당할 수 있다.

## 3 | 사용 목적

연구나 실무에서 산점도를 그리는 이유는 크게 세 가지이다. 첫째, 두 수치형 변수 간의 '관계'를 살펴보기 위함이다. 관계에는 한 변수가 증가할 때, 다른 변수도 증가하는 '비례' 관계가 있다. 반대로 한 변수가 증가하면, 감소하는 '반비례' 관계도 있다. 산점도는 이런 관계를 그래프로 바로 이해할 수 있게 한다. 또한 한 변수가 증가할 때 다른 변수가 제곱으로 증가하는 경우에도 산점도는 유용하다. 가감없이 관계를 바로 나타내기 때문이다. 이런 관계 유형은 〈표 5.6〉과 같이 크게 네 가지로 나눌 수 있다.

**표 5.6 | 산점도로 알 수 있는 관계의 유형**

| No | 관계 유형 | 설명 | 형태 |
|---|---|---|---|
| 1 | 양의 상관관계 | 두 변수가 서로 선형적으로 '비례'하는 관계 | |
| 2 | 음의 상관관계 | 두 변수가 서로 선형적으로 '반비례'하는 관계 | |
| 3 | 관계없음 | 두 변수가 서로 상관없이 움직이는 관계 | |
| 4 | 비선형 상관관계 | 두 변수가 서로 비선형 관계를 가진 경우 예) 한 변수가 증가할 때, 다른 변수가 제곱으로 증가 | |

둘째, 이상치를 찾을 때 사용할 수 있다. 산점도를 살펴보면, 두 변수에 따른 데이터의 분포를 파악할 수 있다. 점들의 분포를 살펴보면, 다른 값들과 동떨어진 점을 발견하는 경우가 있다. 이런 점들은 이상치일 가능성이 높다. 즉, 산점도를 통해 이상치를 발견할 수 있다.

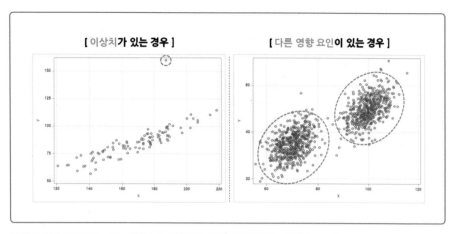

그림 5.44 | 이상치가 있는 경우(왼쪽)와 다른 영향 요인이 있는 경우(오른쪽)

셋째, 두 변수 사이에 끼어든 다른 변수가 있는지 확인하는 용도로 사용할 수도 있다. 예를 들면, 키가 큰 사람은 대체로 작은 사람보다 몸무게가 많이 나간다. 하지만 키와 몸무게는 성별에 따라서도 큰 차이를 보인다. 대체로 남성이 여성보다 몸무게나 키가 크기 때문이다. 이 경우 키와 몸무게가 비례하는 것은 사실이지만, 이 두 변수 사이에는 '성별'이라는 변수가 끼게 된다. 이 경우 산점도는 〈그림 5.44〉의 오른쪽과 같이 두 그룹으로 나뉘게 된다. 이와 같이 산점도는 두 수치형 변수의 분포를 있는 그대로 시각화하기 때문에, 데이터가 뭉치는 '군집'을 파악하는 데에도 유용하다. 실제로 '다변량 분석'에서는 여러 수치형 데이터를 요약하는 '주성분'을 산점도로 나타내어 '군집'을 찾기도 한다.

## 4 | 주의할 점

산점도는 모든 데이터를 이용해 시각화하기 때문에 평균이나 상관 계수 같은 요약 결과로는 알기 어려운 '관계'나 '패턴'을 읽을 수 있다. 하지만 '모든 데이터'를 이용하기 때문에, 데이터가 너무 많으면 그래프가 산만해지고 관계 파악이 어려워진다. 대표적인 예로 활용되는 두 가지의 상황을 살펴보자.

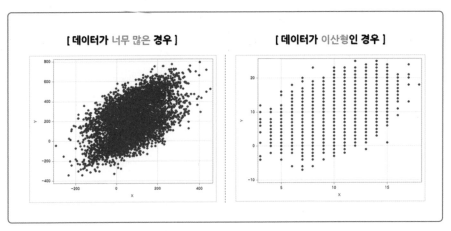

그림 5.45 | 데이터가 너무 많은 경우(왼쪽)와 수치형 변수가 이산형인 경우(오른쪽)

첫 번째는 너무 많은 데이터를 산점도로 나타내는 경우이다. 이 경우 겹치는 점이 너무 많아 정확한 패턴을 찾기가 어려워진다. 두 번째는 수치형 변수가 '연속형'이 아닌 '이산형'인 경우이다. 이 경우 이산형 변수의 특성상 많은 점들이 서로 겹치게 된다. 어떤 점은 관측치 10개가 겹쳐 있고, 어떤 점은 관측치 하나만 있는 경우가 생기는 것이다. 이때 이 둘을 똑같이 취급하는 것은 타당하지 않다. 한쪽에 더 많은 데이터가 쏠려 있기 때문이다. 즉, 밀도가 다르다. 이 두 상황에 대한 해법은 크게 두 가지가 있다.

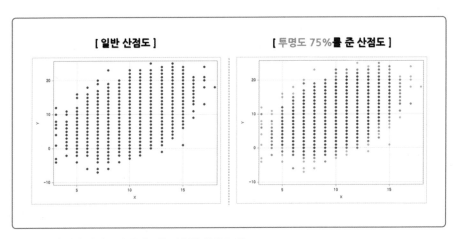

그림 5.46 | 일반 산점도와 투명도를 이용한 산점도 비교

첫 번째는 '투명도'를 이용하는 방법이다. 각 점에 투명도를 줄 경우, 관측치가 모여 있는 영역은 보다 진하게 표현된다. 반대로 관측치가 적은 영역은 희미하게 표현된다. 즉, 관측치의 밀도에 따라 시각적 차이가 생기는 것이다. 〈그림 5.46〉은 이산형 변수를 일반 산점도와 투명도 75%를 반영한 산점도를 비교한 결과이다. 두 그래프 모두 두 변수가 양의 상관관계를 가진다는 점을 파악할 수 있다. 하지만 첫 번째 그래프만 보아서는 어디에 데이터가 많이 모여 있는지를 파악하기 어렵다. 반면, 투명도 75%를 반영한 산점도는 데이터가 중첩되는 점들이 진하게 표현되어 있다. 그 결과, 보다 쉽게 데이터가 주로 어디에 분포하는지 파악할 수 있다.

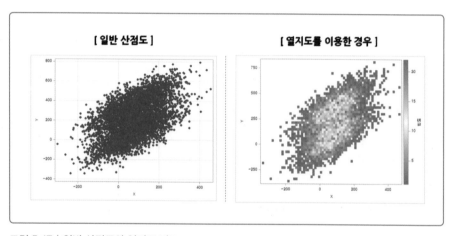

그림 5.47 │ 일반 산점도와 열지도 비교

두 번째 방법은 시각화 방법을 '열지도'로 바꾸는 것이다. 열지도는 수치형 변수를 사전에 구간으로 나눈 다음, 구간에 포함된 관측치의 개수에 따라 색을 달리 표현한다. 완전히 같다고 할 수는 없지만, 투명도를 주는 것과 비슷한 효과를 낼 수 있다. 〈그림 5.47〉의 오른쪽은 산점도 대신 열지도를 이용해 시각화한 그래프이다. 열지도를 살펴보면, X와 Y는 서로 양의 상관관계를 가진 것으로 보인다. 다만, 데이터는 두 점을 중심으로 뭉쳐 있다. 이 경우 아직 우리가 모르는 어떤 요인이 있을 수 있다. 이 사실은 왼쪽 그래프만으로는 알기 어렵다. '강도'가 제대로 표현되지 않기 때문이다. 이런 이유로 데이터가 너무 많은 경우(보통은 1만 개 이상), 산점도 대신 열지도를 이용하는 것이 좋다.

## 5 | 실습

실습에서는 두 변수 간의 관계를 산점도로 나타내는 방법을 알아본다. 실습 데이터는 'SASODA' 라이브러리의 'JOIN_TB_CUS_TR_INFO'를 이용한다. 분석 변수는 이 데이터의 구매 금액 'TOT_BUY_AMT'와 구매 빈도 'TOT_BUY_CNT'를 이용한다. 또한 구매 금액과 구매 빈도의 고객 등급별 차이를 살펴보기 위해 고객 등급 'CUST_GRD'를 그룹으로 사용해 〈그림 5.48〉과 같이 나타낸다.

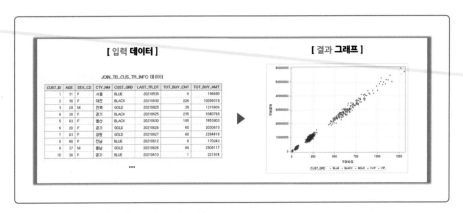

그림 5.48 | 산점도 입력 데이터와 결과 그래프

### 1 데이터와 '산점도' 작업 가져오기

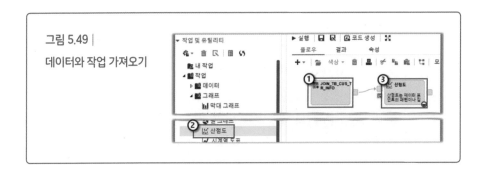

그림 5.49 |
데이터와 작업 가져오기

❶ 'SASODA' 라이브러리의 'JOIN_TB_CUS_TR_INFO' 데이터를 플로우로 이동

❷ [작업 및 유틸리티]의 [산점도] 작업을 플로우로 이동

❸ 데이터와 작업을 연결하고, [산점도] 노드를 더블 클릭


## 2 작업 설정

산점도의 X축과 Y축에 구매 빈도와 구매 금액을 할당하고, 그룹에 고객 등급을
할당한다. 그리고 [모양] 탭으로 이동해 표식의 크기와 투명도를 변경한다. 그다
음 각 축의 레이블을 설정한 뒤, 작업을 실행한다.

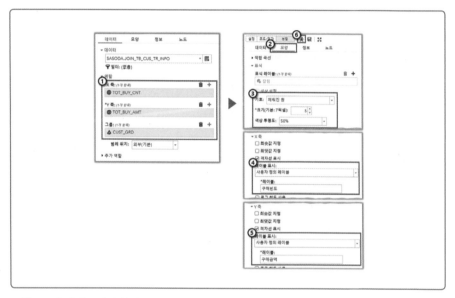

그림 5.50 | 산점도 작업 설정


❶ [X축:]에는 구매 빈도 'BUY_TOT_CNT'를 할당하고, [Y축:]에는 구매 금액 'BUY_TOT_
AMT', [그룹:]에는 고객 등급 'CUST_GRD'를 할당

❷ [모양] 탭으로 이동

❸ [기호]를 [채워진 원]으로 변경하고, [크기]는 [5픽셀]로 조정한 뒤 [색상 투명도]를 '50%'
로 변경

❹ [X축]의 [레이블 표시]를 [사용자 정의 레이블]로 변경 후, [레이블]에 '구매 빈도' 입력

❺ [Y축]도 같은 방법으로 [레이블]에 '구매 금액' 입력

❻ 🏃 버튼을 눌러 [작업] 실행

실습 데이터는 총 5,000개의 개체를 가지고 있어 산점도의 표식이 겹칠 가능성이 높다. 따라서 그래프의 가독성을 높이기 위해 표식 크기를 줄이고, 투명도를 주었다. 이와 같이 표식 모양을 변경하면, 관측치가 많은 영역은 보다 진하게 표현되어 그래프의 가독성이 높아진다.

더 알아
보 기

### 범례 위치

범례 위치는 각 고객 등급이 어떤 색으로 표현되었는지 나타내는 '범례'를 어디에 표현할지 정하는 옵션이다. 설정값은 '외부(기본)'와 '내부' 두 가지가 있다. 이 둘의 차이는 <그림 5.51>의 오른쪽과 같다.

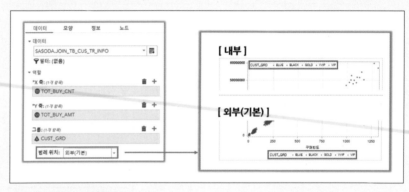

그림 5.51 | 범례 위치의 차이

## ③ 실행 결과

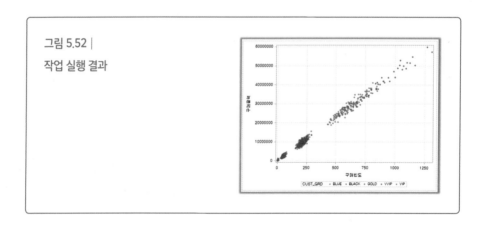

그림 5.52 |
작업 실행 결과

구매 금액과 구매 빈도로 산점도를 그린 결과는 〈그림 5.52〉와 같다. 산점도를 살펴보면, 두 변수는 서로 양의 상관관계를 가지는 것을 알 수 있다. 즉 구매 금액이 높은 고객은 대체로 구매 빈도가 높게 나타났고, 구매 금액이 낮은 고객은 구매 빈도가 낮게 나타났다는 의미이다. 또한 고객 등급에 따라 빈도와 금액에 확연한 차이가 있다는 것을 알 수 있다. 서로 색이 같은, 즉 등급이 같은 고객들은 비슷한 영역에 몰려 있지만, 등급이 다른 고객들은 비교적 멀리 떨어져 있다. 마지막으로 VVIP 고객의 경우, VVIP 고객 내에서도 구매 금액과 빈도가 매우 높은 고객이 두 명 있다는 사실을 알 수 있다.

더 알아
보기

## 산점도로 둘 이상의 변수를 시각화하는 방법

산점도는 보통 두 수치형 변수를 그래프로 나타내기 위해 사용된다. 하지만 '그룹'과 '표식 레이블'을 이용하면, 더 많은 정보를 하나의 그래프에 담을 수도 있다. 즉 산점도의 주된 사용 목적은 두 수치형 변수 간의 관계 분석이지만, 부가 기능을 잘 활용하면, 보다 많은 변수 간의 관계도 시각적으로 분석할 수 있다.

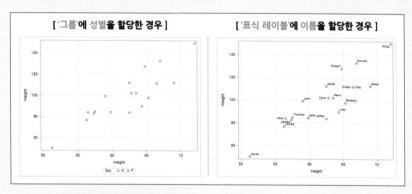

그림 5.53 | 그룹과 표식 레이블 활용하기

❶ '그룹'에는 범주형 변수를 할당한다. 그룹으로 할당된 변수의 각 범주는 산점도에서 다른 색으로 표현된다. 예를 들어, 학생 19명의 키와 몸무게를 산점도로 나타낼 때, '성별'을 그룹으로 지정하면, 〈그림 5.53〉의 왼쪽과 같은 산점도가 그려진다.

❷ '표식 레이블'은 각 표식(점)이 가지는 의미를 산점도에 나타낸다. 예를 들면, '이름', '지역명', '국가' 등이 표식 레이블로 이용될 수 있다. 〈그림 5.53〉의 오른쪽은 학생 19명의 이름을 표식 레이블로 할당한 산점도이다. 각 점들이 누구인지는 레이블을 통해 알 수 있다.

## 1 | 열지도란?

열지도heatmap는 두 변수를 X와 Y축으로, 각 범주(또는 구간) 내 강도를 색의 진하기로 표현하는 시각화 방법이다. 열지도는 수치형과 범주형 변수에 적용이 가능하다. 다만 수치형 변수는 일정 간격으로 구간화한 뒤, 시각화에 이용한다. 열지도는 주로 데이터가 너무 많아 산점도로 관계를 바로 알기 어려운 경우나, 범주형 변수와의 관계가 궁금한 경우에 사용한다. 또 열지도에서 순서가 있는 변수는 순서대로 나열해 시각화하는 것이 좋으며, 수치형 변수는 구간 수를 잘 정하는 것이 중요하다. 열지도와 산점도는 두 변수 간의 관계를 분석한다는 점에서 유사하지만, 열지도는 수치형 변수를 '영역'으로, 산점도는 '점'으로 나타낸다는 점에서 차이가 있다.

## 2 | 구조

열지도는 X축, Y축, 강도, 회귀의 네 가지 요소로 구성되어 있다. 이 중 X축과 Y축은 열지도의 필수 구성 요소이다. 강도는 일반적으로 두 변수가 교차하는 영역의 빈도를 이용하며, 필요에 따라 색상 변수를 따로 지정할 수 있다. 회귀는 X축과 Y축 변수가 모두 수치형인 경우에만 사용할 수 있는 요소이며, 두 변수 간의 관계를 회귀선으로 나타낸다.

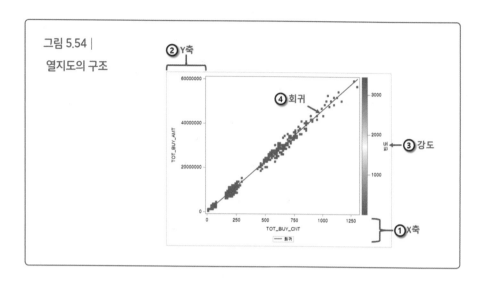

그림 5.54 |
열지도의 구조

❶ 'X축'은 열지도를 그리기 위해 할당해야 하는 필수 요소이다. X축은 보통 영향을 주는 독립 변수를 설정하지만, 단순 상관관계 분석이 목적이라면, 어떤 변수를 X축에 두어도 상관없다. 열지도의 경우 X축 변수로 수치형과 범주형을 모두 할당할 수 있다.

❷ 'Y축' 역시 열지도에 꼭 필요한 요소이며, 주로 영향을 받는 종속 변수를 할당한다. 하지만 Y축 변수 역시 단순 상관관계 분석이 목적이라면, 어떤 변수를 Y축에 두어도 상관없다. 또한 Y축 변수도 X축과 같이 수치형과 범주형 모두 할당 가능하다.

❸ '강도'는 X와 Y축 변수의 각 영역별 빈도를 색으로 표현한다. 강도 색상은 따로 정할 수 있으며, 4가지 색상을 지정해 낮은 강도에서 높은 강도로 색을 어떻게 변하게 할지 선택할 수 있다. [열지도] 작업은 따로 색상을 정하지 않으면 강도가 높을 수록 붉은색으로, 낮을 수록 파란색으로 표현된다. 강도 색상은 RGB 값으로 선택할 수 있다.

❹ '회귀'는 두 X, Y축 변수가 수치형일 때 사용할 수 있다. 열지도의 회귀는 산점도와 같이 두 변수 간의 관계를 회귀선으로 나타낸다. 회귀선은 보통 직선(1차식)을 이용하지만, 필요에 따라 2차식이나 3차식으로 나타낼 수도 있다. [열지도] 작업의 경우 최대 10차식까지 지원한다.

## 3 | 사용 목적

열지도는 두 변수 간의 관계를 살펴보기 위해 사용한다. 관계 분석을 좀 더 세분화하면, 다음과 같은 두 가지의 경우로 나눌 수 있다. 첫째, 데이터가 너무 많아 산점도로 관계를 바로 알기 어려운 경우이다. 앞서 '산점도'에서 살펴보았듯 이 경우 열지도는 매우 유용한 대안이 된다. 둘째, 범주형 변수와의 관계가 궁금한 경우이다. 열지도는 범주형 변수와 수치형 변수 간의 관계, 범주형 변수와 범주형 변수 간의 관계도 살펴볼 수 있다는 장점이 있다. 그래서 보다 다양한 종류의 변수 간의 관계를 살펴보고 싶을 때 사용한다.

## 4 │ 주의할 점

열지도는 수치형 변수는 물론, 범주형 변수 간의 관계 분석에도 이용할 수 있다. 이런 특징은 시각화 대상 변수에 제한이 없다는 장점을 제공한다. 하지만 변수를 시각화할 때는 주의해야 하는 것들이 몇 가지가 있다.

### 1 순서가 있는 변수는 순서대로 나열한다

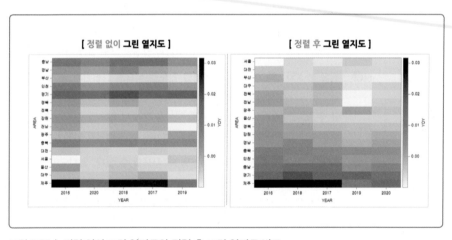

그림 5.55 │ 정렬 없이 그린 열지도와 정렬 후 그린 열지도 비교

❶ 〈그림 5.55〉는 2016년부터 2020년까지의 대한민국 16개 시도별 인구 수 증감률을 나타낸 열지도이다(세종시의 경우 인구 증가율이 너무 커서 제외). 〈그림 5.55〉의 왼쪽 열지도는 어떠한 패턴을 발견하기 어렵다. X축과 Y축 모두 정렬되어 있지 않기 때문이다. 이 그래프로 알 수 있는 것은 '제주'와 '경기'의 인구 증가율이 비교적 높았다는 사실 정도이다.

❷ 반면, 〈그림 5.55〉의 오른쪽 그래프에서 제주도는 다른 행정 구역보다 2016년 ~ 2017년
의 인구 증감률이 가팔랐다. 반대로 서울의 인구 증가율은 상대적으로 낮았다. 주목할 점
은 서울과 비교해 경기도는 2016년부터 인구 증가율이 높았다는 점이다. 미루어 짐작해
보면 이런 현상은 서울 인구 중 일부가 경기도로 이주했기 때문으로 추정할 수 있다. 이
처럼 변수를 '순서'대로만 나열해도 보다 다양한 패턴을 발견할 수 있다.

## ❷ 수치형 변수의 구간 수가 적당해야 한다

열지도는 수치형 변수를 사용할 때, 먼저 일정한 간격으로 구간을 나눈다. 보통은
시각화 도구가 자동으로 적당한 구간 수를 정한다. 하지만 경우에 따라 구간 수를
직접 정하는 것이 더 좋을 수 있다. 이때 주의할 점은 구간이 많을수록 그래프는
더 많은 정보를 드러낸다는 사실이다. 반면, 구간이 적을수록 그래프는 큰 추세만
을 보여준다. 그렇기 때문에 그래프가 모호하다면 구간 수를 줄이고, 너무 단조롭
다면 구간을 더 잘게 나누는 것이 좋다. 〈그림 5.56〉은 같은 데이터에 대해 X축과
Y축 구간을 다르게 하여 그린 열지도이다. 구간 수를 기준으로 그림을 살펴보자.

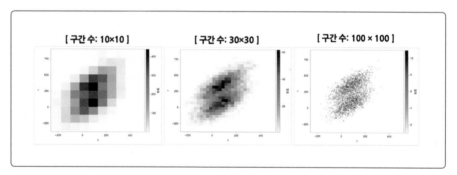

그림 5.56 | 구간 수에 따른 시각화 차이

❶ 첫 번째 열지도는 X와 Y의 구간이 모두 10개로 매우 단조로운 그래프이다. 이 그래프로
알 수 있는 사실은 두 변수 X와 Y는 양의 상관관계를 가졌다는 점이다. 하지만 그 외에는
별다른 패턴을 파악하기 어렵다.

❷ 두 번째 열지도는 X와 Y의 구간이 각각 30개인 그래프이다. 첫 번째 열지도보다는 잘게
구간을 나눴다. 따라서 두 변수는 양의 상관관계를 가지긴 하지만, 어떤 특성(또 다른 변수)
으로 인해 두 그룹으로 나뉜다는 사실을 발견할 수 있다. 이와 같이 구간을 잘게 나누면
새로운 패턴을 발견하는 경우도 있다.

❸ 세 번째 열지도는 X와 Y의 구간을 각각 100개로 선택했다. 그 결과, 구간이 매우 잘게 나뉘어 앞서 살펴본 열지도들보다 데이터를 더 잘 표현한 것을 알 수 있다. 또한 이 데이터를 통해 30X30나 100X100 모두 패턴에는 큰 차이가 없다는 것을 알 수 있다.

## 5 │ 열지도와 산점도

열지도와 산점도는 두 수치형 변수 간의 관계를 살펴볼 수 있다는 점에서 유사하다. 하지만 열지도는 수치형 변수를 일정 구간으로 나눈 뒤 '영역'으로 시각화하는 반면, 산점도는 있는 그대로의 값을 이용해 '점'으로 시각화한다는 차이가 있다. 이런 차이로 인해 열지도는 두 변수 간의 대략적인 패턴이나 경향을 분석하는 데에는 우수하지만, 구간이 너무 넓으면 정밀한 분석이 어렵다는 단점이 있다.

**표 5.7 │ 산점도와 열지도 비교**

| 구분 | 열지도 | 산점도 |
|------|--------|--------|
| 공통점 | 주로 두 변수를 시각화 | 주로 두 변수를 시각화 |
| 차이점 | 변수 유형 구분 없이 시각화<br>모든 관측치가 아닌 구간별 밀도를 이용 | 주로 수치형 변수를 시각화<br>모든 관측치를 표현 |
| 장점 | 경향성 분석에 우수 | 정밀한 패턴을 발견하는 데에 우수 |
| 단점 | 구간이 너무 넓으면 정밀한 분석이 힘듦 | 데이터가 너무 많으면 패턴 발견이 힘듦 |

## 6 │ 실습

실습에서는 'SASODA' 라이브러리에 있는 'EX_TB_CUS_MST' 데이터를 이용하여 〈그림 5.57〉과 같은 열지도를 그려본다. 이 열지도에서 X축에는 연령 'AGE' 변수를 이용하고, Y축에는 지역 'CTY_NM'을 이용한다.

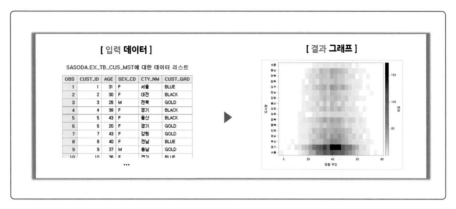

그림 5.57 | 열지도 입력 데이터와 결과 그래프

## ◼1◻ 데이터와 '열지도' 작업 가져오기

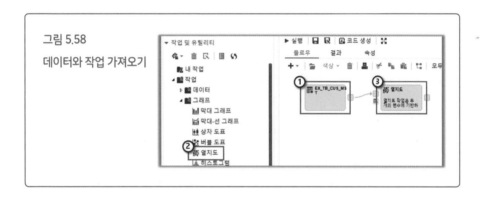

그림 5.58
데이터와 작업 가져오기

❶ 'SASODA.EX_TB_CUS_MST'를 선택해 프로세스 플로우로 이동

❷ [작업 및 유틸리티]의 [그래프]에 있는 [열지도] 작업을 프로세스 플로우로 이동

❸ 작업 노드와 데이터 노드를 연결하고, [열지도] 노드를 더블 클릭

## ◼2◻ 작업 설정

열지도에 활용할 두 변수인 연령과 도시명을 각각 X축 변수와 Y축 변수로 할당한다. [모양] 탭에서는 강도 색상을 흰색에서 검정색으로 빈도가 높을수록 진해지도록 변경한다. 그리고 각 축의 레이블을 할당한다. 연령의 경우 구간으로 나뉘어

시각화되기 때문에, '연령'이 아닌, '연령 구간'으로 레이블을 할당한다. 설정을 모두 끝낸 뒤, 작업을 실행한다.

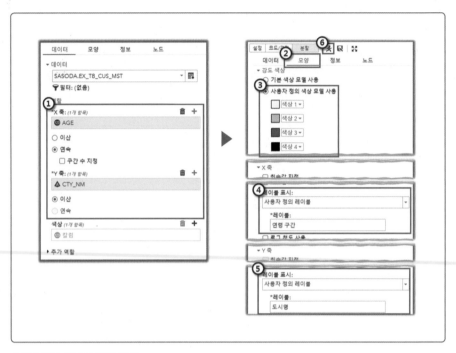

그림 5.59 | 열지도 작업 설정

❶ [X축:]에는 연령 'AGE'를 할당하고, [Y축:]에는 도시명 'CTY_NM'을 할당

  | 참고 | [구간 수 지정]을 체크하면, 구간 수(범위: 2~100)를 변경할 수 있음

❷ [모양] 탭으로 이동

❸ [강도 색상]에서 [사용자 정의 색상 모델 사용]을 선택한 뒤, [색상1]~[색상4]를 〈그림 5.59〉와 같이 변경

❹ [X축]의 [레이블 표시:]를 [사용자 정의 레이블]로 변경하고, 레이블에 '연령 구간' 기입

❺ [Y축]도 같은 방법으로 레이블에 '도시명'을 입력

❻ 🏃 버튼을 눌러 [작업] 실행

## ③ 실행 결과

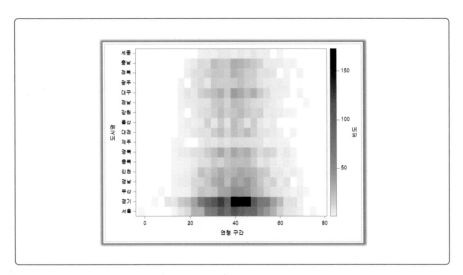

그림 5.60 | 작업 실행 결과

실행 결과를 살펴보면, 고객 중 상당수가 서울과 경기에 몰려 있는 것을 알 수 있다. 아무래도 인구 밀도가 높은 수도권에 고객이 몰려 있는 것으로 보인다. 또 고객의 연령은 대체로 40~50대가 많은 걸 알 수 있다. 이는 서울과 경기 외의 지역에도 비슷한 패턴을 나타내는 것으로 보인다. 한편, 열지도를 그릴 때는 위 그래프와 같이 자동으로 구간 수를 정해도 상관없다. 하지만 자주 사용하는 연령 구간(10세 또는 5세 등)이 있다면, 그 기준에 맞춰 구간을 선택해도 좋다. 자주 사용하는 기준이 있다면, 기준을 통일해 예전 분석 자료와 비교할 수 있기 때문이다.

## 1 | 시계열 도표란?

시계열 도표Series Plot는 시간에 따라 관측된 '시계열 데이터'를 시각적으로 나타내기 위한 도표이다. 이 시계열 도표는 시계열 데이터가 가진 시간에 따른 '연속성'을 그래프에 나타내기 위해 각 시점에 관측된 자료를 선으로 연결한다. 또 시계열 도표는 X축, Y축, 시계열로 구성되며, 필요에 따라 그룹을 추가하기도 한다. 다만, X축은 일자, 시간, 연도 등 시간을 나타내는 변수로 할당한다. 또한 시계열 도표는 시간에 따른 변화를 관측하거나 시계열 데이터에 '주기'나 '추세'가 있는지 등을 분석할 때 유용하며, 미래를 예측하기 위해 활용하기도 한다. 하지만 시계열 도표를 그릴 때는 X축의 시간 간격이 항상 일정해야 하고, 너무 많은 대상을 나타낼 경우 가독성이 떨어지기 때문에 주의해야 한다. 시계열 도표는 산점도와 같이 두 수치형(한 변수는 시간을 나타냄) 변수 간의 관계를 파악할 수 있다. 하지만 산점도는 시간의 연속성을 시각적으로 표현할 수 없기 때문에 시계열 데이터를 시각화할 때는 시계열 도표를 사용하는 것이 바람직하다.

## 2 | 구조

시계열 도표는 크게 X축, Y축, 그룹, 시계열 등 네 가지 요소로 구성되어 있다. 이중 X축과 Y축은 필수 구성 요소이고, 시계열은 이 둘을 지정하면 자동으로 만들어진다. 그룹은 여래 개체에서 관측된 시계열 자료를 시각화할 때 사용한다.

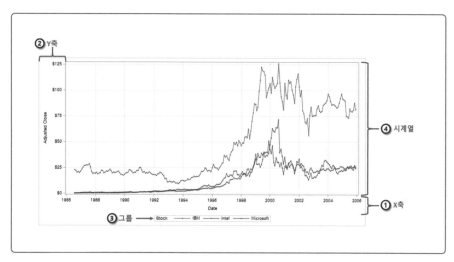

그림 5.61 | 시계열 도표의 구조

❶ 'X축'에는 일, 월, 년, 주와 같은 시간 변수를 할당하며, 이는 시계열 데이터의 관찰 기준 시점을 의미한다. X축은 시계열 도표를 그리기 위한 필수 요소이다.

❷ 'Y축'은 매출, 물가, 온도, 주가와 같은 특정 시점에 관찰된 수치형 변수를 할당한다. Y축 역시 시계열 도표의 필수 요소이다.

❸ '그룹'은 〈그림 5.61〉과 같이 여러 그룹에서 관찰된 시계열 데이터를 한 그래프로 시각화 할 때나 각 그룹을 구분하는 변수를 할당할 때 사용한다. 그룹은 시계열 도표의 필수 요 소는 아니다.

❹ '시계열'은 X축 변수(시간)의 변화에 따른 Y축 변수 값의 변화를 선으로 나타낸 그래프 영 역을 의미한다. 시계열을 구성하는 선은 '색상', '두께' 등을 변경할 수 있다. 또한 실제 값 이 존재하는 위치를 '표식'으로 설정하면 〈그림 5.61〉과 같이 그래프상에 '점'으로 데이터 가 표시된다. 표식은 산점도와 같이 형태나 크기를 변경할 수 있다.

## 3 | 사용 목적

시계열 도표를 사용하는 목적은 크게 세 가지이다. 첫째, 시간에 따른 변화를 관 측하기 위한 목적이다. 연도에 따른 평균 기온의 변화는 지구 온난화가 얼마나 가 속화되고 있는가에 대한 정보를 준다. 이 경우 시계열 도표는 유용하다. 둘째, 주 기와 추세를 분석하기 위한 목적이다. 경기 순환주기는 회복과 확장, 수축과 후퇴를 반복한다. 이때 경제 지표를 시계열 도표로 나타내면, 간접적으로 현재 경기가 어디쯤 위치하고 있는지 알 수 있다. 셋째, 미래를 예측하기 위한 목적이다. 과거의 추세가 반복된다면, 시계열 도표는 미래 예측에 꽤나 괜찮은 힌트를 제공한다. 이처럼 시계열 도표를 활용하면, 보다 과학적인 예측이 가능하다.

## 4 | 주의할 점

시계열 도표를 그릴 때는 다음의 두 가지 사항을 주의해야 한다. 첫째, 축 간격이 같아야 한다. 축 간격은 입력 데이터에 의존하기 때문에, 입력 데이터를 잘 살펴보지 않으면 간격이 달라질 수 있다. 간격이 다를 경우, 그래프가 왜곡되기 때문에 주의가 필요하다. 둘째, 그룹이 너무 많으면 시계열 도표의 가독성이 떨어진다. 그룹이 많은 경우 다른 시각화 방법을 선택하거나, 일부 그룹을 추출해 그리는 것이 바람직하다.

### 1 축의 간격은 모두 같아야 한다

시계열 도표를 그릴 때 관측 간격은 같아야 한다. 즉, 연 단위로 관측된 결과와 월 단위로 관측된 결과를 같은 그래프에 그려서는 안 되는 것이다. 관측 단위를 달리하여 그릴 경우, 결과가 왜곡될 수 있다.

### 2 그룹이 너무 많으면 시계열 도표의 가독성이 떨어진다

시계열 도표는 둘 이상의 그룹에 대한 시계열 데이터를 그래프로 나타낼 수 있다. 하지만 그룹이 너무 많을 경우 시계열 도표는 데이터를 이해하는 데 별 도움이 되지 않는다. 〈그림 5.62〉는 2020년 1월 20일부터 2021년 10월 6일까지 대한민국의 각 시도별로 수집된 코로나19 확진자 수를 시계열 도표로 그린 그래프이다. 이 그래프로 알 수 있는 점은 '잘 구분은 안 되지만, 서울과 경기 지역에서 2020년 12월부터 확진자 수가 급격히 증가했다' 정도이다. 이 그래프는 너무 많은 그룹을 한 번에 나타냈기 때문에, 이 외의 다른 정보를 파악하기 어렵다. 이처럼 시계열 도표에 너무 많은 그룹을 나타내면, 알 수 있는 정보가 오히려 줄어든다. 참고로 〈그림 5.62〉와 같이 많은 선이 난잡하게 엉켜 있는 그래프를 스파게티 차트 spaghetti chart라고도 부른다. 그래프 모양이 마치 스파게티 면이 엉켜 있는 것과 비슷하기 때문이다.

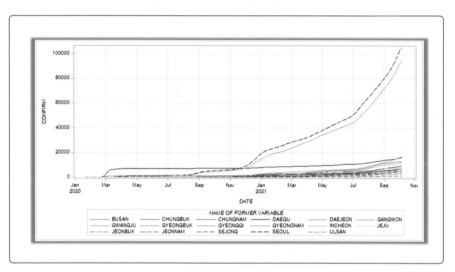

그림 5.62 | 시도별 코로나19 확진자 수 추이

## 5 | 시계열 도표와 산점도

시간이 수치형 데이터라는 점에서 시계열 도표와 산점도는 비슷한 점이 많다. 하지만 산점도가 아닌, 시계열 도표를 사용하는 데에는 이유가 있다. 시계열 도표는 시간에 따라 관측된 지점을 시각적으로 나타내기 위해 점과 점을 '선'으로 연결한다. 고작 선 하나를 추가한 것이지만, 선은 시각적 연속성을 잘 표현해 주기에 보는 이의 원활한 이해를 돕는다. 그리고 이 차이는 그래프의 가독성에 있어 큰 차이를 만든다.

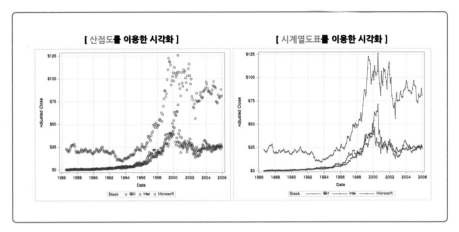

그림 5.63 | 산점도와 시계열 도표 비교

〈그림 5.63〉은 1986년~2006년까지 미국 나스닥에 상장된 IBM, Intel, Microsoft 사의 조정된 종가Adjusted Close를 산점도와 시계열 도표로 나타낸 결과이다. 결과를 살펴보면, 산점도의 경우 관측치들이 서로 동떨어져 있어 연속적인 경향성을 파악하기 어렵다. 반면, 시계열 도표는 점과 점을 선으로 연결한 덕분에 추세를 관찰하기가 쉽다. 이처럼 '선' 하나의 차이가 그래프 가독성에 큰 차이를 가져온다.

## 6 | 실습

이번 실습에서는 'EX_TB_TR_HST' 데이터를 이용해 시계열 도표를 그려본다. 하지만 이 데이터는 고객과 거래 단위로 기록된 데이터이기에 바로 시계열 도표로 그릴 수가 없다. 따라서 'EX_TB_TR_HST' 데이터를 먼저 요약해야 한다. 즉 거래일자 'TR_DT'를 기준으로, 'BUY_AMT' 데이터를 '일 합계 구매 금액'으로 요약하는 작업을 먼저 수행해야 하는 것이다. 이처럼 요약 작업을 먼저 수행한 다음, 요약 데이터를 활용해 〈그림 5.64〉와 같이 시계열 도표를 그려보자.

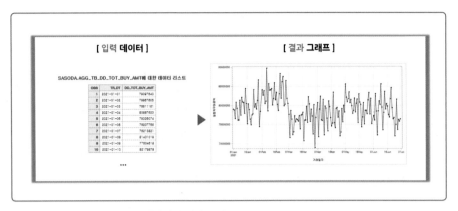

그림 5.64 | 시계열 도표 입력 데이터와 결과 그래프

## 1 질의 데이터 가져오기

실습 데이터 구성을 위해 [질의] 작업을 가져오고, [질의]에서 'SASODA.EX_TB_TR_HST' 데이터를 가져온다.

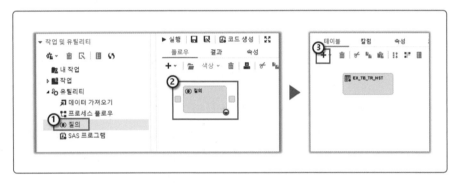

그림 5.65 | 질의 작업과 데이터 가져오기

❶ [작업 및 유틸리티] 밑에 있는 [유틸리티]에서 [질의]를 플로우로 이동

❷ [질의] 노드를 더블 클릭

❸ ＋ 버튼을 클릭해 'SASODA.EX_TB_TR_HST' 테이블 선택

## ② 데이터 일 단위 요약

시계열 도표를 그리기 위해서는 시간(년, 분기, 월, 일 등) 단위로 집계된 데이터가 필요하기 때문에 먼저 'EX_TB_TR_HST' 데이터를 [질의] 작업을 이용해 거래 일자 단위로 집계한다. 그다음 집계한 데이터를 'SASODA' 라이브러리에 'AGG_TB_DD_TOT_BUY_AMT'라는 이름으로 저장한다.

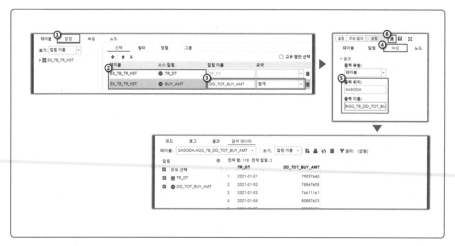

그림 5.66 | 고객 거래 데이터 일 합계 거래 금액으로 요약

❶ [칼럼] 탭으로 이동

❷ 'EX_TB_TR_HST' 데이터의 두 변수 거래 일자 'TR_DT'와 구매 금액 'BUY_AMT' 선택

❸ 'BUY_AMT'의 [요약]을 [합계]로 변경하고, [칼럼 이름]을 'DD_TOT_BUY_AMT'로 변경

❹ [속성] 탭으로 이동

❺ [출력 위치:]에 'SASODA'를, [출력 이름:]에는 'AGG_TB_DD_TOT_BUY_AMT'를 입력

❻ 🏃 버튼을 눌러 [작업] 실행

〈그림 5.66〉의 하단과 같이 [출력 데이터]가 잘 생성되었는지 확인한다. 이제 이 데이터를 이용해, 시계열 도표를 그려보자.

## ③ '시계열 도표' 작업 가져오기

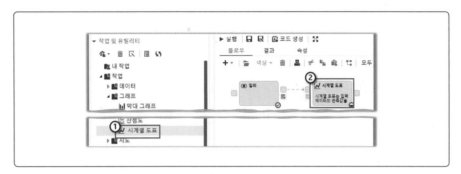

그림 5.67 | 작업 가져오기

❶ [작업 및 유틸리티]에 있는 [시계열 도표] 작업을 프로세스 플로우로 이동

❷ [질의] 노드와 [시계열 도표] 노드를 연결하고, [시계열 도표] 노드를 더블 클릭

## ④ 작업 설정

시계열 분석에 활용할 데이터 'SASODA.AGG_TB_DD_TOT_BUY_AMT'를 [시계열 도표] 작업의 [데이터]에 할당한 뒤, X축과 Y축 변수를 각각 할당한다. 그리고 시계열 도표의 가독성을 높이기 위해 [시계열]에서 그래프 색상과 표식 표시 기호를 변경한다.

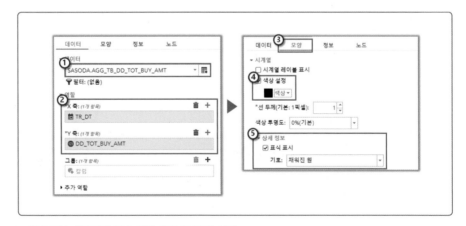

그림 5.68 | 데이터와 변수 역할 할당 및 모양 설정

❶ [질의]와 [시계열 도표] 작업은 서로 연결해도 데이터가 자동으로 할당되지 않기 때문에 [데이터] 탭에서 사용할 'SASODA.AGG_TB_DD_TOT_BUY_AMT' 데이터를 할당

❷ [X축:] 변수에는 'TR_DT' 변수(일자를 나타내는 시간 변수)를 할당하고, [Y축:] 변수에는 해당 일자에 발생한 합계 매출을 나타내는 'DD_TOT_BUY_AMT' 변수를 할당

❸ [모양] 탭으로 이동

❹ [색상 설정]을 체크하고, 색상을 검정색으로 변경

❺ [상세 정보]의 [표식 표시]를 체크한 뒤, [기호]를 [채워진 원]으로 선택


이번에는 시계열 도표 각 축의 레이블과 그래프 크기를 변경한다. 시계열 도표는 관측 기간이 길거나 간격이 짧은 경우, 또는 너비가 작으면, 가독성이 많이 떨어진다. 따라서 [그래프 크기] 옵션을 이용해 너비를 보다 길게 설정하는 것이 좋다.

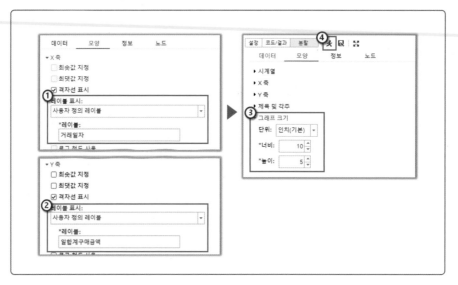

그림 5.69 | 레이블과 그래프 크기 설정


❶ [모양] 탭 하단에 있는 [X축:]의 [레이블 표시:]를 [사용자 정의 레이블]로 변경한 뒤, [레이블:]에 '거래 일자'를 입력

❷ [Y축:] 역시 같은 방법으로 [사용자 정의 레이블]을 선택한 뒤, [레이블:]에 '일 합계 구매 금액'을 입력

❸ [그래프 크기]를 확장한 뒤 [너비:]를 '10', [높이:]를 '5'로 설정

❹ 🏃 버튼을 눌러 [작업] 실행

## 5 실행 결과

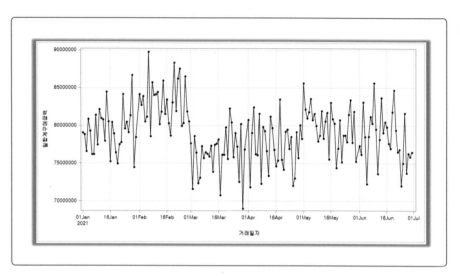

그림 5.70 | 작업 실행 결과

작업을 실행하면 〈그림 5.70〉과 같은 시계열 도표를 얻을 수 있다. 결과를 살펴보면, 합계 구매 금액은 연초인 1~2월에 증가하는 추세를 보였다. 반면, 3월에 접어들면서 크게 감소하고, 이후 점진적으로 증가하는 것을 확인할 수 있다. [시계열 도표] 작업은 시계열 그림을 그리는 데에 초점이 맞춰진 작업이기 때문에 좀 더 복잡한 시계열 분석에는 적합하지 않다. 만약 보다 깊은 시계열 분석이 필요하다면, [작업 및 유틸리티]의 [계량 경제]나 [예측]에 속한 작업을 활용할 것을 권장한다. 이 작업들은 시계열 데이터 분석을 위해 구성되어 있으며, 통계학과 학부 수준에서 다루는 시계열 분석 방법의 대부분을 지원한다.

## 1 | 모자이크 도표란?

모자이크 도표mosaic plot는 주로 두 범주형 변수 간의 관계를 시각화할 때 사용한다. 모자이크 도표는 X축, Y축, 타일로 구성되어 있으며, 두 범주형 변수의 빈도를 사각형 '모자이크' 형태로 시각화한다.

## 2 | 구조

모자이크 도표는 X축, Y축, 타일 등 세 가지 요소로 구성되어 있다. X축과 Y축은 시각화에 사용할 두 변수를 할당한다. 통상 두 변수는 범주형 변수를 이용하며, 수치형 변수인 경우, 값 유형이 적은 경우에 한하여 사용할 것을 권장한다. 타일 크기는 X축 변수의 각 범주별 빈도를 이용해 열을 나눈 뒤, 각 Y축 변수의 범주에서 X축 변수의 상대 비율을 이용해 정한다.

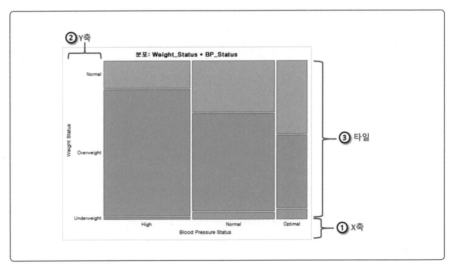

그림 5.71 | 혈압 상태와 몸무게 상태를 모자이크 도표로 시각화한 결과

❶ 'X축'은 모자이크 도표를 그리기 위한 필수 요소이다. X축에는 주로 범주형 변수를 할당하지만, 수치형 변수도 할당할 수 있다. 하지만 너무 많은 값 유형을 갖는 수치형 변수를 할당할 경우 제대로 시각화하기 어렵기 때문에, 값 유형이 몇 개 없는 이산형 수치 변수나 범주형 변수를 주로 할당한다. 또한 범주형 변수라도 '상품 코드', 'ID' 같이 범주가 너무 많은 변수는 사용하지 않는 것이 좋다. 결과가 나와도 해석이 불가능에 가깝기 때문이다.

❷ 'Y축' 역시 모자이크 도표의 필수 요소이고, 범주형과 수치형 모두 할당할 수 있다. 하지만 X축과 마찬가지로 값 유형이 적은 이산형 변수나 범주형 변수를 할당할 것을 권장한다.

❸ '타일'은 X축과 Y축에 할당된 두 변수를 기준으로 만들어진다. 타일은 두 범주형 변수의 범주에 속하는 관측치 수로 크기가 결정된다. 또 타일의 너비는 X축 변수의 범주 빈도로 결정되고, 높이는 Y축 변수의 범주 빈도로 결정된다.

## 3 │ 주의할 점

모자이크 도표는 두 범주형 변수 간의 관계를 살펴보는 것을 주목적으로 한다. 범주형 변수는 순서가 있는 경우와 없는 경우 두 가지로 나누어 볼 수 있다. 먼저 순서 정보가 없는 경우, 모자이크 도표는 어떻게 그려도 상관없다. 하지만 '등급', '순위', '연령 그룹'과 같이 순서 정보가 포함된 변수를 시각화할 때는 '순서'를 고려해서 모자이크 도표를 그린다. [모자이크 도표] 작업은 데이터를 정렬한 뒤, 그리도록 설정되어 있다. 따라서 순서 변수의 범주 이름이 순서를 나타내지 못하는 경우, 미리 범주 이름 앞에 순서를 명시해 주는 것이 좋다. 이때는 앞서 다룬 [값 재코딩] 작업을 활용한다.

## 4 │ 실습

이번 실습에서는 'SASODA.RRCD_TB_CUS_MST' 데이터를 이용해 〈그림 5.72〉와 같은 모자이크 도표를 그려본다. 시각화에 사용할 변수는 성별 'SEX_CD'와 등급 코드 'GRD_CD'이다. 등급 코드는 고객 등급을 'VVIP = 01', 'VIP = 02', 'BLACK = 03', 'GOLD = 04', 'BLUE = 05'로 변경한 변수이다. 입력 데이터와 결과 그래프를 살펴보면, 입력 데이터에는 여러 변수가 포함되어 있다. 하지만 〈그림 5.72〉의 왼쪽 데이터에 빨간색 박스로 표시한 변수를 제외한 나머지는 시각화에 사용되지 않는다.

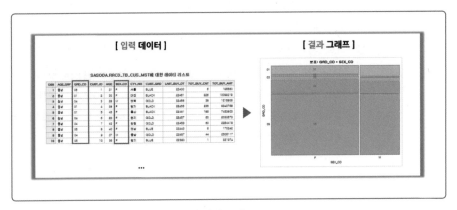

그림 5.72 | 모자이크 도표의 입력 데이터와 결과 그래프

## ◱ 데이터와 '모자이크 도표' 작업 가져오기

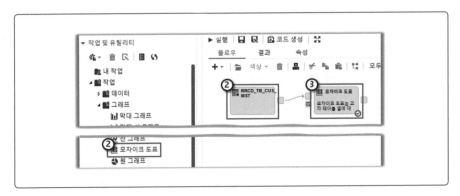

그림 5.73 | 데이터와 작업 가져오기

❶ 플로우로 실습 데이터 'SASODA.RRCD_TB_CUS_MST'를 이동

❷ [그래프]의 [모자이크 도표] 작업을 플로우로 이동

❸ 데이터와 작업을 연결한 뒤, [모자이크 도표] 작업을 더블 클릭

## ② 작업 설정

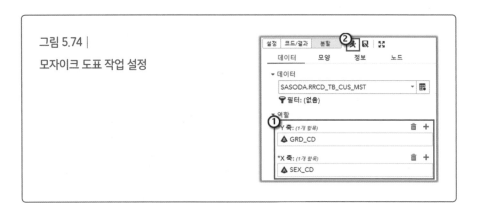

그림 5.74 |
모자이크 도표 작업 설정

❶  [Y축:]에 등급 코드 'GRD_CD'를, [X축:]에는 성별 'SEX_CD'를 할당

❷  🏃 버튼을 눌러 [작업] 실행

더 알아
보 기

## 층화 기준이란?

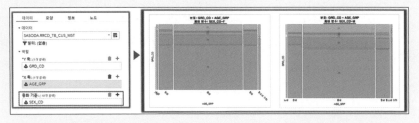

그림 5.75 | 층화 기준

'층화 기준'은 어떤 변수를 기준으로, 그래프를 나눠 그리고 싶을 때 사용한다. 예를 들어 '성별'을 층
화 기준으로 설정해 두고, 등급 코드와 연령 그룹을 그리면 <그림 5.75>와 같다. 층화 기준을 설정
하면, 해당 범주형 변수의 각 그룹별로 모자이크 도표를 그린다.

## ③ 실행 결과

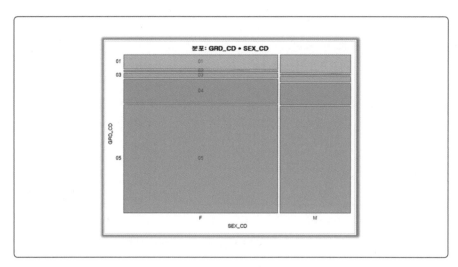

그림 5.76 | 작업 실행 결과

[모자이크 도표] 작업을 실행하면 〈그림 5.76〉과 같은 결과를 얻을 수 있다. 〈그림 5.76〉을 살펴보면, 고객 등급이 높을수록 고객 수의 비율이 점점 작아지는 것을 알 수 있다. 또한 전반적으로 여성 고객이 남성 고객보다 많은 것을 알 수 있다. 특히 VVIP 등급의 경우 다른 등급보다 여성 고객의 비율이 다소 높음을 파악할 수 있다.

# 4

# 다차원 그래프

다차원 그래프는 말 그대로 차원이 여러 개인 그래프이다. 차원 하나는 변수 하나와 같기 때문에, 다차원 그래프는 시각화에 세 개 이상의 변수를 활용한다. 물론 모든 다차원 그래프에 세 개 이상의 변수가 필요한 건 아니다. 일례로 선 그래프는 변수 하나만으로도 그릴 수 있지만, 그래프의 기능과 목적을 고려할 때 둘 이상의 변수를 사용하는 것이 좋다. 이런 이유로 한 변수로도 시각화가 가능한 선 그래프를 다차원 그래프에 포함시켰다. 실무에서 다차원 그래프는 '계륵'과도 같은 존재이다. 한 번에 많은 정보를 담을 수 있는 장점이 있어 그래프가 예뻐 보이고, 더불어 보고서를 풍성하게 만든다. 하지만 그래프가 복잡하여 이해하기 어렵기 때문에, 다차원 그래프를 그리는 과정에서 보는 사람이 이해하기 쉽도록 그리는 것이 중요하다.

'다차원 그래프'에서는 총 세 가지의 그래프를 다룬다. 첫째, 선 그래프는 선을 이용해 그리는 그래프이다. 선 그래프는 한 변수만 주어져도 그릴 수 있지만, 적어도 세 변수는 다루어야 의미를 가질 수 있다. 그 이유는 선이 표현하는 '관계' 때문이다. 둘째, 막대-선 그래프는 막대 그래프에 선 그래프를 더한 그래프이다. 보통 양과 비율을 나타내거나 주 지표와 보조 지표를 동시에 보여주고 싶을 때 사용한다. 셋째, 버블 도표는 산점도에서 '점' 대신 '버블'을 이용한다. 버블 도표에서 원은 점과 달리 '면적'을 가지기 때문에 산점도보다 한 차원 더 높은 정보를 제공한다.

**표 5.8 | 다차원 그래프의 종류와 용도**

| 그래프의 종류 | 주요 용도 |
| --- | --- |
| 선 그래프 line chart | 범주형 변수의 각 범주별 빈도, 백분율, 다른 수치형 변수의 집계 값 등의 측도를 선으로 시각화 |
| 막대-선 그래프 bar-line chart | 두 수치형 변수를 요약해 막대와 선으로 시각화 |
| 버블 도표 bubble plot | X축, Y축, 버블 크기, 색상 4가지 요소를 이용해 최대 변수 4개를 '버블' 형태로 시각화 |

# 1 ......................................................... 선 그래프

## 1 | 선 그래프란?

선 그래프line chart는 범주형 변수의 각 범주별 빈도, 백분율, 다른 수치형 변수의 집계 값 등의 측도를 선으로 시각화하여 표현한 그래프이다. 선 그래프는 순서를 갖는 범주형 변수의 변화를 분석할 때 유용하며, 범주별 측도 차이를 분석할 때 유용하다. 선 그래프는 '선'을 이용해 범주들 간의 연관성을 표현하기 때문에 각 범주가 연관되어 있을 때 사용한다. 예를 들어 범주형 변수의 각 범주에 순서가 있는 경우, '순서'를 연관성으로 볼 수 있다. 또한 두 범주형 변수를 시각화하는 경우 다른 범주형 변수의 범주가 같다면, 선으로 연결해 표현하기에도 적합하다. 선 그래프는 그 형태가 시계열 도표와 비슷하지만, X축 변수를 범주형으로 취급하고, Y축 변수를 요약한 값으로 취급한다는 점에서 시계열 그래프와 다르다.

## 2 | 구조

선 그래프는 한 범주형 변수를 X축으로 하고, 각 범주의 빈도, 백분율, 다른 변수의 요약 값과 같은 측도를 Y축으로 하며, 각 범주의 측도 값을 선으로 연결해 시각화한다. 또한 경우에 따라 하위 범주를 선택하여 하위 범주의 범주별로 선을 나누어 시각화할 수도 있다.

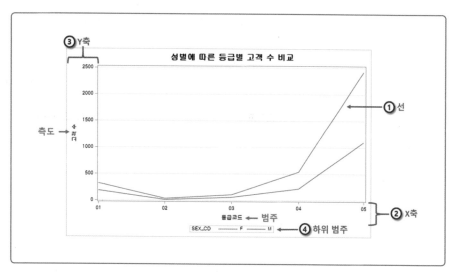

그림 5.77 | 선 그래프의 구조

❶ '선'은 X축에 지정한 범주형 변수의 각 범주별 측도 값의 크기를 높이로 나타낸다. 또한 선은 X축 변수의 각 범주별 연관성을 나타낸다. 선은 두께, 투명도, 스타일(점선, 파선 등) 등을 변경할 수 있다.

❷ 'X축'에는 주로 순서가 있는 범주형 변수를 할당한다. 선 그래프는 X축 변수의 각 범주를 선으로 연결해 연관성을 나타낸다. 다만 '하위 범주'를 할당한 경우, 하위 범주가 같다는 공통점이 있기 때문에 순서가 없는 범주형 변수를 할당하기도 한다. X축 변수는 필수 지정 변수이다. 또한 기능상으로는 수치형 변수도 할당 가능하지만, 수치형 변수가 가질 수 있는 값의 유형이 너무 많은 경우 그래프의 가독성이 떨어질 수 있다.

❸ 'Y축'은 '측도'라고 하며, X축 변수의 범주별 빈도를 기본값으로 한다. 하지만 필요에 따라 '백분율'이나 다른 '변수'를 측도로 지정할 수도 있다. 만약 다른 변수를 측도로 지정할 경우 X축 변수를 어떻게 요약할지 정해야 한다. 요약은 '평균', '합계', '합계 백분율' 등으로 할 수 있다.

❹ '하위 범주'는 X축에 지정한 범주형 변수를 다른 범주형 변수로 나누어 보고 싶은 경우 사용한다. 하위 범주는 필수 구성 요소는 아니다.

## 3 │ 사용 목적

### ▌1 순서를 갖는 범주형 변수의 측도 변화 분석

X축에 지정한 범주형 변수가 순서를 가진다면 경향성을 살펴볼 수 있다. 선 그래프는 각 범주를 서로 연결하기 때문에 경향성을 살펴보는 경우 선 그래프가 막대 그래프보다 유용하다.

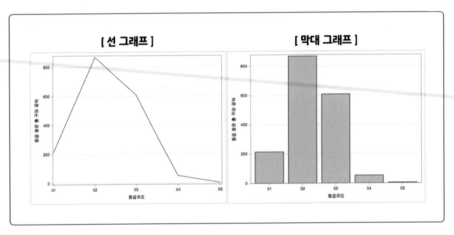

그림 5.78 │ 선 그래프와 막대 그래프 비교

〈그림 5.78〉은 등급 코드별로 총 구매 금액을 평균으로 요약하여 선 그래프와 막대 그래프로 나타낸 결과이다. 먼저 〈그림 5.78〉의 왼쪽에 있는 선 그래프는 등급 코드별 총 구매 금액을 서로 선으로 연결했다. 그 결과, 등급이 높아짐에 따라 총 구매 금액이 어떻게 변하는지 등 경향성을 파악하기에 유용하다.

## 2 두 범주형 변수의 범주별 측도 차이 분석

두 범주형 변수의 시각화에서 막대 그래프는 각 범주 간의 연관성을 파악하기가 어렵다. 반면, 선 그래프는 범주 간의 연관성을 선으로 표현하기 때문에 보다 시각적으로 이해하기 편리하다는 장점이 있다.

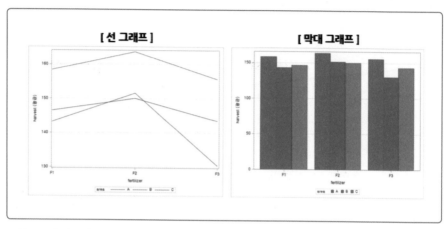

그림 5.79 | 비료와 밭에 따른 수확량 비교

〈그림 5.79〉는 밭 A, B, C에 서로 다른 비료 F1, F2, F3를 사용한 뒤, 수확량인 'harvest'에는 어떠한 변화가 있는지를 관찰한 데이터의 시각화 그림이다. 이 그래프들을 한 번 살펴보면, 두 범주형 변수인 밭 'area'와 비료 'fertilizer'에 따른 측도 비교에는 선 그래프가 막대 그래프보다 유용하다는 것을 알 수 있다. 막대 그래프는 〈그림 5.79〉와 같이 하위 범주를 사용할 경우, 각 범주 간의 연관성을 나타내기가 어렵다. 반면, 선 그래프는 각 하위 범주 간의 연관성을 선으로 표현하기 때문에 하위 범주와 범주의 차이를 보다 쉽게 시각적으로 이해할 수가 있다. 이 때문에 그룹 간 평균 비교를 위한 분산 분석에서 선 그래프를 활용해 처리 효과나 상호작용 효과 등을 분석한다.

## 4 | 주의할 점

### 1 연관성이 없다면, 막대 그래프를 이용한다

시각화에서 '선'은 연관성을 표현하는 수단이다. 만약 연관성이 없는데 선을 사용한다면, 잘못된 정보를 시각적으로 나타내는 것과 같다.

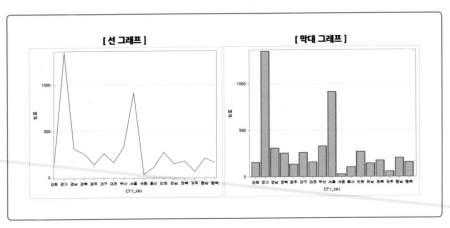

그림 5.80 | 선 그래프와 막대 그래프를 이용한 지역별 고객 수

〈그림 5.80〉은 지역별 고객 수를 선 그래프와 막대 그래프로 나타낸 그림이다. 〈그림 5.80〉의 왼쪽에 있는 선 그래프를 살펴보면, 선으로 각 지역이 연결되어 있는 걸알 수 있다. 하지만 이 데이터의 경우 지역을 서로 연결할 이유가 없다. '지역'이라는 공통점은 이미 그래프 X축으로 반영되어 있기 때문이다. 따라서 '순서'를 반영할 목적이 아니라면, 굳이 각 범주를 연결할 이유는 없다. 지역의 경우 순서가 없기때문에 이 경우에는 〈그림 5.80〉의 오른쪽과 같이 막대 그래프를 활용하는 것이 더바람직하다.

### 2 시계열 데이터는 시계열 도표를 활용한다

선 그래프와 시계열 도표는 선을 이용해 연관성을 표현한다는 점에서 서로 비슷하다. 따라서 시계열 데이터를 선 그래프로 시각화하는 경우도 많다. 물론 시각화 도구에 따라서 선 그래프와 시계열 도표의 경계가 모호한 경우도 많으며, 차이가 없는 경우도 있다. 하지만 선 그래프와 시계열 도표는 크게 두 가지 차이가 있다.

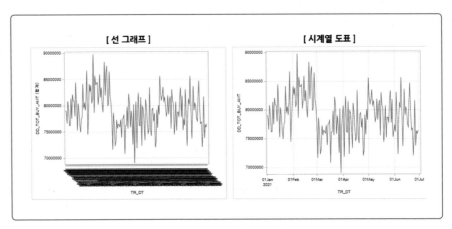

그림 5.81 | 시계열 데이터를 활용한 선 그래프와 시계열 도표 비교

첫째, 선 그래프는 범주별 측도를 시각화한다. 여기서 '측도'는 요약된 값을 말한다. 측도는 빈도나 백분율이 될 수도 있지만, 특정 변수를 합계나 평균으로 요약한 값이 될 수도 있다. 반면, 시계열 도표는 Y축 변수의 값을 그대로 시각화한다. 이 차이로 〈그림 5.81〉의 Y축 이름을 살펴보면, 선 그래프는 '(합계)'라고 쓰여 있는 걸 알 수 있다.

둘째, 시계열 도표의 X축은 수치형 변수이지만, 선 그래프의 X축은 범주형 변수로 취급된다. 선 그래프의 X축 변수의 역할은 '범주'이다. 따라서 〈그림 5.81〉의 선 그래프의 X축은 모든 값을 다 표시한 반면, 시계열 도표는 일정 간격으로 X축 값을 표시한다. 이와 같이 선 그래프와 시계열 도표는 서로 비슷해 보이지만, 차이가 있다. 그러므로 시계열 데이터를 선 그래프로 시각화하지 않을 것을 권장한다.

## 5 | 실습

이번 실습에서는 'SASODA'의 'RRCD_TB_CUS_MST' 데이터를 이용해 '선 그래프'를 그리는 방법을 알아본다. X축 범주의 변수는 등급 코드 'GRD_CD'를 활용하고, 하위 범주의 변수는 성별 'SEX_CD'를 이용한다. 이때 측도 변수는 따로 지정하지 않는다. 실습을 통해 성별과 등급 코드에 따른 고객 수(빈도)의 추이를 살펴보자. 선 그래프의 입력 데이터와 결과 그래프는 〈그림 5.82〉와 같다.

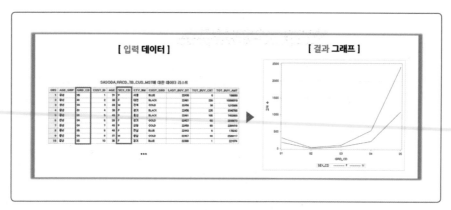

그림 5.82 | 선 그래프 입력 데이터와 결과 그래프

### 1 데이터와 '선 그래프' 작업 가져오기

생성해 둔 플로우로 실습 데이터와 [선 그래프] 작업을 가져와 연결하고, 선 그래프 노드를 선택한다.

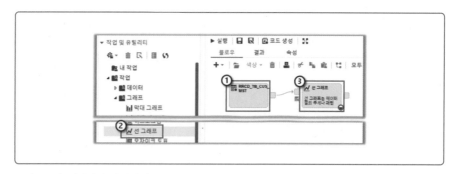

그림 5.83 | 데이터와 작업 가져오기

❶ 'SASODA.RRCD_TB_CUS_MST' 데이터를 프로세스 플로우로 이동

❷ [그래프]에 있는 [선 그래프] 작업을 플로우로 이동한 뒤, 데이터와 연결

❸ [선 그래프] 노드 더블 클릭


## ② 작업 설정

작업 설정에서는 선 그래프를 그리기 위해 필요한 범주와 하위 범주 변수를 할당하고, Y축 변수의 레이블을 달아준다.

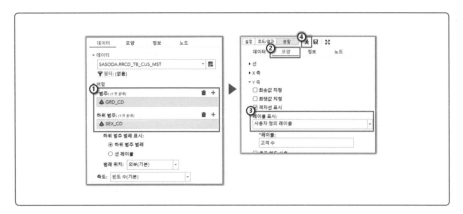

그림 5.84 | 선 그래프 작업 설정


❶ [범주:]에 등급 코드 'GRD_CD'를 할당하고, [하위 범주:]에는 성별 코드 'SEX_CD'를 할당

❷ [모양] 탭으로 이동

❸ [Y축]의 [레이블 표시:]를 [사용자 정의 레이블]로 변경하고, [레이블:]에 '고객 수' 입력

❹ 🏃 버튼을 눌러 [작업] 실행


[측도:]를 [변수]로 변경할 경우 범주와 하위 범주의 각 범주별 측도 변수의 평균, 합계 등 요약 값을 그래프로 볼 수 있다. 이때 평균을 이용할 경우 두 범주형 변수의 각 범주별 평균을 시각화하기 때문에 오차가 발생한다. 이 경우 막대 그래프의 하위 범주와 같이 '오차 막대'를 나타낼 수도 있다. 또한 [모양] 탭의 [선]에서는 선의 색(하위 범주를 선택하지 않은 경우), 형태 등을 선택할 수 있다.

## ❸ 실행 결과

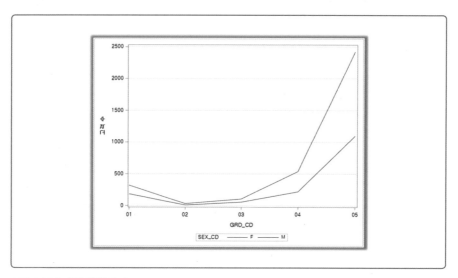

그림 5.85 | 작업 실행 결과

설정을 끝낸 뒤 작업을 실행하면, 〈그림 5.85〉와 같은 선 그래프가 나타난다. 이 그래프는 성별에 따른 등급별 고객 수의 차이를 나타낸다. 또한 이 그래프를 통해 두 가지의 사실을 알 수 있다. 첫째, 여성(F)이 남성(M)보다 더 많다는 사실이다. 전반적으로 파란색(여성)이 붉은색(남성)보다 높은 수치를 나타내고 있다. 둘째, 등급 코드가 낮을수록 고객 수가 많아진다는 사실이다. 등급 코드 '01'은 VVIP 고객이고, '02'는 VIP 고객을 나타낸다. 〈그림 5.85〉를 통해 알 수 있듯, 보통 상위 등급 고객의 수는 하위 등급 고객의 수보다 적게 나타난다. 다만, 〈그림 5.85〉의 그래프의 경우 VVIP 고객이 VIP보다 많다는 특이점이 있다. 이와 같이 선 그래프는 두 범주형 변수를 특정 측도를 기준으로 분석할 수 있는 유용한 다차원 그래프이다.

## 1 │ 막대-선 그래프란?

막대-선 그래프bar-line chart는 두 수치형 변수를 요약해 막대와 선으로 나타내는 그래프이다. 막대-선 그래프는 주로 두 수치형 변수의 경향성 비교나 양과 변화율을 동시에 살펴볼 때 사용한다. 특히 두 수치형 변수의 단위가 다를 때 막대-선 그래프는 유용하다. 막대-선 그래프는 두 수치형 변수의 요약 값을 왼쪽과 오른쪽 Y축으로 표현한다. 다만, 이로 인해 두 수치형 변수의 축 위치를 헷갈리는 경우가 많아 주의가 요구된다. 통상 선 그래프를 오른쪽 Y축으로 많이 그린다.

## 2 │ 구조

막대-선 그래프는 크게 '범주', '막대', '선'으로 구성되어 있다. 범주는 X축을 나타내고, 막대는 왼쪽 Y축을, 선은 오른쪽 Y축을 나타낸다. 따라서 필수로 범주, 막대, 선에 해당하는 변수를 선택해야 한다.

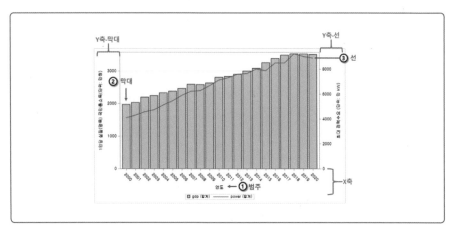

그림 5.86 │ 막대-선 그래프의 구조

❶ '범주'는 X축에 사용할 변수이다. 범주에는 문자형 변수와 숫자형 변수를 모두 선택할 수 있다. 하지만 문자형 변수의 그룹이 너무 많거나, 연속형 변수를 범주로 할 경우 막대가 너무 많아지기 때문에 해석이 어렵고, 쓸모 없는 시각화 결과를 얻게 되는 경우가 발생한다.

❷ '막대 변수'는 막대 높이를 결정하기 위한 변수이며, 왼쪽 Y축에 해당한다. 막대 변수에는 숫자 변수만을 선택할 수 있으며, 집계 통계량은 평균과 합계를 지원한다. 결과는 범주로 지정한 변수의 각 그룹을 기준으로, 평균이나 합계로 집계된 결과를 높이(왼쪽 Y축)로 한다.

❸ '선 변수'는 선 그래프의 높이를 결정하기 위한 변수이며, 오른쪽 Y축에 해당한다. 오른쪽 Y축은 보통 '보조축'이라고도 부른다. Y축 변수 역시 평균 또는 합계로 집계한 결과를 사용한다.

## 3 | 사용 목적

### ■ 두 수치형 변수의 경향성 비교

막대-선 그래프는 두 수치형 변수의 경향성을 비교할 때 유용하다. 예를 들어 연도별로 GDP와 전력 수요가 어떻게 변화했는지 살펴보고 싶은 경우 막대-선 그래프는 유용하다. 〈그림 5.87〉은 2000년부터 2020년까지 대한민국의 '1인당 실질 국민 총소득'과 '최대 전력 수요' 변화를 막대-선 그래프를 이용해 나타낸 결과이다. 이 그래프에서 '연도'는 범주가 되고, 두 수치형 변수는 '1인당 실질 국민 총소득'과 '최대 전력 수요'가 된다. 이와 같이 막대-선 그래프는 두 수치형 변수의 시간에 따른 변화를 관찰하고, 이를 통해 관계를 짐작하는데 사용될 수 있다.

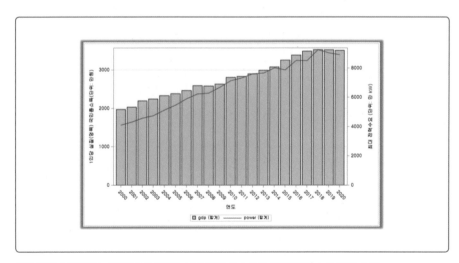

그림 5.87 | 2000년~2020년의 1인당 실질 국민 총소득과 최대 전력 수요 변화 추이

## ② 양과 변화율을 동시에 분석하는 경우

양과 변화율을 동시에 살펴볼 때 막대-선 그래프는 유용하다. 예를 들어 기업에서는 연구 개발 투자를 위한 의사 결정을 하기 위해 매출액과 매출액 증가율을 동시에 살펴보는 것이 중요하다. 이때 막대-선 그래프가 유용하게 활용될 수 있다.

## 4 | 주의할 점

막대-선 그래프를 그릴 때는 다음의 세 가지를 주의해야 한다.

첫째, 범례의 위치는 되도록 상단에 둔다. 막대-선 그래프는 Y축이 두 개이기 때문에 축을 오해해 그래프를 잘못 해석할 수 있다. 보통 범례로 선과 막대의 축 위치를 명시하는데, 범례가 잘 보이지 않으면 그래프를 오해할 수 있다. 이 때문에 되도록 범례를 하단이 아닌, 그래프 상단에 두어 시선이 먼저 범례를 향하도록 하는 것이 요구된다. [막대-선 그래프] 작업에서 범례 위치를 '내부'로 변경하면, 범례가 그래프 상단에 노출된다.

둘째, 막대와 선의 Y축 위치는 통상 많이 사용하는 위치를 사용한다. 보통은 막대를 왼쪽 Y축으로, 선을 오른쪽 Y축으로 사용한다. 꼭 이렇게 해야만 하는 것은 아니지만, 막대-선 그래프 대부분이 이런 형식을 취하고 있기 때문에, 그래프를 해석하는 사람도 이런 배치에 익숙할 가능성이 높다. 굳이 배치를 바꿔 오해를 일으킬 필요는 없다.

셋째, 양과 변화율을 시각화할 때는 막대를 양으로, 변화율을 선으로 나타내는 것이 좋다. 보통 양은 변화가 적고, 음수가 되는 경우도 드물다. 하지만 변화율은 변화가 크고, 음수가 되는 경우도 많다. 따라서 변화가 적은 양은 보통 막대로 나타내고, 변화가 큰 변화율은 선으로 나타내는 것이 바람직하다.

## 5 | 실습

실습에서는 'JOIN_TB_CUS_TR_INFO' 데이터를 이용하여 막대-선 그래프를 그리는 방법을 알아본다. 먼저 시각화를 위해 〈그림 5.88〉과 같이 지역별로 구매 금액 'TOT_BUY_AMT'와 구매 건수 'TOT_BUY_CNT'의 요약 값에 따른 변화를 살펴본다. 이때 지역 수가 총 17개이기 때문에 그래프의 가독성을 높이기 위해 그래프의 가로 길이를 좀 더 크게 변경한다.

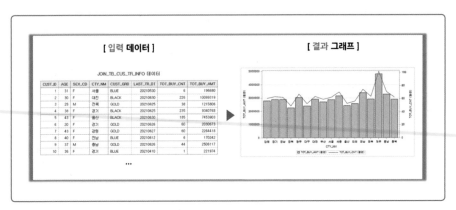

그림 5.88 | 막대-선 그래프 입력 데이터와 결과 그래프

### 1 데이터와 '막대-선 그래프' 작업 가져오기

생성해 둔 플로우로 실습 데이터와 [선 그래프] 작업을 가져와 연결하고, 선 그래프 노드를 선택한다.

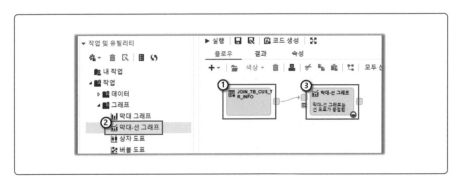

그림 5.89 | 데이터와 작업 가져오기

**❶** SASODA 라이브러리에서 실습 데이터 'JOIN_TB_CUS_TR_INFO'를 플로우로 이동

**❷** [그래프]에 있는 [막대-선 그래프] 작업을 플로우로 이동

**❸** 데이터와 작업을 연결하고, [막대-선 그래프] 노드를 더블 클릭

## **2** 작업 설정

지역별로 구매 금액과 구매 빈도를 시각화해야 하기 때문에 두 개의 변수 모두 집계 통계량은 [평균]을 선택한다. 이때 범주로 사용한 지역명 CTY_NM 변수는 많은 그룹을 가지고 있으므로 [그래프 크기]를 너비 8인치, 높이 4인치로 지정한다.

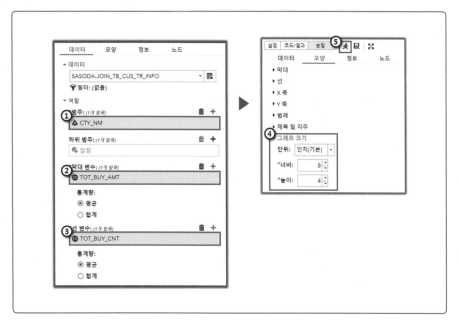

그림 5.90 | 막대-선 그래프 작업 설정

**❶** [범주:] 변수는 지역명 'CTY_NM'을 할당

**❷** [막대 변수:]는 구매 금액 'TOT_BUY_AMT'를 할당

**❸** [선 변수:]에는 구매 빈도 'TOT_BUY_CNT'를 할당

**❹** [모양] 탭 아래에 있는 [그래프 크기]에서 너비를 '8', 높이를 '4'로 지정

**❺** 🏃 버튼을 눌러 [작업] 실행

## 3 실행 결과

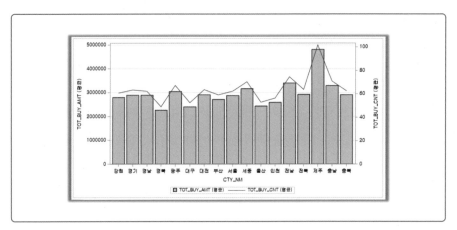

그림 5.91 | 작업 실행 결과

작업을 실행하면 〈그림 5.91〉과 같은 결과를 확인할 수 있다. 시각화 결과를 통해 제주의 경우 다른 지역에 비해 평균 구매 금액과 빈도가 높다는 사실을 알 수 있으며, 경북의 경우 다른 지역에 비해 평균 구매 금액과 빈도가 낮다는 사실을 파악할 수 있다.

---

## 3 ···················································· 버블 도표

### 1 | 버블 도표란?

버블 도표는 X축, Y축, 버블 크기, 색상 등 총 4가지 요소를 이용하여 최대 변수 4개를 '버블' 형태로 시각화한다. 단, 버블의 크기는 수치형 변수에만 할당할 수 있다. 이 그래프는 산점도와 비슷하지만, '점' 대신 '버블'을 활용한다는 차이가 있다. 산점도는 색상 외에 다른 정보를 추가로 나타낼 수 있는 방법이 없지만, 버블 도표는 버블의 '크기'를 이용해 또 다른 변수를 시각화하여 표현할 수 있다. 버블 도표는 주로 여러 변수들 간의 관계 분석이나 각 범주들의 성향을 분석할 때 유용하다. 하지만 버블은 넓이를 가지고 있기 때문에, 너무 많은 개체를 시각화할 경우 해석이 어렵다는 단점이 있다.

## 2 │ 구조

버블 도표는 X축, Y축, 버블로 구성되어 있다. 이때 버블은 다시 크기와 색상 2가지로 나눠져 표현되기도 한다. 따라서 버블 도표는 X축과 Y축, 버블 크기와 버블 색상 등 총 4가지의 변수를 시각화할 수 있다.

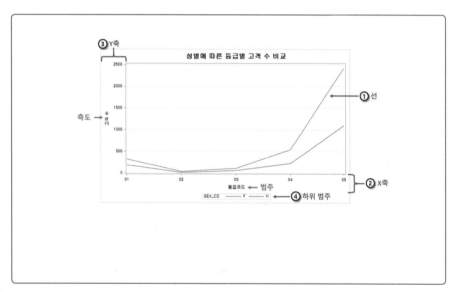

그림 5.92 │ 버블 도표의 구조

❶ 'X축'은 버블 도표의 필수 요소로, 수치형과 범주형 변수를 모두 할당할 수 있다. 〈그림 5.92〉는 X축 변수로 'Height'를 할당했다. 또한 버블 도표의 X축도 다른 그래프와 같이 사용자 정의 레이블을 사용하여 변수 이름을 레이블로 대체할 수 있다.

❷ 'Y축' 역시 버블 도표의 필수 요소이며, 수치형과 범주형 변수를 모두 할당할 수 있고, 사용자 정의 레이블도 변경 가능하다.

❸ '버블 크기' 역시 버블 도표의 필수 요소이며, 수치형 변수가 할당된다. 버블 크기는 '최대 반경'과 '최소 반경'의 제약이 있기 때문에, 버블은 일정 수준 이상으로 커지거나 작아질 수 없다. 버블 반경 제약은 [모양]의 [버블]에서 변경할 수 있다.

❹ '버블 색상'은 버블 도표의 필수 요소는 아니며, 범주형과 수치형 변수 모두 할당할 수 있다. 범주형 변수로 버블 색상을 선택하면, 범주형 변수의 각 범주마다 서로 다른 색상으로 도표에 표현된다. 반면, 수치형 변수를 선택한 경우, 수치형 변수의 크기를 그라데이션으로 표현한다.

## 3 │ 사용 목적

버블 도표는 산점도나 열지도와 같이 변수들 간의 관계를 분석할 때 사용한다. 하지만 버블 도표는 '버블'을 이용해 최대 수치형 변수 4개를 하나의 그래프로 시각화할 수가 있다. 또한 버블의 '색상'을 범주형 변수로 할당해, 각 범주의 성향을 X, Y, 크기 등 세 가지 관점에서 분석할 수 있다.

### ■ 변수 간 관계 분석

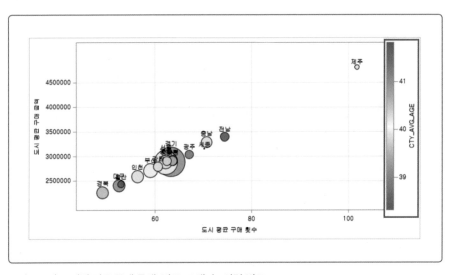

그림 5.93 │ 도시별 평균 구매 금액, 빈도, 고객 수, 연령 비교

버블 도표는 최대 4가지의 수치형 변수를 한 번에 시각화할 수 있다. 그리고 이를 통해 각 변수가 양의 상관관계, 음의 상관관계, 또는 무상관인지 등을 살펴볼 수가 있다. 보통은 수치형 변수 3개를 X, Y, 크기로 두고 이들의 관계를 분석하기 위해 많이 사용된다. 〈그림 5.93〉은 도시별 구매 횟수와 구매 금액을 X축과 Y축으로 하고, 고객 수를 버블 크기, 평균 연령을 버블 색상으로 나타낸 버블 도표이다.

### ② 범주별 성향 분석

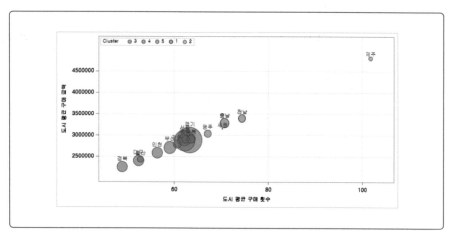

그림 5.94 | 도시 세분군Cluster 별 구매 금액, 빈도, 고객 수 비교

성별이나 지역과 같은 범주형 변수의 범주별 특징을 분석하고 싶은 경우가 있다. 또한 구매 금액, 구매 빈도, 최근 구매 일자 등으로 고객을 세분화한 다음, 각 세분군이 어떤 특징을 가지는지 살펴보고 싶은 경우도 있다. 이 경우 버블 도표의 '색'을 범주로 할당하고, X와 Y, 그리고 크기에 각 특정 변수를 할당하면, 각 범주가 가진 특징을 분석할 수 있다. 이런 분석을 전문 용어로 '세그먼트 프로파일링 segment profiling'이라고 한다. 〈그림 5.94〉는 5개 세분군에 대한 구매 금액, 횟수, 고객 수를 이용해 버블 도표를 그린 결과이다. 도표를 살펴보면, 제주는 다른 지역과 비교했을 때, 평균 구매 금액과 횟수가 모두 큰 것을 알 수 있다.

## 4 | 주의할 점

버블 도표를 그릴 때는 다음의 세 가지 사항을 주의해야 한다. 첫째, 데이터가 너무 많은 경우 버블 도표 대신 다른 그래프를 사용하는 것이 좋다. 이 경우 원들이 서로 많이 겹치게 되고, 산점도보다 해석이 어려워지기 때문이다. 따라서 데이터가 많다면, 버블 도표를 사용하지 않는 것이 좋다. 절대적인 기준은 아니지만, 보통은 10~30개 정도의 데이터가 존재할 경우 버블 도표를 사용한다.

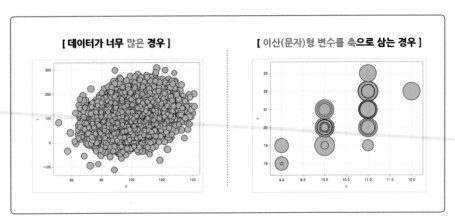

그림 5.95 | 버블 도표를 그릴 때 주의해야 할 점

둘째, 버블 도표의 두 축인 X와 Y 변수가 문자형 변수이거나 이산형 변수인 경우 주의가 필요하다. 이 경우 버블 도표를 사용하게 되면 원들이 서로 겹쳐지기에 데이터를 이해하는데 방해가 될 수 있기 때문이다. 따라서 문자형 변수나 이산형 변수를 축으로 그래프를 그려야 한다면, 되도록 모자이크 도표나 열지도를 사용할 것을 권장한다. 하지만 굳이 버블 도표로 그리고 싶다면, 적어도 버블에 '투명도'를 넣어주어야 한다. 그래야 데이터가 겹치는 부분을 파악할 수 있기 때문이다.

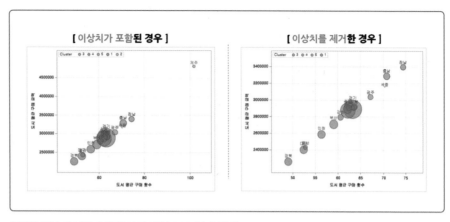

그림 5.96 | 이상치 유무에 따른 버블 도표 형태 차이

셋째, 이상치에 주의해야 한다. 세 변수 중 어느 하나라도 너무 큰 값이 존재한다면, 일단 이를 제외하는 것이 바람직하다. 이상치 하나 때문에 그래프가 한쪽으로 쏠릴 수 있기 때문이다. 이 경우 정확한 패턴을 파악하기 어렵고, 시각화 결과가 답답해 보일 수 있다. 만약 이상치를 제거하기 어렵다면, 로그 변환 등을 통해 변수를 변환하는 것도 좋은 해결책이 될 수 있다. 그리고 버블 크기에 이상치가 포함될 경우, 한 관측치가 다른 관측치를 모두 가릴 수 있다. 이런 경우에는 버블 크기의 상한을 제한하는 방법을 사용하면 된다. [버블 도표] 작업은 [모양]에서 버블 크기 상한을 변경할 수 있다. [버블] 영역에서 [최대 반경]을 줄이면, 버블이 너무 거대해지는 문제를 방지할 수 있다.

## 5 │ 실습

실습에서는 먼저 실습 데이터를 만들기 위해 'SASODA.JOIN_TB_CUS_TR_INFO' 데이터를 지역명 'CTY_NM' 변수를 기준으로 〈표 5.9〉와 같이 요약한다. 그리고 결과 데이터는 'AGG_TB_CTY_SMRY'라는 이름으로 'SASODA' 라이브러리에 저장한다.

표 5.9 | 실습 데이터 요약 내용

| 테이블 | 소스 칼럼 | 칼럼 이름 | 요약 |
|---|---|---|---|
| JOIN_TB_CUS_TR_INFO | CTY_NM | CTY_NM | 그룹 |
| JOIN_TB_CUS_TR_INFO | CUST_ID | CUST_CNT | COUNT |
| JOIN_TB_CUS_TR_INFO | TOT_BUY_CNT | CTY_AVG_BUY_CNT | AVG |
| JOIN_TB_CUS_TR_INFO | TOT_BUY_AMT | CTY_AVG_BUY_AMT | AVG |

이후 'CTY_NM'을 기준으로 요약한 'AGG_TB_CTY_SMRY' 데이터를 이용해 〈그림 5.97〉의 오른쪽과 같은 버블 도표를 그린다.

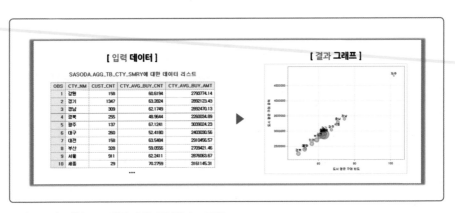

그림 5.97 | 버블 도표 입력 데이터와 결과 그래프

## 1 지역 단위 데이터 요약

프로세스 플로우를 생성하고, [작업 및 유틸리티] 아래에 있는 [유틸리티]에서 [질의]를 가져온다. 이후 입력 데이터 'JOIN_TB_CUS_TR_INFO'를 'SASODA' 라이브러리에서 가져와 도시 이름을 기준으로 도시의 평균 구매 금액과 빈도, 그리고 도시별 고객 수를 요약한다.

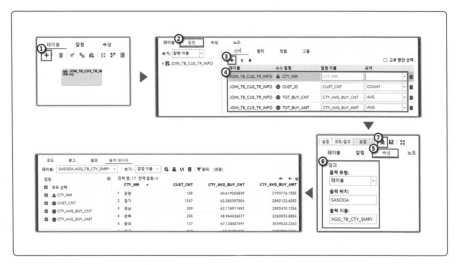

그림 5.98 | 질의를 이용한 지역 단위 데이터 요약

❶ 플로우로 가져온 질의 노드를 더블 클릭한 뒤, [테이블]의 ➕ 버튼 클릭하여 입력 데이터 'SASODA. JOIN_TB_CUS_TR_INFO'를 선택

❷ [칼럼] 탭으로 이동

❸ [선택]의 ➕ 버튼을 클릭하여, 작업에 활용할 변수 'CTY_NM', 'CUST_ID', 'TOT_BUY_ CNT', 'TOT_BUY_AMT'를 선택

❹ 각 변수의 [요약]과 [칼럼 이름]을 〈표 5.9〉와 같이 설정

❺ [속성] 탭으로 이동

❻ [출력 위치:]를 'SASODA'로 입력하고, [출력 이름:]은 'AGG_TB_CTY_SMRY'로 변경

❼ 🏃 버튼을 눌러 [작업] 실행

작업 실행이 끝나면, 〈그림 5.98〉의 하단과 같이 [출력 데이터] 탭으로 이동하여 결과 데이터를 확인한다. 결과 데이터에는 17개의 행과 4가지의 칼럼이 있어야 한다. 결과 확인을 끝낸 뒤, 다시 플로우로 이동한다.

## ❷ 작업 가져오기와 데이터 설정

앞서 생성한 플로우로 [버블 도표] 작업을 가져오고, [버블 도표]를 그리기 위한 데 이터와 변수의 역할을 설정한다.

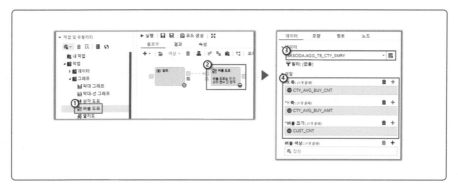

그림 5.99 | 작업 이동 및 데이터 설정 방법

❶ [그래프] 밑에 있는 [버블 도표] 작업을 플로우로 이동

❷ '지역 단위 데이터 요약'에서 만든 질의와 작업 노드를 연결한 뒤, 작업 노드를 더블 클릭

❸ [데이터]에 'SASODA.AGG_TB_CTY_SMRY'를 할당

❹ [역할]의 [X축:]에 'CTY_AVG_BUY_CNT', [Y축:]에 'CTY_AVG_BUY_AMT'를 할당하고, [버블 크기:]에 'CUST_CNT'를 할당

## ③ 모양 설정

모양 설정에서는 버블 크기, 색상, 효과 등을 변경한다. 그리고 버블 레이블에 'CTY_NM'을 할당해 각 버블이 어떤 도시인지 그래프에 명시하도록 설정한다. 마지막으로 버블 도표의 X축과 Y축에 '도시 평균 구매 빈도'와 '도시 평균 구매 금액'으로 사용자 정의 레이블을 설정한 뒤, 작업을 실행한다.

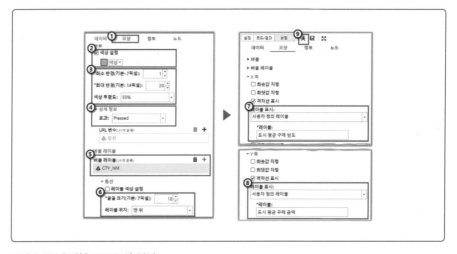

그림 5.100 | 버블 도표 모양 설정

❶ [모양] 탭으로 이동

❷ [버블]을 확장한 뒤, [색상 설정]을 체크해 버블 색을 '회색'으로 변경

❸ 최소 반경과 최대 반경을 각각 '1'과 '20'으로 변경하고, [색상 투명도:]를 '50%'로 변경

❹ [상세 정보]를 확장해 [효과:]를 'Pressed'로 변경

❺ [버블 레이블]을 확장하고, [버블 레이블:]에 'CTY_NM'을 할당

❻ [옵션]을 열어 버블 레이블 글꼴 크기를 '10'으로 변경하고, [레이블 위치:]도 '맨 위'로 변경

❼ [X축]을 확장하여 [레이블 표시:]를 '사용자 정의 레이블'로 변경한 뒤, [레이블:]에 '도시 평균 구매 빈도' 입력

❽ [Y축]을 확장하여 [레이블 표시:]를 '사용자 정의 레이블'로 변경한 뒤, [레이블:]에 '도시 평균 구매 금액' 입력

❾ [보행자] 버튼을 눌러 [작업] 실행

[모양] 탭에서는 '고객 수'에 따른 버블의 크기 차이를 보다 극적으로 나타내기 위해, 버블 반경을 변경했다. 그리고 투명도를 통해 버블이 많이 겹치는 영역이 보다 진하게 나타나도록 설정했다. 또한 버블 레이블의 경우 버블 주위에 텍스트로 이름을 명시했다.

## ◢ 실행 결과

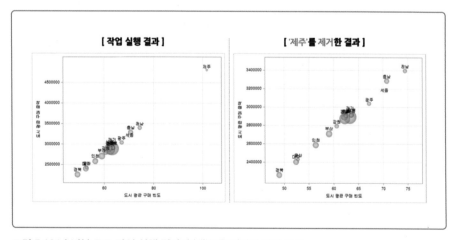

그림 5.101 | 버블 도표 작업 실행 결과와 '제주'를 제외한 결과 비교

〈그림 5.101〉의 왼쪽은 작업을 실행한 결과이다. 결과를 살펴보면, 다른 도시에 비해 제주의 평균 구매 금액과 빈도가 크게 높은 걸 알 수 있다. 반면, 다른 도시들은 그래프 왼쪽 아래에 뭉쳐져 있어, 그 특성을 명확히 파악하기가 어렵다. 이처럼 이상치로 보이는 관측치가 발생한 경우에는 〈그림 5.102〉와 같이 [데이터]에서 이상 관측지를 제외할 수 있다.

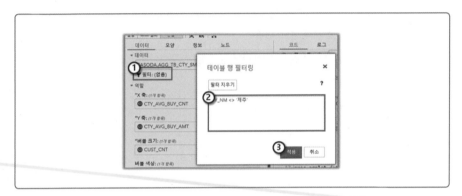

그림 5.102 | 필터를 이용한 대상 제외 방법

❶ [버블 도표] 노드를 다시 더블 클릭한 뒤, [데이터] 탭에서 [필터:]를 클릭

❷ [테이블 행 필터링] 창이 나타나면, "CTY_NM 〈〉 '제주' "를 입력

   | 참고 | '〈〉' 연산자는 같지 않음을 의미

❸ [적용]을 클릭하고, 작업을 다시 재실행

〈그림 5.102〉와 같이 작업에서 필터 조건을 걸면, 작업 처리 전에 필터 조건에 맞는 데이터만 가져온다. 〈그림 5.102〉의 필터 조건을 걸고, 작업을 다시 실행한 결과가 〈그림 5.101〉의 오른쪽의 버블 도표이다. 도표를 살펴보면, 제주를 제외할 경우 뭉쳐 있던 도시들이 보다 퍼지는 걸 알 수 있다.

# 6

No Code Data Science

# 시각적
# 데이터
# 분석 II

# 1

**No Code Data Science**

# 지도 그래프란?

지도 그래프는 지도에 그래프를 더한 시각화 방법이다. 지도 그래프는 크게 지도 위에 위치를 나타내는 그래프와 구역을 나타내는 그래프로 나뉜다. 물론 이 둘을 동시에 활용하는 것도 가능하다. 하지만 위치나 구역을 나타내기 위해서는 위치와 구역에 대한 위도 및 경도, 또는 좌표 정보를 알아야 한다. 따라서 이번 장에서는 먼저 지도 그래프를 그리기 위해 필요한 정보와 지도 그래프의 구조에 대해서 알아본다. 그다음 버블 지도, 산점 지도, 시계열 지도, 등치 지역도, 텍스트 지도 총 5가지 지도를 그리는 방법과 활용 방법을 살펴본다.

## 1 ····· 지도 그래프란?

지도 그래프는 지도에 그래프를 더한 시각화 방법이다. 지도 그래프는 다른 그래프로 알기 어려운 지역 특성을 그래프에 가미한다. 여기서 '지역 특성'은 크게는 국가가 가진 특성부터 작게는 해당 지역이 가진 편의 시설이나 인프라 등을 말한다. 그렇기에 그래프에 지도를 더하면, 그래프를 보는 사람은 알고 있던 정보를 보다 폭넓게 활용할 수 있다. 즉, 그래프 하나로 더 많은 정보를 표현할 수 있는 것이다.

하지만 지도 그래프는 '위치'나 '지역'에 대한 시각화 방법을 알아야 그릴 수 있다. 컴퓨터에게 위치나 지역에 대한 정보를 알려주지 않으면 지도를 그릴 수가 없는 것이다. 위치를 나타내는 방법은 다양하다. 일상에서는 흔히 '주소'로 위치를 표현한다. 하지만 '주소'는 국가마다 표현 방법이 다르다. 그렇기에 널리 사용하기 위한 시각화 방법으로는 적합하지 않다. 범용성이 낮기 때문이다. 그래서 대부분의 시각화 도구는 위도와 경도를 이용해 위치를 나타낸다. 한편, 지역은 지도 위에 구역을 나눠 놓은 것을 말한다. 구역은 선으로 나뉘기 때문에 한 지역을 표현하려면 많은 점이 필요하다. 여기서 우리는 두 가지를 기억할 필요가 있다. 바로 위치는 위도와 경도로 표현한다는 점과 지역을 표현하기 위해서는 많은 점이 필요하다는 점이다.

지도 그래프는 지도 위에 그래프를 덧그리는 방법으로 그린다. 가장 밑에 깔리는 지도는 데이터를 따로 확보하지 않아도 소프트웨어에서 자동으로 제공한다. 하지만 그 위에 그려지는 그래프는 미리 수집한 데이터가 있어야 한다. 지도 위에 그릴 수 있는 그래프의 유형은 크게 두 가지로 나눌 수 있다. 하나는 위치를 찍는 그래프이고, 다른 하나는 구역을 나타내는 그래프이다. 점을 찍는 그래프는 위도와 경도를 이용한다. 여기에는 버블 지도, 산점 지도, 시계열 지도, 텍스트 지도가 있다. 다음으로 구역을 나타내는 그래프는 등치 지역도가 있다. 이 등치 지역도는 다른 지도와 함께 사용할 수도 있다. 만약 위치를 나타내는 그래프와 등치 지역도를 모두 사용한다면, 지도 그래프는 총 세 개의 층을 가진다. 가장 밑에는 지도, 그 위에는 등치 지역도, 맨 위에 위치를 나타내는 지도가 그려지는 것이다.

2 ·············································

위치를 나타내는 방법은 위도와 경도, 좌표와 주소 등 매우 다양하다. 이 중 우리의 일상에서 가장 흔히 쓰이는 방법은 '주소'이다. '서울시 서초구 서초중앙로'와 같은 주소는 일상에서 위치를 나타낼 때 유용하게 쓰인다. 하지만 주소는 국가에 따라 표현 방법이 다르다. 또한 특정한 사물의 경우, 위치를 정확하게 표현하기도 어렵다. 공원에 있는 벤치의 위치를 주소로 표현하기 어려운 것처럼 말이다. 게다가 텍스트를 열거하는 방식 역시 비효율적이다. 사람이 읽어보고 이해하기에는 편리하지만, 한 지역을 나타내기 위해 너무 많은 불필요한 정보들을 저장해야한다.

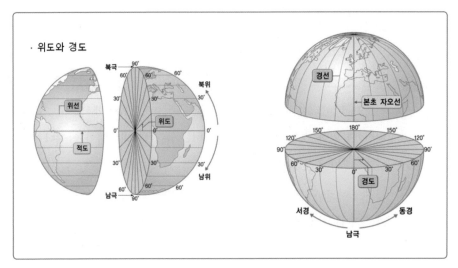

그림 6.1 | 위도와 경도

이런 이유로 시각화 도구 대부분은 위도와 경도로 위치를 나타낸다. 먼저 위도와 경도에 대해 알아보자. 위도Latitude는 지구를 적도 중심으로 남과 북으로 나누고, 적도에서 떨어진 정도를 각도로 나타내 남위(또는 북위) 00°로 표현한다. 반면 경도

Longitude는 영국 런던의 그리니치 천문대를 기준으로 지구를 세로로 동서 중심으로 나누고, 본초 자오선으로부터 떨어진 정도를 동경(또는 서경) 00°로 표현한다.

## 3 ················································· 지도 데이터

지도 그래프를 그리려면 위치(위경도) 정보가 필요하다. 그리고 구역을 나타내는 등치 지역도는 구역 정보가 필요하다. 하지만 매번 위치와 구역을 수집하는 건 쉽지 않다. 위경도는 구글 지도 등으로 수집이 가능하지만, 구역은 어떤 데이터가 필요한지 감조차 오지 않기 때문이다. 그렇다고 크게 걱정할 필요는 없다. SAS에는 지역 위치와 구역 데이터가 이미 내장되어 있기 때문이다. 게다가 대한민국의 경우 시도, 시군구 단위 지도 데이터가 포함되어 있어 이 데이터를 이용하면 손쉽게 지도를 그릴 수 있다.

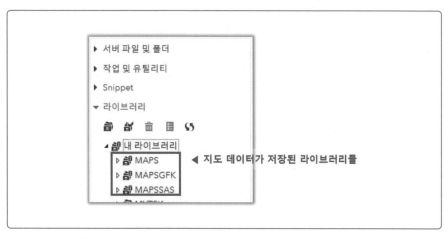

그림 6.2 | 지도 데이터가 저장된 라이브러리

SAS는 다양한 지도 데이터를 제공한다. 지도 데이터가 포함된 라이브러리에는 MAPS, MAPSGFK, MAPSSAS 세 가지가 있다. 이중 MASGFK 라이브러리가 지속적으로 업데이트되고 있는 최신 지도를 모두 포함하고 있기 때문에 이를 사용할 것을 권장하며, 실습에서도 MAPSGFK 라이브러리의 지도 데이터를 이용한다. 한편, MAPSGFK 라이브러리에는 두 유형의 데이터가 있다. 첫 번째 데이터 유형은 지도를 그리는 데 사용하는 데이터이다. 이 데이터는 'SOUTH_KOREA' 같은 영문 지역명으로 저장되어 있으며, 변수 ID, SEGMENT, X, Y, LONG, LAT 등을 가지고 있다. 한편, ID는 지역 구분에 사용한다. LONG과 LAT은 경도와 위도를 나타낸다. 이 중 기억해야 할 변수는 ID, LONG, LAT 총 세 가지이다. 또한 구역을 나타내기 위해 지역 하나에 여러 위경도와 XY 좌표가 포함되어 있다. 따라서 약간의 처리만 한다면 위치와 구역 모두를 나타낼 수 있다.

두 번째 데이터 유형은 지역 이름 뒤에 'ATTR'가 붙어 있는 데이터이다. 대한민국의 경우 'SOUTH_KOREA_ATTR'란 이름으로 저장되어 있다. 이 데이터는 지역 단위로 저장되어 있다. 즉, 데이터 한 줄은 지역 하나를 의미한다. 또한 데이터에는 ID, IDNAME, ISO 등의 변수가 있으며, 이 정보는 해당 지역의 이름이나 표준 코드를 포함하고 있다. 그러므로 이 정보를 잘 활용하면 인터넷에 공개되어 있는 다양한 지역 정보와 결합할 수가 있다. 그리고 ATTR 데이터는 ID를 기준으로 지역명 데이터와 연결되어 있다. 쉽게 설명하면 'SOUTH_KOREA_ATTR'의 ID와 'SOUTH_KOREA'의 ID는 같은 ID이다.

자주 사용하는 지역 데이터를 〈표 6.1〉로 정리해 두었다. 먼저 세계 각국을 대상으로 지도 그래프를 그리는 경우 'WORLD'와 'WORLD_ATTR' 데이터를 이용한다. 두 데이터는 ID를 기준으로 연결되어 있다. 이 데이터는 세계 각국을 비교하는 용도로 활용할 수 있다. 두 번째로 아시아만 시각화하는 경우 'ASIA'와 'ASIA_ATTR' 데이터를 이용한다. 이용 방법은 WORLD 데이터와 같다. 마지막으로 대한민국의 각 시군구나 시도를 기준으로 시각화하는 경우 'SOUTH_KOREA', 'SOUTH_KOREA_ATTR' 데이터를 사용한다. 시군구 단위로 기록된 데이터는 데이터에 ID 변수만 포함하면 바로 이용할 수 있다. 다만 시도 단위 데이터의 경우

이 책에서 제공한 URL(https://url.kr/z3ymen)에 있는 'SOUTH_KOREA_SIDO' 데이터를 활용하거나 '[더 알아보기] 등치 지역도 지역 단위 조절하기'를 참고하면 된다.

**표 6.1 | SAS ODA에서 제공하는 지도 데이터**

| 지역 | 데이터 | 단위 | 설명 |
|------|--------|------|------|
| 세계 | WORLD | 국가별 위경도 (좌표) | 국가 기준 구역 및 좌표 정보 포함 |
| | WORLD_ATTR | 국가 | 'WORLD' 데이터의 각 ID별 지역 이름, ISO 코드 등 포함 |
| 아시아 | ASIA | 국가별 위경도 (좌표) | 국가 기준 구역 및 좌표 정보 포함 |
| | ASIA_ATTR | 국가 | 'ASIA' 데이터의 각 ID별 지역 이름, ISO 코드 등 포함 |
| 대한민국 | SOUTH_KOREA | 시군구별 위경도 (좌표) | 대한민국 기준 시군구별 구역, 좌표 정보 포함 [참고] 변환을 통해 시도 단위로 나타낼 수 있음 |
| | SOUTH_KORA_ATTR | 시군구 | ID (시군구 단위), ID1(시도 단위)와 해당 ID가 가리키는 지역 영문명 등 포함 |

## 4 ......................................................... 지도의 유형

지도 그래프는 지도 위에 그래프를 그리기 때문에 밑바탕이 되는 지도를 변경할 수가 있다. 이때 필요에 따라 적당한 지도는 다르다. 어떤 경우 지역명이 선명하게 나온 지도가 편리할 수 있으며, 어떤 경우 그래프의 가독성을 높이기 위해 지역명이 두드러지지 않는 지도가 필요할 때도 있다. 〈표 6.2〉는 지도 유형에 따른 경로와 예시를 보여준다.

**표 6.2 | 지도 유형에 따른 경로와 예시**

| 지도 유형 | 경로 | |
|---|---|---|
| 1 | OpenStreetMap | |
| 2 | NatGeo_World_Map | https://server.arcgisonline.com/arcgis/rest/ services/NatGeo_World_Map/MapServer |
| 3 | World_Imagery | https://server.arcgisonline.com/arcgis/rest/ services/World_Imagery/MapServer |

| 4 | World_Shaded_Relief | |
| --- | --- | --- |
| | | https://server.arcgisonline.com/arcgis/rest/<br>services/World_Shaded_Relief/MapServer |
| 5 | World_Street_Map (기본값) | |
| | | https://server.arcgisonline.com/arcgis/rest/<br>services/World_Street_Map/MapServer |
| 6 | World_Topo_Map | |
| | | http://server.arcgisonline.com/arcgis/rest/<br>services/World_Topo_Map/MapServer |

〈표 6.2〉는 다음에 학습할 '버블 지도'를 각기 다른 지도로 시각화한 것이다. 〈표 6.2〉를 통해 각 지도가 가진 특징을 살펴보고, 상황에 맞는 지도를 가져다 쓰면 된다. 지도 하단 URL 주소는 지도 작업에서 지도를 선택할 때 필요하다.

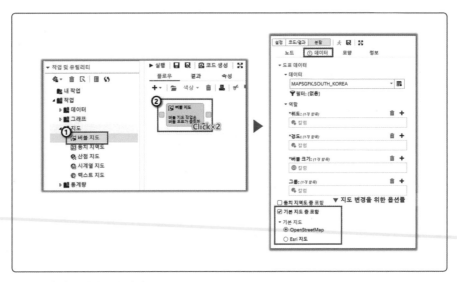

그림 6.3 | 지도 변경 옵션 위치

먼저 지도 그래프는 [작업 및 유틸리티] 내에 있는 [작업] 항목의 [지도]에 위치해 있다. 우선 아무 지도 작업이나 선택해 프로세스 플로우로 가져오자. 그다음 해당 지도 작업 노드를 더블 클릭한다. 〈그림 6.3〉의 오른쪽과 같이 [데이터] 탭으로 이동하면, 하단에 [기본 지도 층 포함], [기본 지도]와 같은 옵션이 보일 것이다. 이 옵션들이 지도 변경을 위한 옵션이다. 지도 변경 옵션은 모든 지도 작업 시 항상 같은 위치에 있으며, 설정 변경 방법 역시 같다.

그림 6.4 | 기본 지도 URL 지정 방법

지도 변경을 위한 옵션 기본값은 [OpenStreetMap]이다. 기본값으로 실행할 경우 〈표 6.2〉의 1번과 같은 지도가 그려진다. 만약 2번~6번과 같은 지도로 변경하고 싶다면 [Esri 지도]를 선택한다. 그러면 〈그림 6.4〉와 같이 [Esri 기본 지도 URL 지정]이라는 항목이 나타난다. 이 값을 〈표 6.2〉 지도 밑에 있는 URL로 변경하면 〈표 6.2〉의 2번~6번과 같은 지도를 그릴 수 있다. 단, URL을 입력해 지도를 그릴 때는 'http'가 아닌, 'https'로 변경해서 그려야 한다. 'http'로 입력할 경우 지도가 표시되지 않기 때문이다.

# 5 ························· 지도 그래프의 종류

이번 장에서 학습할 그래프는 총 5가지이다. 지도는 위치를 나타내는 지도와 지역을 나타내는 지도, 두 가지로 나눌 수 있다.

먼저 위치 지도부터 알아보자. 첫째, 버블 지도는 버블 도표를 지도 위에 그린다고 생각하면 이해가 쉽다. 다만, 지도 위에 버블 도표를 그리기 위해서 위치를 나타내는 두 축 X와 Y 변수가 위도와 경도 값을 가진다. 둘째, 산점 지도는 위도와 경도를 두 축으로 해서 지도 위에 산점도를 나타낸 것으로, 지역별 편의 시설 분포, 관공서 분포 등을 나타낼 때 유용하다. 셋째, 시계열 지도는 시간에 따른 이동 경로를 시각화할 때 유용하다. 가령 태풍의 이동 경로나 전쟁에서 각 군이 이동한 경로, 임진왜란 때 선조의 피난 경로 등을 시각적으로 표현할 때 쓰일 수 있다. 넷째, 텍스트 지도는 산점 지도와 같이 위도와 경도를 이용해 지도 위 특정 위치에 텍스트를 뿌려 나타낸다. 사용 방법과 기능이 산점도와 동일하기 때문에 위치 지도에서는 따로 다루지 않고, 지역 지도에서 다룰 등치 지역도와 위치 지도를 혼합해 그리는 방법을 살펴볼 때 같이 다룬다.

한편, 지역 지도는 지도를 구역으로 나눌 때 사용하는 지도로, 등치 지역도가 대표적이다. 이번 장에서 학습할 그래프 중, 다섯째에 해당하는 등치 지역도는 각 지역의 인구 수, 평균 소득, 연령 등을 색상으로 나타내 지역 특성을 분석할 때 유용하다. 등치 지역도는 단독으로도 사용될 수 있지만, 다른 위치 지도와 병용해 사용할 수도 있다.

**표 6.3 | 지도 그래프의 종류와 주요 용도**

| 유형 | 지도 그래프의 종류 | 주요 용도 |
|------|------|------|
| 위치 | 버블 지도Bubble Map | 지도 위의 지정된 위치(위경도 기준)에 버블을 시각화 |
| | 산점 지도Scatter Map | 위도와 경도를 X, Y축으로 한 산점도를 지도 위에 시각화 |
| | 시계열 지도Series Map | 이동 경로를 순서(시간)에 맞춰 지도에 시각화 |
| | 텍스트 지도Text Map | 위치 단위로 기록된 텍스트 데이터를 지도 위에 시각화 |
| 지역 | 등치 지역도Choropleth Map | 국가, 시도, 시군구 등 지역 특징을 색상으로 시각화 |

# 2

# 위치 지도

위치 지도는 위도와 경도를 이용해 지도상의 특정 위치를 나타내는 지도를 말한다. 위치 지도에는 버블 지도, 산점 지도, 시계열 지도, 텍스트 지도 등이 있으며, 각 지도는 지도상에 특정 위치를 나타내는 공통점이 있다. 하지만 산점 지도와 텍스트 지도는 '표식'과 '텍스트'로 특정 위치를 나타내는 반면, 버블 지도는 '버블의 크기'를 이용해 각 위치의 특성을 나타낸다. 또한 시계열 지도는 이동 경로나 확산 경로 등을 파악할 때 유용하다. 이번 장에서는 먼저 '위경도 데이터 생성'을 통해 주소나 지역명으로 기록된 데이터의 위경도 수집 방법에 대해 살펴본다. 그다음 각 위치 지도의 특징과 그리는 방법을 알아본다.

## 1 ························· 위경도 데이터 생성

### 1 | 위경도 데이터

위경도 데이터는 위도와 경도로 특정 위치를 나타낸다. 위치 지도는 위치를 관측 단위로 사용하며, 각 위치의 특성을 '버블', '점' 등으로 나타낸다. 위치 지도를 그리려면 위경도는 없어서는 안 될 변수이다. 하지만 지역 데이터 대부분은 '서울시, 성남시' 등과 같은 지역 이름이나 '서울시 서초구' 등과 같은 주소로 기록되어 있다. 이 때문에 위경도를 일일이 찾아서 기록해야 한다는 번거로움이 있다. '위경도 데이터 생성'에서는 SAS에서 제공하는 데이터를 활용해 지역 이름이나 주소로 기록된 데이터의 위경도 수집 방법을 알아본다.

## 2 | 지역 대표 위경도

SAS는 MAPSGFK 라이브러리에 각 지역의 위경도 데이터를 국가, 시도, 시군구 단위로 수집해 두었다. 다만, 이 데이터를 이용해 위경도를 결합하기 위해서는 먼저 각 지역의 ID 정보를 찾아 원 데이터에 기록해야 한다. 또한 위경도 데이터는 세부 지역까지 포함하고 있기 때문에 필요에 따라 위경도를 '평균'이나 '중앙값' 등으로 요약해 사용한다. 세부 위경도 수집 방법은 〈그림 6.5〉와 같다.

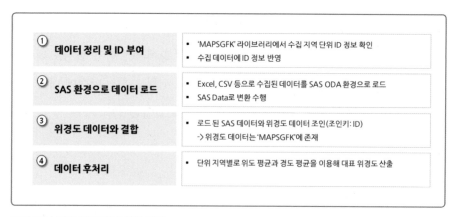

그림 6.5 | 지역 대표 좌표 생성 절차

❶ 수집 데이터의 지역 단위(예: 국가, 시도, 시군구 등)를 확인한다. 그리고 해당 지역의 지도 데이터를 'MAPSGFK' 라이브러리에서 찾는다(보통 지역 영문명으로 구성). 지도 데이터에서 각 지역의 이름을 찾은 뒤, ID를 찾아 수집 데이터에 기록한다.

❷ ID를 포함한 데이터를 SAS 환경으로 로드한다. 이때 불필요한 후처리를 생략하려면 엑셀에서 숫자는 숫자로, 날짜는 날짜로 자료형을 정리한다.

❸ 가져온 데이터와 위경도 데이터를 ID 기준으로 조인한다.

❹ 위경도 데이터는 세부 지역 단위까지 포함하고 있기 때문에 데이터에 중복이 발생한다. 따라서 단위 지역별 위경도의 평균을 이용해 대표 위경도를 구해준다. 위경도 데이터는 단위 지역별로 하나의 위경도만 필요하기 때문이다.

## 3 │ 특정 위치 위경도

국가, 시도와 같은 지역이 아닌 특정 위치를 지도로 나타내는 경우도 많다. 이 경우 SAS에서 제공하는 지도 데이터를 활용한 위경도 수집은 불가능하다. 그러므로 편의점, 카페와 같은 시설물의 특정 위치는 해당 시설물의 우편 번호, 도로명 (지번) 주소를 위도와 경도로 변환하는 작업이 필요하다.

### ▮ 지도를 활용한 위경도 수집

주소를 이용하는 경우 〈그림 6.6〉과 같이 '구글 지도'에서 직접 주소지를 찾아 위도와 경도를 수집할 수 있다. 이 방법은 위경도를 수집하기 쉽다는 장점이 있다. 하지만 이 방법은 시각화 대상이 많은 경우에는 비효율적이다.

그림 6.6 │ 구글 지도를 활용한 좌표 수집

## 2 도구를 활용한 방법

두 번째 방법은 '지오코딩'이란 툴을 이용하는 방법이다. 이 툴은 하루 최대 1만건까지 무료로 이용할 수 있다. 주요 기능은 주소를 위경도로 변환하는 기능이다. 설치 파일은 http://www.biz-gis.com/에서 다운로드 받을 수 있다. 자세한 사용 방법은 홈페이지에서 지원하는 가이드를 참고하면 된다.

## 4 | 실습

실습에서는 지역 데이터를 수집해 SAS에서 제공하는 위경도를 데이터와 결합하는 방법을 알아본다. 실습에는 '서울 열린데이터광장'에서 제공하는 '서울시 주민 등록 인구(연령별/구별) 통계' 데이터를 이용한다. 이 데이터는 인터넷을 통해 쉽게 구할 수 있다. 실습 세부 절차는 다음과 같다.

① 지역 데이터 수집
② 데이터 정리 및 ID 부여
③ SAS 환경으로 데이터 로드
④ 데이터 후처리

→ 지역 데이터와 위경도 데이터 결합 및 지역 대표 위경도 생성

## 1 지역 데이터 수집

실습 데이터는 '서울 열린데이터광장'에서 '서울시 주민 등록 인구 (연령별/구별) 통계'를 검색해 얻을 수 있다. 이 데이터에는 서울시 각 구별 인구 수를 포함하고 있다. 원본 데이터는 〈그림 6.7〉의 왼쪽과 같다. 이 데이터를 엑셀에서 간단히 가공해 〈그림 6.7〉의 오른쪽과 같이 구성한다.

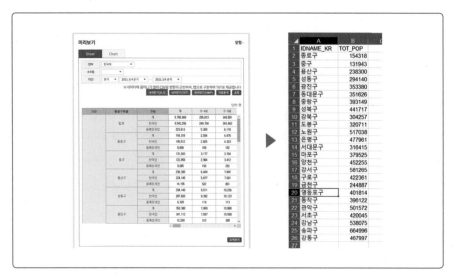

그림 6.7 | 실습 데이터 수집 현황

원본 데이터는 〈그림 6.7〉의 왼쪽과 같이 각 구별 한국인, 외국인, 합계 값을 연령별로 가지고 있다. 이번 실습에서는 합계만 필요하기 때문에 불필요한 데이터는 모두 제거하고, 구 이름 'IDNAME_KR'과 인구 수 'TOT_POP'만을 남긴다. 변수 이름 'IDNAME_KR'과 'TOT_POP'은 임의로 정한 이름이다. 변경해도 상관없지만, 영문과 언더바('_')를 조합해 사용할 것을 권장한다.

## 2 데이터 정리 및 ID 부여

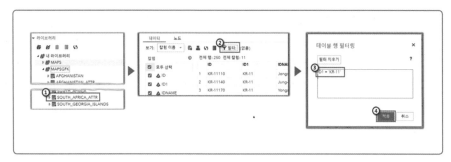

그림 6.8 | 지도 데이터 확인

❶ 지역 ID는 'MAPSGFK' 라이브러리의 'SOUTH_KOREA_ATTR'에서 확인할 수 있다. 이 데이터는 대한민국을 시군구와 시도 단위로 나누어 위경도 값을 수집해 놓았다.

❷ 서울시의 각 구의 ID를 확인하기 위해 [데이터]에서 '필터'를 선택한다.

❸ 서울시의 코드는 'ID1 = KR-11'이다. 필터를 이용해 조건 "ID1 = 'KR-11'"을 입력한다.

❹ [적용] 버튼을 누르면 "ID1 = 'KR-11'"인 데이터만 확인할 수 있다. ID1으로 조회하는 이유는 ID1은 시도 단위 코드이기 때문에 원하는 지역을 좁혀 나갈 때 유용하기 때문이다.

필터가 잘 적용되었다면, 〈그림 6.9〉의 빨간 밑줄과 같이 "필터: ID1 = 'KR-11'" 조건문이 추가된다.

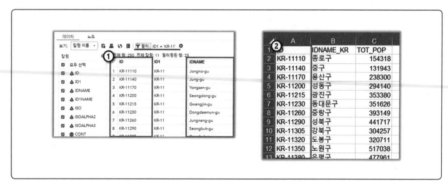

그림 6.9 | 필터 결과 확인

❶ IDNAME을 참고하여 그에 맞는 ID를 확인한다.

❷ 그다음 앞서 수집한 데이터에 지역에 맞는 ID 값을 할당한다.

〈그림 6.9〉의 ID가 포함된 결과 데이터는 다음 URL(https://url.kr/z3ymen)을 통해 출판사 홈페이지에서 다운로드 받을 수 있다. 데이터 이름은 'EX621.xlsx'이다.

**표 6.4 | MAPSGFK.SOUTH_KOREA_ATTR 데이터 시도별 코드 값**

| No | 시도 코드 | 영문 시도 명 | 한글 시도 명 | 하위 지역 수 |
|----|----------|-------------|-------------|------------|
| 1 | KR-11 | Seoul | 서울 | 25 |
| 2 | KR-26 | Busan | 부산 | 16 |
| 3 | KR-27 | Daegu | 대구 | 8 |
| 4 | KR-28 | Incheon | 인천 | 10 |
| 5 | KR-29 | Gwangju | 광주 | 5 |
| 6 | KR-30 | Daejeon | 대전 | 5 |
| 7 | KR-31 | Ulsan | 울산 | 5 |
| 8 | KR-36 | Sejong-si | 세종 | 1 |
| 9 | KR-41 | Gyeonggi-do | 경기 | 44 |
| 10 | KR-42 | Gangwon-do | 강원 | 18 |
| 11 | KR-43 | Chungcheongbuk-do | 충북 | 13 |
| 12 | KR-44 | Chungcheongnam-do | 충남 | 16 |
| 13 | KR-45 | Jeollabuk-do | 전북 | 15 |
| 14 | KR-46 | Jeollanam-do | 전남 | 22 |
| 15 | KR-47 | Gyeongsangbuk-do | 경북 | 23 |
| 16 | KR-48 | Gyeongsangnam-do | 경남 | 22 |
| 17 | KR-50 | Jeju-do | 제주 | 2 |

## ❸ SAS 환경으로 데이터 로드

지역 ID를 할당한 데이터를 이용하기 위해 먼저 클라우드의 'SOURCE'로 파일을 업로드하고, 업로드된 데이터를 SAS 데이터로 변환한다.

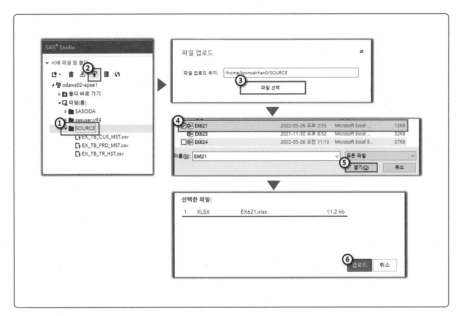

그림 6.10 | 엑셀 파일 업로드

❶ [서버 파일 및 폴더]의 [파일(홈)] 밑에 'SOURCE' 폴더 클릭

❷ [파일 업로드]를 클릭

❸ [파일 업로드] 창에서 [파일 선택] 버튼을 클릭

❹ PC에 파일이 저장되어 있는 경로로 이동한 뒤, 'EX621.xlsx' 파일 선택

❺ [열기] 클릭

❻ [파일 업로드] 창에서 [업로드] 클릭


'SOURCE' 폴더를 확인하면, 데이터가 SAS 환경으로 옮겨진 것을 확인할 수 있다.
이제 옮겨진 데이터를 다시 SAS 데이터로 변환해 보자.

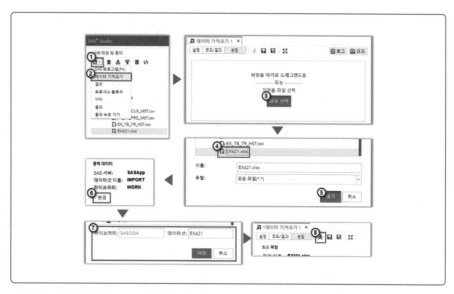

그림 6.11 │ 엑셀 파일을 SAS 데이터로 가져오기

❶ [서버 파일 및 폴더]에서 [새로 만들기] 클릭

❷ [데이터 가져오기]를 선택

❸ [파일 선택] 클릭

❹ [파일(홈)]의 'SOURCE' 밑에 있는 'EX621.xlsx' 데이터 선택

❺ [열기] 클릭

❻ [출력 데이터]의 [변경] 클릭

❼ SAS 데이터의 저장 라이브러리와 데이터셋 이름을 각각 'SASODA'와 'EX621'로 변경하고, [저장] 클릭

❽ 작업 [실행] 버튼 클릭

[작업 영역] 하단에 있는 [결과 영역]에서 [출력 데이터] 탭을 선택한 뒤, SAS 데이터로 변환이 잘 되었는지를 확인한다.

### ▣ 수집 데이터와 위경도 데이터 조인

SAS 데이터로 변환한 데이터와 위경도 데이터를 결합하는 방법을 알아보자. 대한민국의 지역 위경도는 〈그림 6.12〉와 같이 'MAPSGFK.SOUTH_KOREA' 데이터에 저장되어 있다. ID와 ID1은 'SOUTH_KOREA_ATTR' 데이터와 같다. 다만, 같은 시군구 내에도 다양한 좌표와 위경도가 존재하기 때문에 데이터가 수집된 지역 단위에 맞게 위경도를 요약해야 한다.

보기: 칼럼 이름 필터: (없음)

전체 행: 119675 전체 칼럼: 10 행 1-100

칼럼: 모두 선택, ID, ID1, SEGMENT, X, Y, LONG, LAT

| | ID | ID1 | SEGMENT | X | Y | LONG | LAT |
|---|---|---|---|---|---|---|---|
| 1 | KR-11110 | KR-11 | 1 | -0.01750638 | 0.03094589 | 126.975012 | 37.631156 |
| 2 | KR-11110 | KR-11 | 1 | -0.01751425 | 0.03089582 | 126.974489 | 37.628281 |
| 3 | KR-11110 | KR-11 | 1 | -0.01744595 | 0.03086808 | 126.979455 | 37.626742 |
| 4 | KR-11110 | KR-11 | 1 | -0.01743725 | 0.03082315 | 126.980126 | 37.624174 |
| 5 | KR-11110 | KR-11 | 1 | -0.01741361 | 0.03077669 | 126.981879 | 37.621529 |
| 6 | KR-11110 | KR-11 | 1 | -0.01740972 | 0.03070840 | 126.982224 | 37.617619 |
| 7 | KR-11110 | KR-11 | 1 | -0.01737005 | 0.03063332 | 126.985162 | 37.613346 |
| 8 | KR-11110 | KR-11 | 1 | -0.01737206 | 0.03057665 | 126.98507 | 37.610097 |

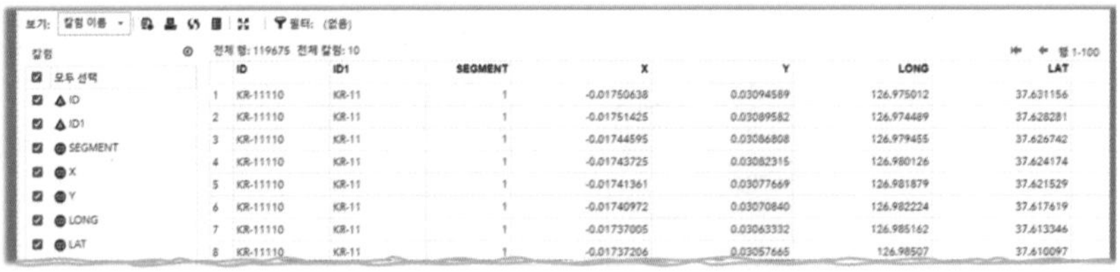

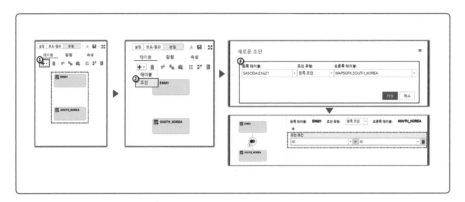

그림 6.12 | SOUTH_KOREA_ATTR 데이터 형태

데이터 결합은 [질의] 작업에 있는 [조인] 기능을 이용한다. 조인키로 사용할 변수는 'ID' 변수이다. 단, ID 변수를 조인키로 활용하기 위해서는 원천 데이터에 ID 값을 확인해 넣어야 한다. 이번에는 [질의] 작업을 이용해 위도와 경도를 가져오자.

먼저 [작업 및 유틸리티] 밑에 [유틸리티] 아래에 있는 [질의] 작업을 플로우로 가져온 뒤, 질의 노드를 더블 클릭한다. 그리고 〈그림 6.13〉과 같이 조인할 두 테이블 'SASODA.EX621'과 'MAPSGFK.SOUTH_KOREA'를 ID 기준으로 조인한다.

그림 6.13 | 데이터 가져오기와 조인 조건 설정

❶ [테이블]에서 ⊞ 버튼을 눌러 'SASODA.EX621'과 'MAPSGFK.SOUTH_KOREA'를 선택

❷ 다시 ⊞ 버튼을 눌러 [조인] 선택

❸ [왼쪽 테이블]에 'SASODA.EX621', [오른쪽 테이블]에 'MAPSGFK.SOUTH_KOREA'를
할당한 뒤, [조인 유형]에 [왼쪽 조인]을 선택하고, [저장] 클릭

[새로운 조인]의 [조인 조건]이 〈그림 6.13〉의 오른쪽 하단과 동일한지 확인한다.

[선택]에서는 버블 지도에 필요한 칼럼을 각 테이블에서 선택해 가져온다. 또한
각 구별로 위경도 하나가 필요하기 때문에 각 구별 위도와 경도를 '평균'으로 요약
해 사용한다. 마지막으로 결과 데이터를 저장할 위치와 이름을 설정한 뒤, 작업을
실행한다.

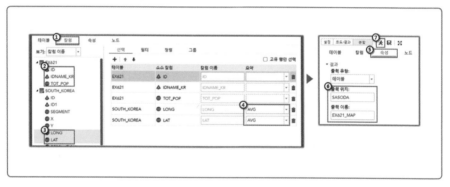

그림 6.14 | 질의 설정과 실행

❶ [칼럼] 탭으로 이동

❷ EX621 데이터의 ID, IDNAME_KR, TOT_POP 변수를 모두 [선택]으로 이동

❸ SOUTH_KOREA 데이터에서는 LONG(경도)과 LAT(위도) 변수를 [선택]으로 이동

❹ LONG과 LAT의 [요약]을 평균 'AVG'로 선택

❺ 출력 위치와 이름 변경을 위해 [속성] 탭으로 이동

❻ [출력 위치:]는 'SASODA'로 변경하고, [출력 이름:]은 'EX621_MAP'으로 변경

❼ 🏃 버튼을 눌러 작업을 실행

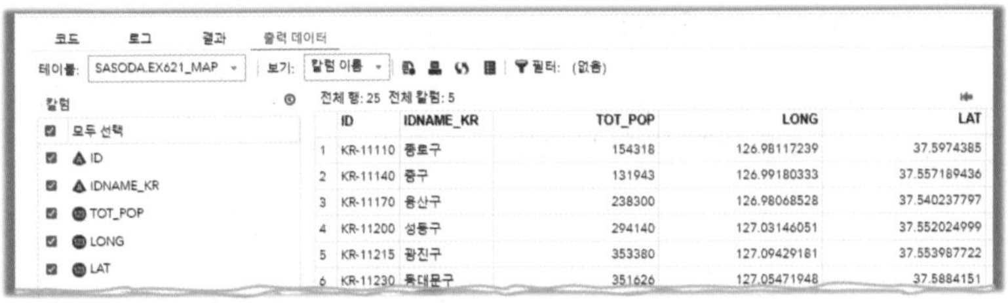


| | ID | IDNAME_KR | TOT_POP | LONG | LAT |
|---|---|---|---|---|---|
| 1 | KR-11110 | 종로구 | 154318 | 126.98117239 | 37.5974385 |
| 2 | KR-11140 | 중구 | 131943 | 126.99180333 | 37.557189436 |
| 3 | KR-11170 | 용산구 | 238300 | 126.98068528 | 37.540237797 |
| 4 | KR-11200 | 성동구 | 294140 | 127.03146051 | 37.552024999 |
| 5 | KR-11215 | 광진구 | 353380 | 127.09429181 | 37.553987722 |
| 6 | KR-11230 | 동대문구 | 351626 | 127.05471948 | 37.5884151 |

그림 6.15 | 결과 확인

작업을 실행하면 〈그림 6.15〉와 같이 전체 행은 25개, 칼럼은 5개인 데이터가 만들어진다. 데이터를 살펴보면 원래 존재하지 않았던 위도 LAT과 경도 LONG이 추가된 걸 알 수 있다. 이제 본격적으로 이 데이터를 이용해 버블 지도를 그리는 방법을 알아보자.

## 2 ········ 버블 지도

### 1 | 버블 지도란?

버블 지도bubble map는 지도 위에 버블 도표를 그리는 시각화 방법이다. 다만 버블 지도를 시각화하기 위해서는 위도와 경도, 그리고 버블 크기 등 세 가지 변수가 필요하다. 이 외에도 위치명을 변수로 가지고 있다면, 이 역시 지도에 함께 나타낼 수 있다.

그림 6.16 | 서울시 각 구별 인구 수 시각화

〈그림 6.16〉은 서울시에 속한 각 구의 인구 수를 버블 지도로 나타낸 것이다. 〈그림 6.16〉을 살펴보면, 인구가 많은 지역과 그렇지 않은 지역을 알 수 있다. 가령 강북에서는 비교적 노원구, 은평구, 성북구의 인구가 많은 반면, 강남에서는 송파구가 다른 지역에 비해 인구가 많은 것을 알 수 있다. 이처럼 버블 지도는 다른 지역과 비교해 어떤 지표가 얼마나 많은지 혹은 작은지를 한눈에 나타낼 수 있다. 따라서 버블 지도는 '인구', '주택 가격', '편의 시설 수' 등 지역별 특성을 비교할 때 매우 유용하다.

## 2 | 데이터

버블 지도를 그리기 위해서는 위도, 경도, 버블 크기 등 세 가지 변수가 있어야 한다. 또한 〈그림 6.17〉과 같이 지도상에 버블에 대한 설명을 붙이고 싶다면 '버블 레이블'을 활용할 수 있다.

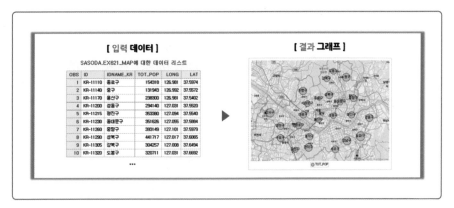

그림 6.17 | 버블 지도를 그리기 위한 데이터 형태

〈그림 6.17〉은 〈그림 6.16〉의 버블 지도를 그리기 위해 사용한 데이터이다. 여기서 데이터 한 줄은 버블 하나를 나타낸다. 변수를 기준으로 살펴보자. 먼저 'IDNAME_KR' 변수는 구 이름을 나타낸다. 이는 서울시에 포함된 각 구의 이름을 값으로 가지고 있다. 그다음 'TOT_POP'은 각 구의 인구 수를 나타낸다. 이는 버블 지도 그래프에서 '버블 크기'에 해당한다. 마지막 'LONG'과 'LAT'은 경도와 위도를 나타낸다. 이는 버블을 지도상 어느 위치에 나타낼지를 정하는데 필요하다.

## 3 | 실습

실습에서는 '위경도 데이터 생성'에서 만든 'SASODA.EX621_MAP' 데이터를 이용해 버블 지도를 그린다. 버블 지도의 위도와 경도는 'LAT'과 'LONG'을 각각 이용하고, 버블 크기는 각 구별 총 인구 수인 'TOT_POP'를 이용한다. 또 각 버블이 가

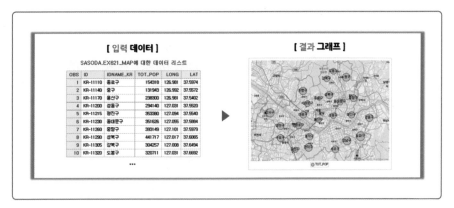

그림 6.18 | 입력 데이터와 버블 지도 결과

리키는 지역을 지도에 나타내기 위해 'IDNAME_KR' 변수를 레이블로 활용한다. 버블 지도를 그리기 위한 입력 데이터와 결과 그래프는 〈그림 6.18〉과 같다.

## ▨ 버블 지도 작업 설정

버블 지도 작업은 [작업 및 유틸리티] 하위의 [지도]에 있다. 작업을 위해 새로운 프로세스 플로우를 만들고, 작업을 가져온다. 지도 작업의 경우 데이터 노드와 연결을 통한 데이터 할당 기능을 제공하지 않는다. 따라서 [데이터]에서 실습 데이터를 할당하고, 위도와 경도, 버블 크기 변수를 할당한다. [모양]에서는 레이블의 가독성을 높이기 위해 옵션을 변경한다.

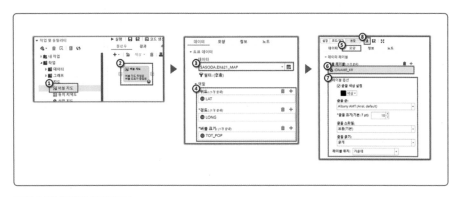

그림 6.19 | 작업 설정 정보

❶ [작업 및 유틸리티]의 [지도]에서 [버블 지도]를 선택해 플로우로 이동

❷ [버블 지도] 노드를 더블 클릭

❸ 지도를 그릴 [도표 데이터]를 'SASODA.EX621_MAP'으로 선택

❹ [위도:]에는 'LAT'을, [경도:]에는 'LONG'을 선택하고, [버블 크기:]는 'TOT_POP'을 선택

❺ [모양] 탭으로 이동

❻ [버블 레이블]에 레이블로 사용할 변수 'IDNAME_KR'을 할당

❼ [레이블 옵션]을 확장하고, [글꼴 크기]는 10포인트, [글꼴 굵기:]는 '굵게', [레이블 위치:]는 '가운데'로 변경

❽ ⚡ 버튼을 눌러 [작업] 실행

## 2 결과

[버블 도표] 작업을 실행하면 〈그림 6.20〉과 같은 버블 지도가 나타난다. 결과를 살펴보면, 각 구별 인구 수에 따라 버블 크기가 표현된 것을 알 수 있다.

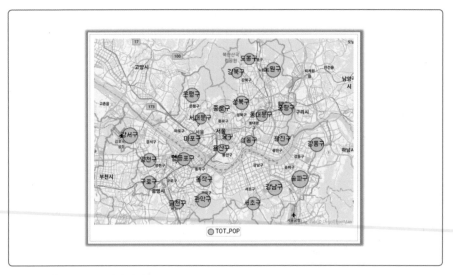

그림 6.20 | 버블 지도 실행 결과

지도를 통해 각 구별 인구 수를 파악할 수 있다. 강남의 경우 송파구와 강남구, 관악구가 다른 구에 비해 인구가 많고, 강북에서는 노원구 등이 비교적 인구가 많다는 사실을 알 수 있다. 반면 중구, 종로구 등은 다른 구에 비해 인구가 현저하게 적은 걸 알 수 있다. 이는 주거 지역이 많은 구와 사무실이 많은 구의 차이로 추정된다. 이처럼 지도 그래프는 각 지역의 지리 특성을 많이 파악하고 있을수록 풍성한 해석이 가능하다는 장점이 있다.

## 1 │ 산점 지도란?

산점 지도scatter map는 지도에 산점도를 더한 지도 그래프이다. 산점 지도는 입력 데이터의 위경도 정보를 이용해 각 개체를 '표식'으로 나타낸다. 〈그림 6.21〉은 산점 지도를 이용해 2019년 기준 서울시 공공 체육 시설 현황을 나타낸 그림이다.

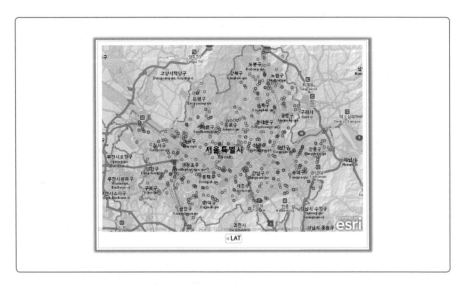

그림 6.21 │ 2019년 기준 서울시 공공 체육 시설 현황

산점 지도는 특정 지역에 위치한 병원, 관공서 등 시설물의 분포를 확인할 때 활용할 수 있다. 또한 유형이나 그룹이 같은 개체는 '그룹'을 이용해 같은 색으로 표현할 수 있다.

## 2 │ 데이터

산점 지도는 위경도 변수만 있어도 그릴 수 있다. 하지만 〈그림 6.22〉와 같이 각 위경도의 특징이나 의미를 함께 수집하면 보다 풍성한 해석이 가능하다.

전체 행: 737  전체 칼럼: 4

| | IDNAME_KR | TYPE | LAT | LONG |
|---|---|---|---|---|
| 1 | 중랑구 | 구기체육관 | 37.6144169 | 127.0842018 |
| 2 | 중랑구 | 골프연습장 | 37.573171 | 127.0858392 |
| 3 | 중랑구 | 수영장 | 37.580646 | 127.0773483 |
| 4 | 중랑구 | 수영장 | 37.6058844 | 127.1088479 |
| 5 | 중랑구 | 수영장 | 37.5792399 | 127.0959499 |
| 6 | 중랑구 | 수영장 | 37.6151721 | 127.0874763 |
| 7 | 중랑구 | 생활체육관 | 37.573171 | 127.0858392 |

그림 6.22 │ 산점 지도를 위한 데이터 형태

## 3 │ 실습

실습에서는 '서울특별시 공공 체육 시설 현황' 데이터를 이용해 산점 지도를 그린다. 입력 데이터와 결과 그래프는 〈그림 6.23〉과 같다. 실습에서는 'EX623' 데이터를 활용한다. 이 데이터는 서울 열린데이터광장에서 수집한 원본 데이터를 재편집해 구성한 것이다. 본격적인 실습에 앞서 엑셀로 제공하는 'EX623' 데이터를 SAS 데이터로 변환해 'SASODA.EX623'으로 저장한다.

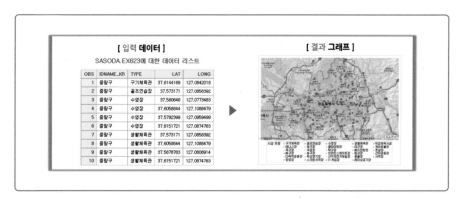

그림 6.23 │ 입력 데이터와 결과 그래프

실습 데이터의 'IDNAME_KR' 변수는 대상 체육 시설이 위치한 '구 이름'을 나타내고, 'TYPE' 변수는 체육 시설의 유형을 의미한다. 이때 체육 시설은 총 29개의 유형을 가지고 있다. 따라서 유형 변수를 그룹으로 설정해 시설의 유형별로 색상을 달리 표현한다.

### ◨ 산점 지도 작업 설정

산점 지도를 그리기 위해 먼저 [산점 지도] 작업을 [작업 및 유틸리티]에서 가져온 뒤, [그룹:]을 설정한다. 그룹은 지도상에 나타낼 개체를 묶는 그룹 변수가 있을 때 유용하다. 예를 들어, 실내 시설과 실외 시설을 다른 색으로 나타내고 싶다면 '실내' 또는 '실외'라는 값을 가진 변수를 [그룹]으로 할당하면 된다.

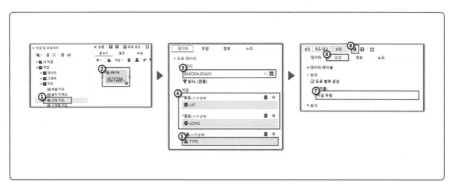

그림 6.24 │ 작업 설정 정보

❶ [작업 및 유틸리티]의 [지도]에서 [산점 지도]를 선택해 플로우로 이동

❷ [산점 지도] 노드를 더블 클릭

❸ [데이터]에 'SASODA.EX623'을 할당

❹ [위도:]에 변수 'LAT', [경도:]에 변수 'LONG'을 각각 할당

❺ [그룹:]에 'TYPE'을 할당

❻ [모양] 탭으로 이동

❼ [범례]의 [레이블:]에 '시설 유형' 입력

❽ 🏃 버튼을 눌러 [작업] 실행

## ② 결과

산점 지도 작업을 실행하면 〈그림 6.25〉와 같은 시각화 결과를 확인할 수 있다. 결과를 살펴보면 서울시에 위치한 다양한 체육 시설의 분포를 확인할 수 있다. 또 시설 유형 'TYPE' 변수를 그룹에 할당했기 때문에, 시설 유형에 따라 표식의 색이나 모양이 다르게 표현된다.

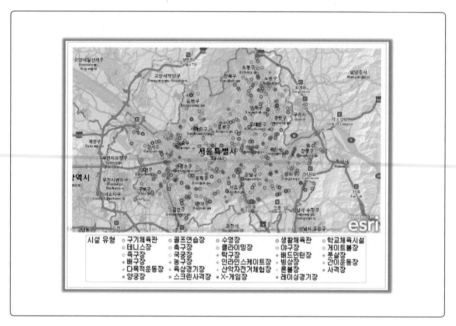

그림 6.25 | 산점 지도 실행 결과

# 4 ⋯⋯⋯⋯⋯⋯⋯⋯⋯⋯⋯⋯⋯ 시계열 지도

## 1 │ 시계열 지도란?

시계열 지도는 시간에 따른 위치 변화를 나타내는 지도 그래프이다. 이 지도는 동선이나 경로 분석에 유용하다. 시계열 지도는 시계열 도표와 같이 시간에 따라 관측된 데이터를 이용한다. 다만 키나 몸무게 같은 값이 아닌, 위경도와 같은 위치를 이용한다.

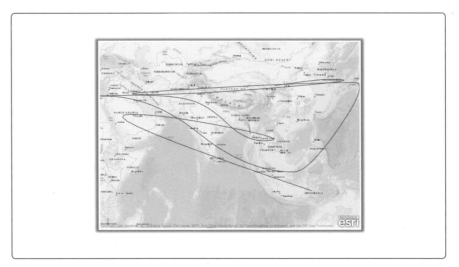

그림 6.26 │ 아시아권 국가의 코로나19 확산 경로

〈그림 6.26〉은 코로나19 확진자가 1,000명 이상 발생한 아시아 국가를 시계열 지도로 나타낸 결과이다. 지도를 살펴보면 코로나19가 중국에서 시작해 대한민국, 이란, 일본, 말레이시아 순으로 전파된 것을 알 수 있다.

## 2 │ 데이터

개체의 동선을 그래프로 나타내는 경우 '순서'와 '위치' 정보가 필요하다. 개체가 언제, 어디에 있었는지 알아야 하기 때문이다. [시계열 지도] 작업을 실행하기 위한 데이터도 이와 동일하다. 다만, 시계열 지도는 데이터가 기록된 순서를 이동 순서로 취급한다. 만약 순서 변수가 따로 있다면, 순서 변수를 기준으로 먼저 정렬한 뒤, 시각화에 활용한다.

표 6.5 │ 시계열 지도를 그리기 위한 데이터 구조

| 그룹(선택) | 시간(또는 순서) | *위도 | *경도 |
|---|---|---|---|
| OMAIS | 2021-08-20 | 21 | 19.1 |
| OMAIS | 2021-08-21 | 3 | 19.9 |
| OMAIS | 2021-08-21 | 9 | 21.3 |
| ... | ... | ... | ... |

〈표 6.5〉는 2021년 한반도를 스쳐간 태풍 'OMAIS'의 경로를 나타낸 데이터의 일부이다. 이런 경로 데이터를 시각화하기 위한 도구로는 시계열 지도가 적합하다. 먼저 '그룹'은 여러 대상을 한 번에 시계열 지도로 나타낼 때 사용한다. 가령 2021년에 발생한 태풍 모두를 나타낼 생각이라면, '그룹'을 통해 구분할 수 있다. 한편 '시간' 변수는 딱히 특정한 시각을 나타낸다고 하기 보다는 순서를 의미한다. 즉, 특정 위치에 있었던 순서를 나타내기 위해 사용하는 것이다. 순서는 시계열 지도를 그리기 위한 필수 요소이다. 다만 앞서 언급하였듯이 순서를 따로 입력해 사용하는 것이 아닌, 시간 데이터를 활용하여 나타낸다. 마지막으로 위도와 경도는 위치를 나타내기 위해 필요한 변수이다.

## 3 │ 주의할 점

시계열 지도가 시각화 도구로서의 의미를 가지기 위해서는 몇 가지 주의할 점이
있다. 먼저, 너무 많은 대상을 나타내면 곤란하다. 이동 폭이 큰 경우 해석이 어려
워질 수도 있기 때문이다. 예를 들어, '확산'을 나타내는 데이터의 경우, 관측치가
10개만 넘어도 선이 겹쳐 해석이 어려워진다. 이 경우 선을 그리지 않는 것만도
못한 데이터가 될 수 있다. 이런 이유로 사람이나 화물, 태풍 등에 대한 연속성 있
는 이동 경로를 나타낼 때에만 활용할 것을 권장한다. 〈그림 6.27〉의 오른쪽 그림
과 같이 발생 순서가 연속적인 관계를 갖지 않는 경우, 시계열 지도는 제 기능을
하지 못할 수 있다. 이 외에도 몇 가지 주의할 점들이 더 있지만, 데이터 과학 입
문자는 위의 경우만 알고 있어도 무방하다.

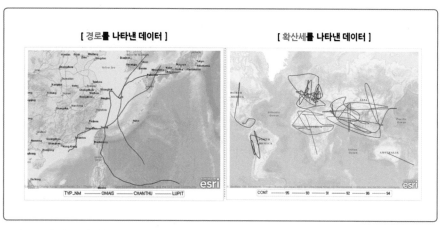

그림 6.27 │ 경로 데이터와 확산 데이터를 이용한 시계열 지도

## 4 │ 실습

이번 실습에서는 기상청에서 제공하는 태풍 경로 데이터를 활용한다. 태풍 경로
데이터는 시간에 따른 위경도로 기록되어 있으며, 이 외에도 중심 기압, 최대 풍
속 등 다양한 정보를 포함하고 있다. 하지만 시계열 지도를 그리는 데에는 그룹으

로 활용할 태풍의 종류와 위치를 나타낼 위경도, 순서를 나타낼 시간 변수만 있으면 충분하다. 따라서 'EX624' 데이터에는 필요한 정보만을 남겨두었다. 이 데이터를 이용해 〈그림 6.28〉의 오른쪽과 같은 시계열 지도를 그려 보자.

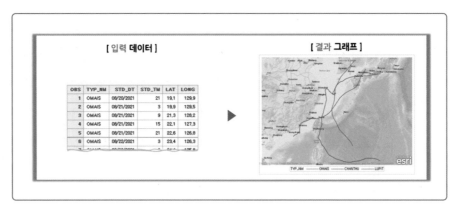

그림 6.28 | 입력 데이터와 결과 그래프

실습 데이터는 엑셀로 제공되기 때문에 먼저 실습 데이터를 SAS 데이터로 변환해 'SASODA. EX624'로 저장한다. 이 데이터는 5개의 변수를 가지고 있다. 먼저 TYP_NM은 태풍 이름을 나타내는 변수이다. 태풍은 OMAIS, CHANTHU, LLIPIT 총 세 개가 있다. 그다음 STD_DT와 STD_TM은 기준이 되는 일자와 시간을 나타낸다. 즉, 태풍 위치 정보가 기록된 시간을 나타내는 변수이다. 이는 같은 일자에도 여러 차례 시간에 따라 태풍의 위치가 바뀌기 때문으로, STD_DT와 STD_TM 모두를 확인해야 한다. 마지막으로 LAT과 LONG은 위치를 나타내는 위도와 경도이다. 시계열 지도의 실습 순서는 다음과 같다.

① 입력 데이터 일자, 시간 기준 오름차순 정렬
② 정렬 데이터를 입력으로, 시계열 지도 작업 설정
③ 작업 결과 확인

## ◪ 데이터 정렬

시계열 지도는 데이터 기록 순으로 위치를 나타내기 때문에 작업 전에 '시간'을 기준으로 데이터를 정렬해야 한다. 예제 데이터 'SASODA.EX624'는 STD_DT와 STD_TM 두 가지 시간 변수를 가진다. 이렇게 날짜와 시간으로 구성되어 있는 데이터는 날짜와 시간순으로 정렬한 뒤, 사용한다. 데이터 정렬에는 크게 두 가지 작업을 이용할 수 있다. 첫째, [정렬] 작업을 이용한 방법은 데이터 정렬만을 위한 작업으로, 정렬 작업만 단독으로 수행할 때 유용하다. 둘째, [질의]를 이용한 방법은 정렬 외에도 필터, 집계 등 다양한 기능을 지원하기 때문에 다양한 데이터 처리를 한 번에 처리할 때 보다 적합하다. 이번 실습에서는 [정렬] 작업을 이용한 데이터 정렬 방법을 알아본다.

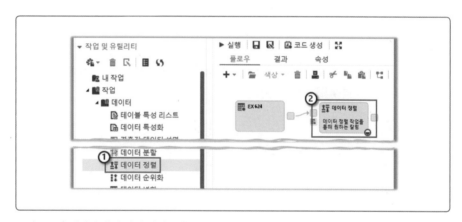

그림 6.29 | 데이터 정렬 작업 가져오기

❶ [작업 및 유틸리티] 하위에 있는 [데이터]에서 [정렬] 작업을 플로우로 이동
❷ 'SASODA.EX624' 데이터와 [정렬] 작업을 연결하고 [데이터 정렬] 노드를 더블 클릭

[정렬] 작업을 이용해 일자와 시간을 기준으로 데이터를 정렬한다. 이때 일자와 시간이 작은 개체를 우선해야 하기 때문에 정렬 순서는 '오름차순'으로 설정한다. 마지막으로 정렬 결과는 원본 데이터에 그대로 반영한다.

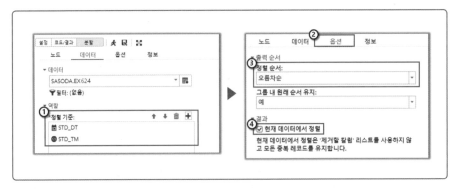

그림 6.30 | 정렬 작업 설정

❶ 일자와 시간을 기준으로 정렬하기 위해 'STD_DT'와 'STD_TM'을 [정렬 기준:]에 할당

| 참고 | 변수 순서에 따라 정렬 결과가 달라지기 때문에 순서에 주의

❷ [옵션] 탭으로 이동

❸ [정렬 순서:]를 [오름차순]으로 선택

| 참고 | 오름차순은 '작은 것에서 큰 것으로' 데이터를 기록하는 방법

❹ [데이터] 탭에서 선택한 데이터에 정렬 결과를 그대로 반영하기 위해 [현재 데이터에서 정렬]을 선택

설정이 모두 끝났다면, 🏃 버튼을 눌러 [작업]을 실행한다.

## ② 시계열 지도 작업 가져오기

[데이터 정렬] 결과 데이터를 이용해 시계열 지도를 그려보자. 시계열 지도는 [작업 및 유틸리티]의 [지도]에 포함되어 있다. [시계열 지도] 작업을 플로우로 가져와 〈그림 6.31〉과 같이 [데이터 정렬]과 연결하고, 노드를 더블 클릭한다.

❶ [지도]에 속한 [시계열 지도] 작업을 선택해 플로우로 이동

❷ [데이터 정렬] 노드와 [시계열 지도] 노드를 연결한 뒤, [시계열 지도]를 더블 클릭

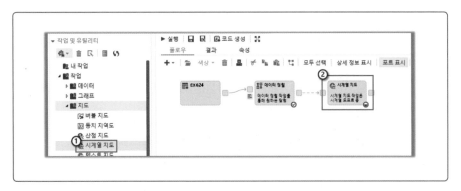

그림 6.31 | 시계열 지도 작업 가져오기

### 3 작업 설정

작업 설정에서는 시계열 지도를 그리기 위한 데이터와 변수를 할당한다. 실습 데이터는 태풍에 따라 경로 구분이 필요하기 때문에 그룹에 태풍 이름을 할당한다. 이 외 지도 형태나 모양은 가독성을 고려해 설정한다.

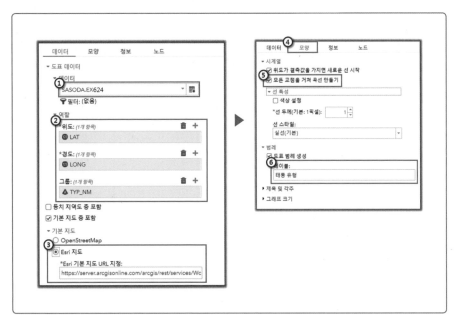

그림 6.32 | 시계열 지도 작업 설정

❶ 시계열 지도에 활용할 'SASODA.EX624' 데이터를 [데이터]에 할당

❷ [위도:]와 [경도:]에 'LAT'과 'LONG'을 각각 할당하고, [그룹:]에 태풍 이름 변수 'TYP_NM'을 할당

❸ 'Esri 지도'를 선택하고, [Esri 기본 지도 URL 지정:]을 'http:'에서 'https:'로 변경

❹ [모양] 탭으로 이동

❺ [시계열] 체크 박스 중 [모든 교점을 거쳐 곡선 만들기]를 선택

|참고| '모든 교점을 거쳐 곡선 만들기'를 선택하면, 시계열 선이 부드럽게 이어짐

❻ [그룹]은 태풍 유형을 의미하기 때문에 [범례]의 [레이블:]에 '태풍 유형'을 입력

작업 설정이 모두 끝났으면, 🏃 버튼을 눌러 [작업]을 실행한다.

## 위도가 결측인 경우

[시계열] 영역에 이미 체크되어 있는 옵션 하나가 있다. 바로 [위도가 결측값을 가지면 새로운 선 시작]이란 옵션이다. 이 옵션을 선택하면, 설명과 같이 위도가 결측인 경우 새롭게 시작하는 선으로 취급한다. 실습 데이터에는 위도가 결측인 데이터가 없어 이 옵션과 무관하게 결과는 같다. 하지만 <그림 6.33>과 같이 데이터 중간에 결측이 있다면, 따로 그룹 변수를 지정해 주지 않아도 <그림 6.33>의 오른쪽과 같이 결측을 기준으로 선을 나누어 그린다.

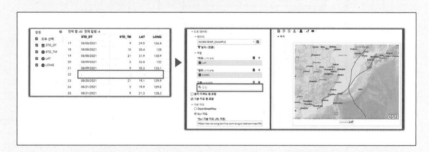

그림 6.33 | 위도가 결측값을 가진 경우

## 4 결과

시계열 지도 작업을 실행하면 〈그림 6.34〉와 같이 태풍의 경로가 지도상에 나타난다.

그림 6.34 | 시계열 지도 작업 실행 결과

〈그림 6.34〉의 시계열 지도에는 2021년 한반도를 스쳐간 태풍 'LUPT, OMAIS, CHANTHU'의 경로가 나타나 있다. 그리고 이를 통해 각 태풍은 남쪽에서 발달해 한반도 인근을 스쳐 지나간 것을 알 수 있다. 이처럼 시계열 지도는 확산이나 시간에 따른 개체의 경로 변화 등을 나타낼 때 유용하다.

# 3

**No Code Data Science**

# 지역 지도

지역 지도는 지도를 구역으로 나눌 때 사용한다. 대표적인 지역 지도에는 등치 지역도가 있다. 지역 지도에서는 등치 지역도의 특징과 등치 지역도를 그리기 위해 필요한 데이터 등을 살펴본다. 또한 텍스트 지도에서는 위치 지도 중 하나인 텍스트 지도와 등치 지역도를 함께 나타내는 방법을 알아본다.

## 1 ············· 등치 지역도

### 1 | 등치 지역도란?

등치 지역도Choropleth Map는 지역을 기준으로 구획을 나눈 뒤, 구획별로 어떤 수치가 얼마나 큰지 작은 지를 '색'으로 표현한다. 색이 진하면 값이 크다는 의미이고, 색이 연하면 작다는 의미이다. 〈그림6.35〉는 서울시 각 구별 인구 수를 등치 지역도로 나타낸 결과이다.

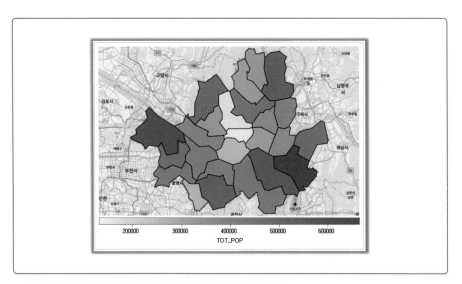

그림 6.35 | 등치 지역도로 나타낸 서울시 각 구별 인구 수 현황

〈그림 6.35〉를 살펴보면 인구가 많은 구와 그렇지 않은 구를 색상을 통해 확인할수 있다. 등치 지역도는 크게 구역을 나누는 지도 데이터와 각 구역의 특징(이 경우인구 수)을 나타내는 반응 데이터 두 가지를 이용한다. 다만 등치 지역도만을 이용할 경우, 각 구역이 어떤 지역인지 나타낼 수 없다. 이 때문에 '투명도'를 낮춰 각지역명이 나타나게 하거나, '텍스트 지도'와 함께 사용한다. 텍스트 지도를 활용한등치 지역도는 텍스트 지도에서 자세히 알아본다.

## 2 │ 데이터

등치 지역도는 각 구역을 나누는 지도 데이터와 각 구역의 특징을 나타내는 반응데이터 두 가지를 이용해 그릴 수 있다. 다만, 이 중 반응 데이터는 필수 구성 요소는 아니다. 그렇다면 왜 이 두 가지 데이터를 이용하여 등치 지역도를 그리는것일까? 지금부터 지도 데이터와 반응 데이터 각각에 대해 살펴보자.

## 1 지도 데이터

지도 데이터는 등치 지역도의 각 구역을 시각화하기 위해 필요한 데이터이다. 지역 데이터를 따로 수집하는 것도 가능하지만, 국가나 시도와 같은 행정 구역을 나타낼 때는 'MAPSGFK'에서 제공하는 지도 데이터를 활용할 수 있다. 또 등치 지역도의 지도 데이터는 등치 지역도만 그리는 경우와 지도 위에 덧칠해 그리는 경우, 구조적 차이가 있다. 먼저 등치 지역도만을 그릴 때 필요한 데이터 구조부터 알아보자.

### ① 등치 지역도만 그리는 경우

등치 지역도만을 위한 데이터는 〈그림 6.36〉과 같이 ID와 X, Y 좌표 세 가지 변수만 있으면 된다. 등치 지역도 작업은 지역 ID별로 X, Y 좌표를 이용해 구역을 나누기 때문이다.

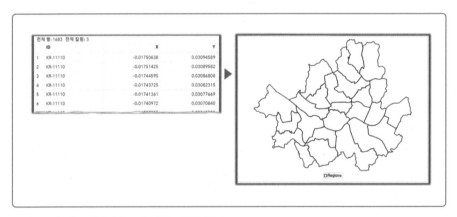

그림 6.36 | 지도 데이터 구조와 등치 지역도 결과

〈그림 6.36〉은 'MAPSGFK.SOUTH_KOREA' 데이터에서 서울 "ID1 = 'KR-11'"만을 추출하여 그린 등치 지역도이다. 〈그림 6.36〉데이터의 ID = 'KR-11110'은 종로구를 나타낸다. 그림에서 알 수 있듯이 종로구 하나에도 여러 좌표가 포함되어 있다.

## ② 지도 위에 등치 지역도를 덧칠해 그리는 경우

등치 지역도를 지도 위에 그리고 싶은 경우가 있다. 앞서 살펴본 〈그림 6.35〉는 지도 위에 등치 지역도를 덧대 그린 지도이다. 이 경우 각 지역의 위치를 지도에서 찾아야 하기 때문에 X와 Y 좌표 외에도 위도와 경도 데이터가 〈그림 6.37〉과 같이 추가로 필요하다.

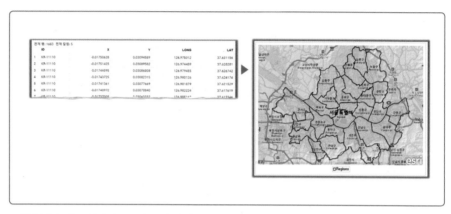

그림 6.37 | 지도 데이터 구조와 등치 지역도 결과

〈그림 6.37〉은 등치 지역도에 [기본 지도층]을 포함한 결과이다. 기본 지도층은 SAS에서 제공하는 기본 지도를 말한다. 이 옵션을 선택할 경우 〈그림 6.37〉과 같이 등치 지역도가 지도 위에 덧그려진다.

## 2 반응 데이터

반응 데이터는 등치 지역도의 각 구역을 구분하거나 수치의 정도로 표현하고 싶을 때 사용한다. 예를 들어 〈그림 6.35〉와 같이 각 지역별 인구 수를 시각화하는 경우 반응 데이터에는 지역 ID와 인구 수가 포함되고, [반응 변수]에 인구 수를 할당한다. 반응 데이터는 등치 지역도를 구성하는 필수 요소는 아니다. 반응 데이터의 구조는 〈그림 6.38〉과 같다. 이때 반응 변수는 수치형과 명목형 변수를 모두 사용할 수 있다.

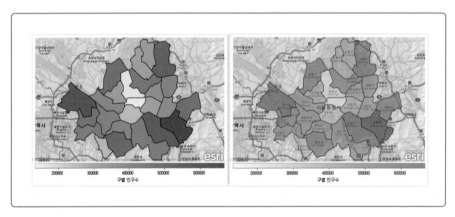

그림 6.38 | 반응 데이터의 구조

## 3 | 주의할 점

보통 등치 지역도를 이용한 데이터 시각화는 각 지역별 특징을 〈그림 6.35〉와 같이 나타내는 걸 목적으로 한다. 하지만 이 경우 해당 지역에 대한 사전 지식이 없다면, 각 구역이 어떤 지역인지 알기 어렵다. 따라서 등치 지역도는 주로 '텍스트 지도'와 함께 사용한다. 하지만 등치 지역도에 투명도를 줄 경우 〈그림 6.39〉와 같이 텍스트 지도 없이도 지역 구분이 가능하다.

그림 6.39 | 등치 지역도에 투명도가 없는 경우와 있는 경우

〈그림 6.39〉는 등치 지역도에 투명도를 넣은 것과 그렇지 않은 것을 비교한 결과이다. 투명도를 넣을 경우 후면에 나타난 지역명을 통해 각 지역을 어느 정도 구분할 수 있게 된다. 등치 지역도의 투명도는 등치 지역도 작업의 [모양] 밑에 있는 [등치 지역도] 항목에서 〈그림 6.40〉과 같이 변경할 수 있다.

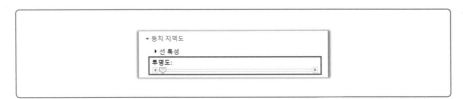

그림 6.40 | 등치 지역도의 투명도 조정 방법

## 4 | 실습

실습에서는 서울시의 각 구별 인구 수를 등치 지역도로 나타낸다. 이번 실습의 등치 지역도는 지도와 반응 데이터를 모두 사용한다. 먼저 지도 데이터는 'MAPGFK' 라이브러리의 'SOUTH_KOREA' 데이터를 이용하고, 반응 데이터는 '위경도 데이터 생성'에서 만든 'SASODA.EX621' 데이터를 이용한다. 반응 변수는 'TOT_POP' 변수를 이용한다. 입력 데이터와 결과 그래프는 〈그림 6.41〉과 같다.

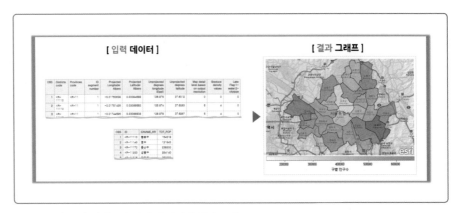

그림 6.41 | 등치 지역도의 입력 데이터와 결과 그래프

이번 실습에서는 등치 지역도에 기본 지도 층을 포함한다. 또한 등치 지역도에 투명도 50%를 줘, 각 지역명이 지도에 나타나도록 설정한다. 마지막으로 범례 레이블을 '구별 인구 수'로 명시해 지도를 보다 쉽게 해석할 수 있도록 설정한다.

## 1 작업 가져오기

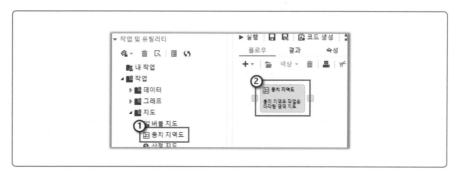

그림 6.42 | 등치 지역도 작업 가져오기

❶ [작업 및 유틸리티]의 [지도]에 있는 [등치 지역도] 작업을 선택해 플로우로 이동

❷ [등치 지역도] 노드를 더블 클릭

## 2 작업 설정

작업 설정에서는 지도와 반응 데이터를 할당하고, 각 역할에 맞게 변수를 지정한다. 이때 기본 지도 층의 경우 'Esri 지도'를 선택하지만, 'OpenStreetMap'을 사용해도 상관없다. 다만, 'Esri 지도'를 사용할 때에는 URL 주소가 'http:'가 아닌 'https:'인지 확인한다. 모양에서는 반응 변수가 무엇인지 범례 레이블을 통해 설명한다. 그리고 등치 지역도의 투명도를 조정해 기본 지도에 명시되어 있는 지명이 등치 지역도에 나타나도록 한다.

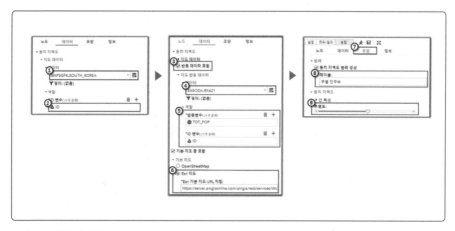

그림 6.43 | 등치 지역도 작업 설정

❶ [지도 데이터]의 [데이터]에 'MAPSGFK.SOUTH_KOREA' 데이터 할당

❷ [역할]의 [ID 변수:]에 'ID' 할당

❸ [반응 데이터 포함] 체크

❹ [지도 반응 데이터]의 [데이터]에 'SASODA.EX621' 데이터 할당

❺ [역할]의 [반응변수:]는 'TOT_POP'을 할당하고, [ID 변수:]에는 'ID'를 할당

❻ [Esri]를 선택하고, [Esri 기본 지도 URL 지정:]을 'http:'에서 'https:'로 변경

　　|참고| URL로 제공되는 지도의 경로가 http에서 https로 변경되었음

❼ [모양] 탭으로 이동

❽ [범례]의 [레이블:]을 '구별 인구 수'로 변경

❾ [등치 지역도]의 [투명도:]를 50%로 조정


작업 설정이 모두 끝났으면, ⊼ 버튼을 눌러 [작업]을 실행한다.


## ❸ 결과

등치 지역도 작업을 실행하면 〈그림 6.44〉와 같은 결과를 확인할 수 있다. 〈그림 6.44〉를 살펴보면, 서울시의 각 구별로 지역이 나뉘어져 있으며, 인구 수가 많은 지역은 진하게, 적은 지역은 연하게 표현된 것을 알 수 있다. 또한 [모양]에서 등치 지역도에 투명도 50%를 주었기 때문에 등치 지역도 후면 지도의 지명을 확인할 수 있으며, 범례 레이블 설정으로 지도 하단에 '구별 인구 수'가 명시되어 있다.

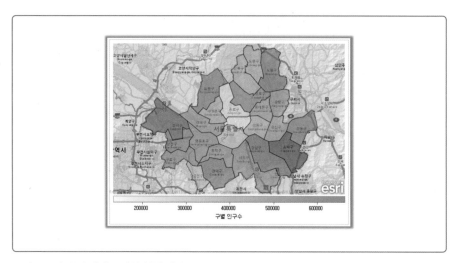

그림 6.44 | 등치 지역도 작업 실행 결과

한편 〈그림 6.44〉를 살펴보면 송파, 강서, 관악, 성북, 은평, 노원구 등이 진하게 표현되어 있는 걸 알 수 있다. 해당 지역의 경우 주거 지역이 많아 지역 인구 또한 비교적 많은 것으로 추정된다. 반면 종로, 서대문, 중구의 경우 다른 지역에 비에 인구 수가 작은 것을 알 수 있다. 해당 지역은 사무실이나 상업 시설과 같은 비주거 지역이 많을 것으로 추정된다.

더 알 아
보 기

## 등치 지역도 지역 단위 조절하기

등치 지역도는 지역을 행정 단위로 나누어 표현한다. 'MAPSGFK.SOUTH_KOREA' 데이터는 시군구 단위로 구성되어 있다. 하지만 이 데이터에는 시도 단위 정보도 포함되어 있다. 이 지도 외에도 세계 지도, 아시아 지도 등에도 세부 단위부터 상위 단위까지 모두 데이터에 표현되어 있다. 다만 시군구 단위로 구성되어 있는 데이터를 시도 단위로 바로 사용하는 것은 불가능하다. 시도 단위로 사용하기 위해서는 한 번의 변환이 필요하다. 만약 이 정도의 코딩이 부담스럽다면, 대한민국 시도 단위 지도 데이터를 만들어 업로드해 두었으니 이용하기 바란다.

### ① 시도 단위로 등치 지역도를 그리는 방법

제공되는 데이터 중 'SOUTH_KOREA_SIDO'라는 데이터가 있다. 이 데이터는 미리 시도 단위 시각화를 위해 변환해 둔 데이터이다. 이 데이터를 사용해 대한민국의 시도 단위 지도를 그릴 수 있다. 방법은 앞서 시군구 단위로 그렸던 것과 동일하다.

### ② 세부 지역에서 상위 지역으로 지도 데이터를 바꾸는 방법

'MAPSGFK.SOUTH_KOREA' 데이터는 아래 <그림 6.45>와 같이 '시군구 단위 ID'와 '시도 단위 ID'를 가지고 있다. 이 데이터는 시군구 단위로 구성되어 있다. 그렇기 때문에 억지로 시도 단위 ID를 이용해 지도를 그리면 원하는 형태로 지도가 그려지지 않는다. 따라서 ID 기준을 시군구에서 시도로 바꿔, 새로운 데이터에 저장한다.

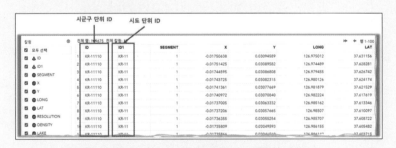

그림 6.45 | MAPSGFK.SOUTH_KOREA 데이터의 두 지역 단위 ID

데이터 단위를 바꾸는 방법은 간단하다. 아래 코드를 실행하면 된다. 코드를 실행하는 방법은 배운 적이 없기 때문에 낯설 수 있지만, 어렵지 않다. 아래와 같이 빈 작업 창에서 마우스 오른쪽 버튼을 클릭한다. 그리고 [추가] > [SAS 프로그램]을 선택한다. 이후 [프로그램] 노드가 만들어지면 해당 노드를 더블 클릭 한다.

그림 6.46 | SAS프로그램 노드 만들기

프로그램 창이 열리면, 아래와 같은 코드를 작성한 다음, [실행] 버튼을 누른다.

```
 1  PROC GRMOVE DATA = MAPSGFK.SOUTH_KOREA
 2              OUT  = SASODA.SOUTH_KOREA_SIDO
 3              ;
 4      BY ID1;
 5      ID ID;
 6  RUN;
 7
```

그림 6.47 | 지도 단위 변환 코드

이 코드의 [PROC GRMOVE]는 SAS에서 제공하는 데이터 처리 기능이다. 다음으로 [DATA = ]에는 입력 데이터 이름을 할당한다. 이 경우 'MAPSGFK.SOUTH_KOREA' 데이터를 변환하는 것이 목적이기 때문에 이 데이터를 [DATA = ]에 할당했다. 다음 줄에 나오는 [OUT = ]은 결과를 저장할 데이터의 이름을 지정하는 코드이다. 이 이름은 본인이 원하는 어떤 이름을 넣어도 상관없다. 다만, SAS 데이터의 이름은 32자를 넘어갈 수 없고, 영어로 시작해야 한다.

[BY]에는 현재 데이터의 기준이 되는 ID를 할당한다. 이 경우 ID1(시군구 단위 ID)이 이에 해당한다. 다음에 나오는 [ID]에는 원하는 지역 단위 ID를 할당한다. 시도 단위로 지도를 바꾸는 것이 목적이므로 ID(시도 단위 ID)를 넣어준다. 마지막으로 [RUN]은 기능을 실행하기 위한 코드이다. 파란색으로 처리되어 있는 코드는 그대로 적으면 되고, 회색으로 되어 있는 코드는 상황에 따라 바꿔주면 된다. 예를 들어, 아시아 지도를 입력 받고 싶다면 [DATA = ]에 아시아 지도 이름을 넣으면 된다.

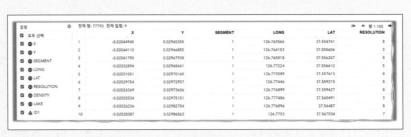

| 칼럼 | | ⓘ 전체 행: 77793 전체 칼럼: 9 | | | | | | ↦ ← 행 1-100 → |
| --- | --- | --- | --- | --- | --- | --- | --- | --- |
| ☑ 모두 선택 | | | X | Y | SEGMENT | LONG | LAT | RESOLUTION |
| ☑ ● X | 1 | | -0.02044945 | 0.02965358 | 1 | 126.763566 | 37.554741 | 8 |
| ☑ ● Y | 2 | | -0.02044110 | 0.02966855 | 1 | 126.764153 | 37.555606 | 8 |
| ☑ ● SEGMENT | 3 | | -0.02041790 | 0.02967938 | 1 | 126.765818 | 37.556247 | 3 |
| ☑ ● LONG | 4 | | -0.02032894 | 0.02968441 | 1 | 126.77224 | 37.556612 | 5 |
| ☑ ● LAT | 5 | | -0.02031001 | 0.02970160 | 1 | 126.773589 | 37.557613 | 8 |
| ☑ ● RESOLUTION | 6 | | -0.02029754 | 0.02972937 | 1 | 126.77446 | 37.559215 | 8 |
| ☑ ● DENSITY | 7 | | -0.02026369 | 0.02973606 | 1 | 126.776899 | 37.559627 | 8 |
| ☑ ● LAKE | 8 | | -0.02025634 | 0.02975101 | 1 | 126.777486 | 37.560491 | 3 |
| ☑ ● ID1 | 9 | | -0.02026236 | 0.02982754 | 1 | 126.776896 | 37.56487 | 8 |
| | 10 | | -0.02028387 | 0.02986563 | 1 | 126.7753 | 37.567034 | 7 |

그림 6.48 | ID 단위 변환 결과

코드를 실행하면, <그림 6.48>과 같은 데이터가 만들어진다. 이 데이터를 지도 데이터로 할당해 시도 단위로 수집된 데이터를 시각화에 활용할 수 있다. 이 방법은 MAPSGFK 라이브러리에서 제공하는 다양한 데이터 모두에 활용할 수 있다.

# 2 ············································· 텍스트 지도

## 1 | 텍스트 지도란?

텍스트 지도text map는 지도의 특정 위치를 텍스트로 표시한다. 텍스트 지도는 산점 지도와 비슷하게 특성 시설물이 어디에 얼마나 분포해 있는지 관찰할 때 사용할 수 있다. 하지만 텍스트 지도는 텍스트가 길어질 경우, 가리키는 위치가 어디인지 모호해진다는 단점이 있다. 따라서 지도에 텍스트로 분포를 나타내는 경우, 산점 지도의 레이블 기능을 이용하는 것이 보다 편리하다. 하지만 위치를 나타내는 표식이 없다는 점은 '등치 지역도'와 함께 사용할 때 장점이 된다. 〈그림 6.49〉는 서울시 체육 시설 현황 데이터를 텍스트 지도로 시각화한 결과이다.

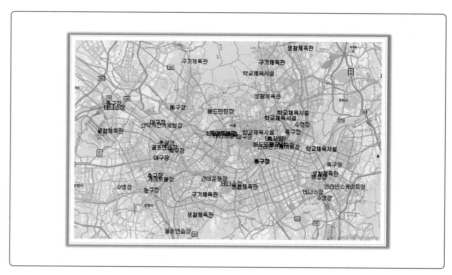

그림 6.49 | 텍스트 지도

## 2 | 활용 데이터 구조

텍스트 지도의 시각화에 필요한 정보는 위도와 경도, 그리고 텍스트 세 가지이다.
가장 기본이 되는 데이터 구조는 〈표 6.6〉과 같다.

표 6.6 | 텍스트 지도를 위한 데이터 구조

| 위도 | 경도 | 텍스트 |
| --- | --- | --- |
| 37.5974385 | 126.98117239 | XXXXX |
| 126.99180333 | 37.557189436 | OOOOO |
| ... | ... | ... |

## 3 | 등치 지역도와 함께 그리는 법

텍스트 지도는 위치를 텍스트로 나타낸다. 텍스트 지도만 이용할 경우 〈그림 6.50〉의 왼쪽과 같은 지도를 그릴 수 있다. 그러나 이 지도는 산점 지도와 별 차이가 없으며, 오히려 산점 지도에 레이블을 사용하는 것이 텍스트가 가리키는 위치를 파악하기에 더 편리하다. 그렇다면 텍스트 지도는 아무 쓸모가 없을까? 아니다. 텍스트 지도는 한 번에 500개의 관측지를 나타낼 수가 있다. 또 텍스트 지도를 등치 지역도와 함께 사용한다면, 각 구역의 이름을 산점 지도보다 더 편리하게 나타낼 수가 있다. 한편, 등치 지역도와 다른 위치 지도를 혼합하는 기능은 텍스트 지도에 한정하지 않는다. 산점 지도나 버블 지도 등도 등치 지역도와 함께 시각화에 이용할 수 있다.

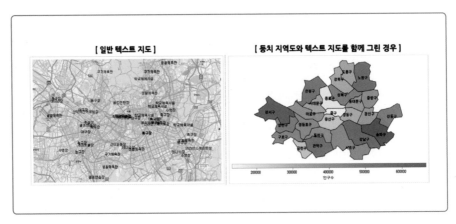

그림 6.50 | 텍스트 지도 예시

등치 지역도와 텍스트 지도 결합은 '텍스트 지도' 작업을 이용한다. 텍스트 지도 작업에는 등치 지역도를 추가하는 기능이 포함되어 있다. 하지만 이 기능을 사용하기 위해서는 지도와 반응 데이터가 추가로 더 필요하다. 지도와 반응 데이터의 구조는 '등치 지역도'에서 알아본 데이터 구조와 동일하게 좌표, 위경도, 반응 변수 등이 포함되어 있어야 한다.

## 4 | 실습

이번 실습에서는 서울시 각 구별 인구 수를 '등치 지역도'에서 알아본 방법으로 시
각화하고, 시각화 결과 위에 각 구의 이름을 텍스트 지도로 나타내는 방법을 알아
본다. 실습에는 'SASODA.EX621_MAP' 데이터와 'MAPSGFK.SOUTH_KOREA' 데
이터를 이용한다. 입력 데이터와 결과 그래프는 〈그림 6.51〉과 같다.

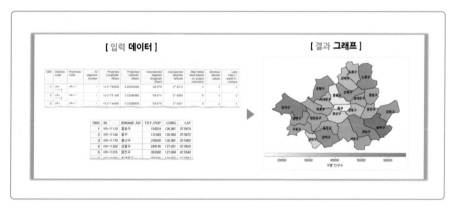

그림 6.51 | 텍스트 지도의 입력 데이터와 결과 그래프

### 1 작업 가져오기

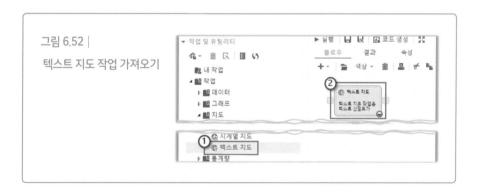

그림 6.52 |
텍스트 지도 작업 가져오기

❶ [작업 및 유틸리티]의 [지도]에서 [텍스트 지도] 작업을 선택해 플로우로 이동

❷ [텍스트 지도] 노드를 더블 클릭

## ② 데이터 설정

데이터 설정에서는 텍스트 지도와 등치 지역도를 모두 그리기 위해 텍스트 지도를 위한 데이터와 등치 지역도를 위한 데이터를 각각 설정한다. 이번 실습에서는 텍스트 지도를 이용해 지역명을 명시하기 때문에 기본 지도 층은 지도에서 제외한다.

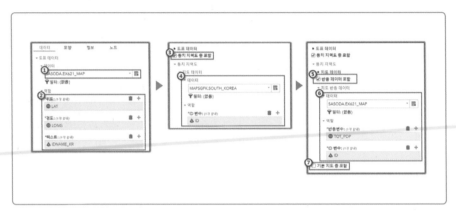

그림 6.53 | 텍스트 지도 데이터 설정

❶ [도표 데이터]의 [데이터]를 'SASODA.EX621_MAP'으로 설정

❷ [역할]의 [위도:]와 [경도:] 변수를 각각 'LAT'과 'LONG'으로 설정하고, [텍스트:]는 'IDNAME_KR'로 설정

❸ [등치 지역도 층 포함]을 체크

|참고| 이 항목은 다른 위치 지도에도 모두 포함되어 있는 기능

❹ [지도 데이터]의 [데이터]를 'MAPSGFK.SOUTH_KOREA'로 설정하고, [ID 변수:]는 'ID'로 설정

❺ [반응 데이터 포함]을 체크

❻ [지도 반응 데이터]의 [데이터] 역시 'SASODA.EX621_MAP'으로 설정하고, [반응변수:]는 'TOT_POP'으로, [ID 변수:]는 'ID'로 설정

❼ [기본 지도 층 포함] 해제

|참고| 기본 지도 층을 제외하면, 등치 지역도 후면에 지도가 나타나지 않음

### 3 모양 설정

모양 설정에서는 텍스트 지도의 가독성을 높이기 위해 텍스트 크기와 형태를 조정하고, 범례 레이블을 설정한다. 실습에서 사용한 설정이 최적은 아니며, 상황에 맞게 조정하면 된다.

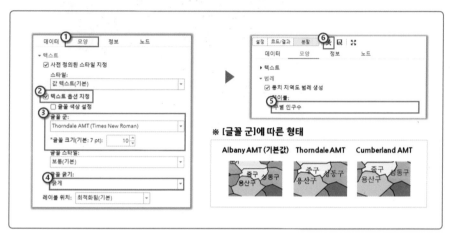

그림 6.54 | 텍스트 지도 모양 설정

❶ [모양] 탭으로 이동

❷ [텍스트 옵션 지정] 체크

❸ [글꼴 군:]은 'Thorndale AMT (Times New Roman)'으로, [글꼴 크기]는 '10pt'로 변경

❹ [글꼴 굵기:]를 '굵게'로 변경

❺ [범례]의 [레이블:]에 '구별 인구 수' 입력

❻ 🏃 버튼을 눌러 [작업]을 실행

### 4 결과

텍스트 지도 작업을 실행하면 〈그림 6.55〉와 같은 결과를 확인할 수 있다. 결과를 살펴보면 '등치 지역도'에서 그린 지도와 달리 기본 지도 층이 없어지고, 텍스트 지도가 위에 덧그려진 것을 확인할 수 있다. 지도를 살펴보면, 버블 지도나 등치 지역도를 단독으로 사용할 때보다 지도의 가독성이 높아진 점을 확인할 수 있다.

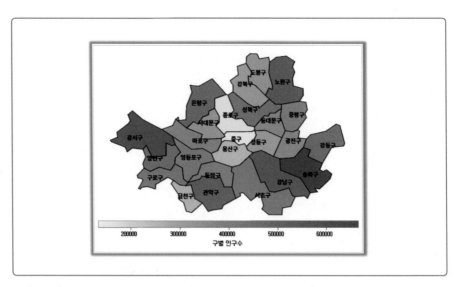

그림 6.55 | 텍스트 지도 작업 실행 결과

## 맺음말

　　　　여러분은 이 책을 통해 데이터 과학의 프레임워크를 이해하게 되었다. 또한 데이터를 가공하고 처리하는 방법을 배웠으며, 기술적으로 분석하는 방법을 익혔다. 그리고 마지막으로 데이터 분석의 결과를 시각화하여 표현하는 방법도 알게 되었다. 즉 데이터 과학을 위한 기본 작업을 마친 것이다. 이제 본 도서의 후속작을 통해 데이터 과학의 다음 단계를 익히게 된다면, 여러분들은 데이터 과학의 모든 것을 이해할 수가 있게 될 것이다. 본 도서의 후속작에서는 데이터 과학의 기본적 이론인 확률과 통계, 그리고 추론에 대한 이해와 더불어 데이터 과학의 4가지 접근법인 회귀·분류·그룹화·차원 축소에 대한 방법론을 배운다.

　　　　인공지능의 발전으로 인한 데이터 도구의 발전은 여러분들이 문제 해결을 위해 어떤 방법론을 적용해야 하는지, 또 분석 결과를 해석하기 위해서는 어떤 방법을 이용해야 하는지만 알고 있으면, 어렵지 않게 데이터 문제를 풀 수 있도록 변하였다. 즉 더 이상 코딩 문법에 얽매이지 않고, 보다 쉽게 데이터 문제를 해결할 수 있게 된 것이다.

　　　　여러분들은 이 책을 통해 새로운 방식인 코딩 없이 배우는 데이터 과학을 위한 1차 여정을 무사히 마쳤다. 이제 다음 여정을 통해 여러분들이 데이터 과학을 완전하게 정복할 수 있기를 희망한다.

Foreign Copyright:
Joonwon Lee
Address: 3F, 127, Yanghwa-ro, Mapo-gu, Seoul, Republic of Korea
        3rd  Floor
Telephone: 82-2-3142-4151
E-mail: jwlee@cyber.co.kr

코딩 없이 배우는
# 데이터 과학

2023. 2. 27  초판 1쇄 인쇄
**2023. 3.  8  초판 1쇄 발행**

지은이 | 황보현우, 한노아
펴낸이 | 최한숙
펴낸곳 | BM 성안북스

주 소 | 04032 서울시 마포구 양화로 127 첨단빌딩 3층(출판기획 R&D 센터)
      | 10881 경기도 파주시 문발로 112 파주 출판 문화도시(제작 및 물류)

전 화 | 02) 3142-0036
      | 031) 950-6300
팩 스 | 031) 955-0510
등 록 | 1973.2.1 제406-2005-000046호
출판사 홈페이지 | www.cyber.co.kr
이메일 문의 | smkim@cyber.co.kr
ISBN | 978-89-7067-431-5 (13320)
**정가 | 29,800원**


**이 책을 만든 사람들**
총괄·기획·진행 | 김상민
편집·교정·교열 | 김동환
본문·표지 디자인 | 디박스
홍 보 | 김계향, 유미나, 이준영, 정단비
국제부 | 이선민, 조혜란
마케팅 | 구본철, 차정욱, 나진호, 오영일, 강호묵
마케팅 지원 | 장상범
제 작 | 김유석

이 책의 어느 부분도 저작권자나 BM 성안북스 발행인의 승인 문서 없이 일부 또는 전부를 사진 복사나
디스크 복사 및 기타 정보 재생 시스템을 비롯하여 현재 알려지거나 향후 발명될 어떤 전기적, 기계적 또는
다른 수단을 통해 복사, 재생하거나 이용할 수 없음.


■ 도서 A/S 안내

성안북스에서 발행하는 모든 도서는 저자와 출판사, 그리고 독자가 함께 만들어 나갑니다.
좋은 책을 펴내기 위해 많은 노력을 기울이고 있습니다. 혹시라도 내용상의 오류나 오탈자 등이
발견되면 "좋은 책은 나라의 보배"로서 우리 모두가 함께 만들어 간다는 마음으로 연락주시기
바랍니다. 수정 보완하여 더 나은 책이 되도록 최선을 다하겠습니다.
성안북스는 늘 독자 여러분들의 소중한 의견을 기다리고 있습니다. 좋은 의견을 보내주시는 분께는
성안당 쇼핑몰의 포인트(3,000포인트)를 적립해 드립니다.

잘못 만들어진 책이나 부록 등이 파손된 경우에는 교환해 드립니다.